中国人权评论 | 译丛

总主编 张永和

Human Rights Standards:
Hegemony, Law, and Politics

Makau Mutua

人权标准：
霸权 法律和政治

[美] 马卡 · 穆图 著

王睿 译

法律出版社 LAW PRESS·CHINA

Human Rights Standards: Hegemony, Law, and Politics
By Makau Mutua
The Chinese translation of this book is made possible
by permission of the State University of New York
Press © 2016, and may be sold only in Mainland China.
本书中文版获得了纽约州立大学出版社的许可，在中国
大陆销售。

著作权合同登记号
图字：01-2018-3150

作者简介

马卡·穆图　Makau Mutua

美国纽约州立大学特聘教授、纽约州立大学水牛城分校法学院弗洛伊德与希尔达·赫斯特系部资深学者。著有《驯服利维坦：肯尼亚的民主探索》和《政治文化视角之人权评论》等专著。

译者简介

王睿

1983年生，四川小金县人，英语语言文学博士，西南政法大学外语学院教师。研究方向为翻译理论与实践、适用语言学。已出版译著多部，包括《极简人类史》（印数超30万册）、《恐怖主义心理学》、《新博物馆学手册》等。

译丛序

“人权是一个伟大的名词。”这种伟大,在于人权终于穿透理想与现实、传统与变革、道德与法律的迷离,使人的价值和尊严以权利的样式彰显出来。

人权成为这个时代普遍接受的概念和全球性话语,既是对“人的存在”及其张力的追问,亦是对差异性和争端所引灾难的反思。人权观念自古典甚或更早时期的滥觞,历经中世纪人学理论在神学人格中的遮蔽,启蒙时代对人(man)的永恒权利的宣告,及至价值主义的消解,历史唯物主义、实证主义、存在主义等人权多元化理论源脉的开启,两次世界大战中虚无主义的蔓延……有血有肉的历史常常通过经典作家的文本而呈现。

人权研究在不同的文明中接棒和扩展,其或建构于意志内容的深刻检省，或诉诸于理想类型的清晰建构，或求助于对既有经验的反复权衡。哲学、政治学、法学、社会学、人类学等学者们从此在中汲取，延续着理论渊源中的谱系，厚植人权的学理基础。

今日中国对人权之理解，已在批判地借鉴西方人权理念的基础上，包容并扩充了其原初语义，然仍需面对文化相对主义、道德多元主义等立场上的人权意见。欲形成人权的跨文明正当性根基或概念之下的更大共识，增进世界的交流互鉴，需扩展和充实人权的话语空间。

2012 年，西南政法大学人权研究院创办《中国人权评论》，展示中国学人对人权理论与实践的独特理解，以及对世界人权发展所作出的评价，受到越来越多的关注。近年来，国际人权学界从经验角度来研究和呈现人权的作品正逐渐增多，以一种远离意识形态角力的叙事来表达人权，这或许有助于更真切地认识人权样态。鉴于此，我们推出“中国人权评论译丛”，希望能向国内同仁引介这些内容。

翻译是一场跨越文化的交流。翻译之事，须有中西文法之背景，须有训诂和考据之根基，更须有对作者的“定在”和“意欲”之深度洞察，以孜孜以求的姿态避免悖谬并达致“直观”。身临其境和驻足远眺终归是一对难以调和的矛盾，唯有始终立足文化本根，明确心向，从人世的终极目标，思索世界诸族裔中的优秀文化，以探求“传统和现代”“东方和西方”主体间行为之理解、矛盾之消解、共识之形成。

尚书云：亲仁善邻，国之宝也；百姓昭明，协和万邦。唯愿通过译学学人拳拳之心，戮力同心，为“各美其美、美美与共”之人类命运的理论超越贡献绵薄之力。

張永和*

2020 年 5 月

* 西南政法大学人权研究院执行院长，教授、博士研究生导师。

前　言

我人生的大部分时间都花在思考人权问题和推动人权事业上。vii
我对人权事业的看法常常是矛盾的,但事出有因。我对此既有同情,也有批评。对大多数人来说,这是一个悖论。但我不这样认为。人权主体及其运动的许多方面都极具诱惑力,但也有其他方面让人十分反感。我感觉自己既是一个局外人,又是一个局内人。对那些像我一样,被主流的政治思想和经济理论孤立的人来说,人权项目就是一个不安定的避难所。我希望从中看到光明,看到能够救赎人类穷奢极欲和荒淫无度的希望。但我至今尚未看到,至少目前如此:人类的困顿和无力还无法就此得出合适的答案。这正是我写作此书的原因:批判人权运动规范缺失,同时坚持自己的希冀——期望它能够重建成为一个新的媒介,实现更全面的人类解放。

没有学者可以找出证据，令人信服地否认建立人权资料库愿望的高尚。基于人道主义的初衷它在本质上是无可非议的——人权保护个人及社会免受国家暴政和同胞野蛮本能的侵害。但要做到这一点，它意在创造出一个理想的自由愿景，这对美好社会来说至关重要。就人权事业而言，这一愿景的核心是人的本质。它从根本上认为人是一种利己主义者，这种生物要实现了自主和平等，才能推动社会进步。其他一切，包括社会规范和结构，都以此为基本前提。在我看来，这是官方人权运动逻辑的根本缺陷。不幸的是，这几乎是所有人权文件的基本原理——诸如《世界人权宣言》《公民权利和政治权利国际公约》等重要的奠基性文本以及其他文件，均以此为出发点。在我看来，这种哲学传统必然会创建一个由市场支配的社会，也就是说，通过与个人、社区和社会之间的公开竞争相关的规范来创建一个社会。

我不否认，也不反对这一观点：人类个体是宇宙中极其重要的指
viii 标。我拒绝崇拜个人利己主义者并高估其价值，但我坚信其独一无二的特质。

人类并不是宇宙中唯一重要的生物。因为人类似乎有很大的能力影响世界，所以我们适度调节自己的自私是有道理的。然而，人类一直都欠缺谦逊。人类成员之间不仅彼此虐待，还滥用世界资源，这一直使我们的良心备受煎熬。民主政治和人权是否已经使这些弊端得以缓解？答案当然是肯定的。但或许他们可以做得更好？我认

为,毫无疑问,政治社会的建设本应可以重新谋划,以避免带来那些可怕的结果。例如,在整个冷战时期,东西方都被蒙上了一层阴影。在当前经济全球化和自由市场胜利的大前提下,情况一直如此。越来越多的人摆脱了极端贫困,当然,越来越多的人也被挤压到了边缘。自然环境正在被商业利益摧毁,而且人类似乎还没有任何清醒的迹象。

正是在这样的背景下,我问自己:我们能够做些什么来找回人权主体及其运动和话语体系吗?我是这样想的。我相信,今天的人权主体拥有丰富的智慧。我们可以在此基础上重建更完整的人类事业,但这将是一个巨大挑战。我们可以从解构开始。我的意思是,不要把现有人权记述当成一种神圣文本,而要把它看作对人类现实状况的一种暗示。人权记述现状的狂热拥护者应该退后一步,并认识到现状并不是答案。他们应当认可自己的贡献是宝贵的,然而这是一种不完整的、有时甚至是有误导性的信息。目前的人权记述在很大程度上是西方主导的产物,即使是激进的倡导者也会同意这一观点,对此没有太大分歧。这是一个半空的玻璃杯。如果他们接受这个观点,那我们可以考虑纳入其他环境因素:宗教、政治、地方、哲学、规范、道德和历史等维度,充分发挥其作用。人权事业必须接受这一观点:除了欧洲、白人和发达国家,我们对人权还有其他解读方式。只有通过不同类型知识的健康交流,新的人权项目才会出现。

我希望这本书能打开新的大门,带来更多的研究和更少的防御性对话，重建人权事业。重新审视人权标准以及如何制定人权标准是很有必要的。我想：反思人权事业的大部分精力究竟来自何方？我相信，大学将发挥重要的关键性作用；事实上，我相信解构和重建人权的领导力都来自学术界。然而，我坚信发达国家的学者和学界不大可能引领这一复兴，因为他们的学术导向主要源于发达国家内部。原因是他们太过沉浸在自己的文化环境中。

ix 他们可以并应该以合作伙伴的姿态出现。但是，这种实践需要崭新的眼光、完全不同的视角以及智力的地缘转变。我并不质疑发达国家的同事可以行使必要的怀疑权力。然而，我认为那些被拒之门外的声音才是唯一可能说出新东西的声音。

和其他几位人权思想家一样，我一直在努力调和我对人权事业的忠诚和反叛。这是一种认知条件，这种条件折磨着大多数起源于南方或知识导向是南方（所谓第三世界）的国际法学者。我无法用我北方同事完全赞同的方式来描述这一途径。这是西方强加在我身上的“局外”和“他者”属性，因为我在人权和国际法领域中的位置，这也是我的内在属性。正如大多数非洲人和亚洲人一样，我清楚人权资料库对其是一种具有殖民主义色彩的“异化项目”。当然，这就是人权话语和语言的构建方式。作为一个来自第三世界的人，我本应得到人权的救赎，然而，现有人权标准预设我们的自然状态就是野蛮残暴。过去，我谴责这种人权资料库是帝国主义现象，[1]我认为人权必须作出改变才能获得合法性和有效性，从而改变世界。

人权事业使我异化。问题是我们如何重新思考、重新制定人权标准,以便自己可以成为内行。也许这是不可能的,但这种观点太过悲观。作为一个赞同第三世界国际法途径(Third World Approaches to International Law,TWAIL)的学者,我不会傻到不分良莠地对此全盘否定。我的任务是解构、重塑和构建一个没有霸权的世界。在那里,导致南北双方发展不充分的原因都可以被根除。[2]

出于这些原因,我并不以自己用特定方式观察到的人权内部固有矛盾为由感到烦恼。与南方基层组织(来自底层的人权活动家和思想家)一起工作让我感觉惬意:他们与国家暴政、全球化引发的弊端、家庭暴力、环境退化和气候变化以及其他现代灾难交战。在这些斗争中,当有需要时,我经常使用人权语言,其中一些表述非常自由。我和南方的人权工作者合作,通过多种角度组合来思考法定和宪法的表述和解释,包括一些西方主流理论的观点。一个典型的例子就是争取性少数族群权利的斗争。但我也曾与南方的倡导者合作,他们要应对全球化和原始资本主义的威胁,因此,对人权资料库的规范性帮助很小。

这正是人权思想家需要摆脱现状之处。开始这一旅程最好从解 x
构和重建人权标准开始,现在是时候着手进行了。

马卡·穆图

罗马,意大利;亚的斯亚贝巴,埃塞俄比亚;布法罗,纽约

2015 年 6 月

致　谢

这本书是受爱之鼓舞的劳动结晶。在我的印象中，我一直在思 xi
考并写作有关人权资料库性质方面的东西。我对官方人权资料的文化和哲学取向特别感兴趣，同时也深受其扰。几乎同样重要的是，我对创建人权语言、建构人权话语体系非常着迷。这是一种强大而诱人的语言。这就是为何在作为人权批评者和倡导者从事多年写作、教学和演说之后，我很乐于承担这个关于人权标准制定的项目。毫无疑问，我会将自己的怀疑态度带进这个项目。

该项目是应日内瓦国际人权政策理事会研究主任穆罕默德－马哈茂德·乌尔德－默罕默都（Mohammad-Mahmoud Ould Mohamedou）的邀请开始的，该委员会是一个已经停止运作的行业智库，代表人权运动进行相关政策研究。我最初的任务是写一篇文章，帮助非政府组织了解人权标准制定的相关情况。可惜项目尚未完成,默罕默都就离开了国际人权政策理事会。结果,我把这个项目变成了人权季刊上发表的一篇法律评论文章(《人权标准制定:批判和预测》,载《人权季刊》2007 年第 29 期)。那篇文章为本书带来了灵感。我要感谢默罕默都,他是一位富有远见卓识的思想家,对政治、人权和跨国恐怖主义都颇有研究。他对该项目提出了不少明智的建议,甚至在他离开国际人权政策理事会(The International Council on Human Rights Policy,ICHRP),成为哈佛大学卫生学院人道主义政策和冲突研究项目副主任之后以及后来担任毛里塔尼亚外交部部长期间,仍然慷慨地继续与我对话。

本书所表达的观点深入至我作为人权学者、作家和思想家的成熟期。我从自己导师和同事的作品和建议中亦受益匪浅。其中,最突出的例子包括威利 · 穆通加(Willy Mutunga),我和他及其他人一起创立了位于内罗毕的肯尼亚人权委员会。威利 · 穆坦加于 2011 年被任命为肯尼亚首席法官。威利 · 穆坦加创建了一个名为肯尼亚人权委员会(Kenya Human Rights Commission,KHRC)的组织,声称要“让人权在社区扎根”。该项目旨在“从最底层”保护、促进和重建人权。

xii 这项倡议是一出鼓舞人心的大戏,它探讨的是南方边缘化社区如何在重建人权定义时成为自己的代言人。威利 · 穆坦加教会我们这种新型思潮,并启迪了本书的许多思潮,对此,我们深表感谢。

我还要感谢我们称为"第三世界国际法途径"的思想学派,他们是我们的"合伙同谋"。我的这些合伙同谋和批判家们坚持了自己的信仰,他们是詹姆斯·索·加提(James Thuo Gathii)、安东·安吉贺(Antony Anghie)、雅典娜·穆图阿(Athena Mutua)、乔伊·努古奇(Joel Ngugi)、巴拉克里山·拉贾戈帕尔(Balakrishnan Rajagopal)、BS.奇姆尼(BS Chimni)、欧比拉·欧卡福(Obiora Okafor)、罗伯托·阿伯特·托罗(Roberto Aponte-Toro)、杰里米·莱维特(Jeremy Levitt)、亨利·J.理查森(Henry J. Richardson)、波阿文图拉·桑托斯(Boaventura Santos)、霍普·刘易斯(Hope Lewis)、安德瑞恩·温(Adrien Wing)、阿普杜拉·阿赫默德·阿那米(Abdullahi Ahmed An-Na'im)、乔·欧罗卡·翁扬吉(Joe Oloka-Onyango)、西尔维亚·塔马利(Sylvia Tamale)、CM.彼特(CM Peter)、阿里·A.马兹鲁伊(Ali A. Mazrui)以及默罕默德·玛姆达妮(Mahmoud Mamdani)。他们帮助我塑造、形成了这些观点。彼特·罗森布拉姆(Peter Rosenblum)、大卫·肯尼迪(David Kennedy)、古罗拉·拜恩德(Guyora Binder)都是人权领域重要的思想家,也是我生活中的良师益友,为本书的写作提供了不少参考意见。亨利·施泰纳(Henry Steiner)是我在法学院就读时的一位关键老师,他对我影响颇深。我对他们都深怀感激。

作为一个人权思想者和工作者,KHRC 教会了我许多东西。我在 KHRC 中结识的每一个人:穆坦加(Mutunga)、麦纳·凯娅

（Maina Kiai）、彼特·凯瑞斯（Peter Kareithi），他们都坚信人类社会越来越好是可能的。穆坦加和凯娅都继续英勇地为自由而战。许多随后加入 KHRC 大家庭的同仁也深刻影响了我的思考。他们是贝蒂·凯瑞·穆容吉（Betty Kaari Murungi）、L. 马索尼·万叶吉（L. Muthoni Wanyeki）、约翰·吉索（John Githongo）、古德温·穆伦加（Godwin Murunga）、加布里埃尔·多兰神父（Father Gabriel Dolan）、乔治·凯戈罗（George Kegoro）、塔德·艾娜（Tade Aina）、达温德尔·兰巴（Davinder Lamba）、阿拉民·马兹瑞（Alamin Mazrui）、卡鲁提·坎音加（Karuti Kanyinga）、穆瓦比·穆瓦沙鲁（Mwambi Mwasaru）、文森特·穆斯比（Vincent Musebe）、戴维斯·马隆贝（Davis Malombe）、穆敏娜·康索（Mumina Konso）、史蒂夫·欧玛（Steve Ouma）、瓦比·克玛希（Wambui Kimathi）、阿特桑贡·切索尼（Atsango Chesoni），等等。拉伊拉·奥廷加（Raila Odinga）、保罗·穆伊泰（Paul Muite）、雅施·盖伊（Yash Ghai）、科普塔·欧拜庭（Kepta Ombati）、詹姆斯·俄勒冈（James Orengo）、依瑞娜·可汗（Irene Khan）、菲罗茨·纽罗治（Pheroze Nowrojee）、那扎巴·科同加（Nzamba Kitonga）、埃兹拉·穆博戈里（Ezra Mbogory）、格拉德威尔·奥蒂诺（Gladwell Otieno）、恩贡古瓦尼纳（Ndung'u Wainaina）——上述诸位虽未参加 KHRC，但都曾帮我解读过重要概念。

我在纽约州立大学布法罗法学院的研究助理也非常棒，他们包括：阿勒克桑德·博耶维克（Aleksandra Bojovic）、肖恩·穆里根

(Sean Mulligan)、托亚·R. 刘易斯(Tonya R. Lewis)、凯蒂·加贝尔(Katy Gabel)、安迪·德威(Andy Devine)、伊丽莎白·卡斯蒂略(Elizabeth Castillo)和艾略特·雷蒙多(Elliot Raimondo)。他们的不懈支持、编辑工作和敏锐头脑成就了本书。我对他们深怀感激。我还要感谢自己任院长时担任我行政助理的瑞贝卡·多诺赫(Rebecca Donoghue)。瑞贝卡是确保我完成本书的关键因素。最后,我非常感谢我的学术助理苏·卡鲁索(Sue Caruso),她完成了手稿的最终版。没有她的艰苦工作,我也会失去方向。

我也不能忘记我挚爱的亲人们。我的伴侣兼批判性思考者雅典娜女士为本书提供了许多精辟的观点,增强了本书的思想性。我非常感谢她的支持。当我沉浸于写作本书的过程中时,我的五个孩子——男孩女孩都有——卢蒙巴(Lumumba)、阿曼尼(Amani)、姆瓦里姆(Mwalimu)、缪恩妮(Mueni)和朱瑞安(Jueria)——都很听话,他们是很好的孩子。我想对上述所有人都道一声,谢谢!

简　介

在过去几十年中，人权学者、国家政权和人权激进分子都认为，1
国际人权行动应该从制定法律标准或规范转向实施现有标准。一些新标准的实用性受到质疑，而且似乎越来越多的人清醒地意识到应推动新标准的制定。即便最简单，问题是人权领域的条约制定在某些方面已变得复杂，即使在文案通过的情况下，也不能保证条约得到有效执行。政府和非政府组织（nongovernmental organizations，NGOs）对新文案进行谈判的价值亦存在分歧。最近关于特定标准的谈判——如《儿童权利公约》任择议定书和《禁止酷刑和其他残忍、不人道或有辱人格待遇或处罚公约》——表明某些国家不愿意支持新的标准，即使批准这些新规是可选项目。

争论焦点从标准制定转向标准实施：人们认为我们现有的人权

规范已足够丰富，应当迅速实施，以帮助弱势群体、打击对人权的严重侵犯。这种观点的支持者认为，条约和协议的过度膨胀可能会削弱权利公约原有的效力。该观点部分是基于这样一种假设：我们在所有关键领域都已设定标准，而制定更多的规范会适得其反。反方的观点是，人的状况永远不可能完全可知，新的，甚至是旧的侵权行为一直在持续出现或暴露在我们面前。人际关系面临的新挑战以及技术革新和全球化给世界带来的动态变革需要我们时刻保持警惕。由于彼此的障碍——无论是物质上的还是文化上的——让位于一个更加互联互通的世界，“正常”和“可接受”可能就变成“违规”。因此，事实的真相是，人权标准以及国家应对这些标准的方式应该是动态和富有弹性的。这些违规行为本身就像为了解决它们而必须制定的规范一样变化多端。支持设立更多标准的人们，其所持观点基于
2 一种信念：人类境况没有终极真理，标准制定的灵活性必须得以保证。

引发违规的各种情况——人类状况——并非固定或一成不变的。这些情况既是物质的，也是形而上的。这些情况不断演化，随之而来的是滥用人权的行为方式也日趋复杂。作为一个逻辑问题，相信社会建构以及权力和无权力的状况可能存在固定模式，这本身就是错误的。人类状况之广袤无垠没有极点。这意味着标准制定的工作永无止境，将永远不会结束。若持相反的观点，则是没有认识到人及其社会关系永远处在变化中，会带来无法预料的困境和前景。200

年前,谁会料到同性恋权利运动会取得成功?尽管仍受到诸多限制,但今天这种权利在各国法律和某些国际法环境中已经得到承认。200 年前,谁会料到国家元首也会因为战争罪行、反人类罪行和种族屠杀而受到制裁?谁会料到残疾人也会受到国内和国际法律的保护?事实上,200 年前谁会料到女性会与男性达到法定之平等呢?此处的历史教训是,标准制定和规范创立是一个持续的、有机的过程。

本书预设的前提是,人权乃国家与公民之间、政治社会与民间社团之间冲突与斗争的主要领域,并以此为本书之出发点。这种剑拔弩张的紧张态势对任何一个由国家管理的社会都是至关重要,这实际上是关于个人和团体面对国家权力和权威的规范性定义。例如,为其治下的社会构建新愿景,国家可以做什么?不能做什么?因此,人权规范及其文本虽只是一般法律文件,但它属于基本的核心道德准则。一方面,它是国家与个人以及团体之间的契约;另一方面,它是国家与国际法律制度之间的契约。作为道德约束文件,它们是一种复杂的规范集合体,为国家、个人、团体和国际法律秩序提供理据。人权划定权利、义务、权力和它们的适用范围,但这些不如他们所要维护的道德维度那般重要。人权的法律性质是一种手段,而非目的本身。他们提供理据的目标就是捍卫人类尊严。这一道德维度直指人权项目所设想的人类愿景,并与其相一致。

人权标准制定有时看起来就像是许多利益相关者之间谈判的机

械过程。然而,关键在于从根本上来说,人权是一个道德命题。人类
3 公民权——广泛理解为归属人类权——是人权理念的核心。

但是,人类公民权并不需要法律文件来使自己合法化,使人性合法化。相反,它是对人类道德和不可归约的属性以及他们应当生活在其中的社会特征的统一哲学追求。也就是说,本书的前提是人权规范和标准正如其诞生以及历史演进,均源于自由主义理论和哲学。他们呼吁制定一套定义个人、社会和自由国家的原则、技术和流程。人权规范围绕个人在国家内部的地位展开,强调大众主权和人类个体的神圣性。本书认为,在人权标准设定的理想社会中,抽象的个人自决权利和形式上的个体平等是不可谈判的。这既有好处:因为个人是社会中最小和最重要的集合体;也有弊端:因为个人不应该以压倒社会的方式来构建自身。本书默示人权运动内部需要新的动态对话机制,以构建新社会中的新人类。这种动态机制能否克服传统官方的人权资料库的局限性,成为更佳社会的一个属性?

认为宪政主义足以保证有意义之公民权利的想法已经存在了两个多世纪。人权标准是国际宪政主义价值观的产物,也即将人权保护和反歧视规范普及化的尝试。通过恰当充分的应用,这些规范能够实现狂野的个人主义或个人利己主义设想中的那种人类神圣性。这种植根于市场的观念,要成为通往完全人类自由主义的途径,其作用是有限的。但即使在所谓的西方先进的政治民主国家中,人类的困境依然存在,这就证明上述假设在最坏的情况下是错误的,在最好

的情况下也不完全是正确的。究竟发生了什么？为什么自由市场社会的承诺不受个人主义和宪政主义的影响，无法让现实世界成为极乐世界？今天，许多政治领袖和思想家都坚信一个不可撼动的真理：人权观念的核心应当被定义为人类文明的顶峰和人类诉求的安放处；作为人类潜能的必要条件，保障人权才能使人类潜能得到最大限度的发挥。但这是一种没有内在逻辑和事实支撑的信念吗？为什么认为人权这一天才观念（亦是自由主义的核心原则）是无可争议的？事实上，我们能否想象一个后自由主义社会？如果可以，那个社会长什么模样？人们用何种规范管理它？它的公民如何生活？自由主义批评者和人权文本是否应该结束他们之间的争论，并同意那些政治领袖和知识分子的看法：唯一值得追求的事业就是自由社会之完善。 4

政治"左派"对此有何评论，抑或"左派"已黔驴技穷？有没有什么伟大的后自由主义思想呢？本书暗示了这些问题：人类无力感的持续似乎表明宪政、人权和自由主义无助于解决人类面临的困境。

正是对现状和旧观念的不满，使人类进步成为可能。漫长的人类历史一直都是尊严与屈辱的较量。几乎所有的政治革命——包括 2011 年的阿拉伯之春——都是对人类侮辱的回应。[1]按今天的理解来看，几百年前，几乎世界上每个国家都是不民主的。今天许多不可接受的事情：奴隶制、殖民主义、公然的种族主义、憎恶女性、欧洲霸权以及不受限制的财产权等，都是当时通行的规则。还有绝对君主、一党专政国家和世袭领导也是如此（虽然上述部分历史糟粕至今依然存在）。在这些意识形态中，国家至高无上，个人和团体完全服从于国家。原来许多过分的越轨行为是今天不可接受的，人们就规范和标准（许多在人权中已经得到表达）已经达成一致，推翻了许多不人道的行为。即便如此，许多其他冒犯人类尊严的非人道的做法依然存在。这就是为什么为人类尊严而战的革命会继续下去。今天，新的全球力量仍在摆脱旧观念和突破现状，并可能推动更多的人类进步。其中一些新的力量（至少我在此处讨论的 4 种）威胁到传统的人权概念，并试图改写人权及其他标准。

第一个颠覆性思想是无国界思想，即现代社会国家之间物质和精神边界的逐渐消亡。物理边界是国家主权最持久的象征，它曾是文化和民族之间的屏障，如今它正在迅速消亡，因为人类不断抵制封闭不同民族和团体之间的永久性边界。这对人权事业意味着什么呢？因为人权事业正是预设了国家政权和边界的永久性。边界的缓慢解体不仅是全球资本主义、技术和人类相互依赖所致。这是对边界的消极理解所致，即此类障碍对促进人类福祉无益，并妨害了许多积极的协同效应。可以肯定的是，移民与此关系密切，但更多的原因是无边界现象，包括对全球公域的新理解。

其次是破坏性思潮对爱国主义的侵蚀：一国公民被视为消极概念，而不是与他国公民对应的概念。从历史上看，公民为保卫祖国可
5 以和外族和他国开战，但一种新型的全球主义意识正在取代传统的基于单一国家的爱国主义。

许多人认为自己越来越后国家化和非国家化。[2]这正是全球和平运动和公民团体反对军事化冲突或分歧的基础。这种“自下而上”的新兴运动对传统的由国家、民族诱发的敌对行动构成了挑战。事实上,除国家公民外,它还推动了另一个新兴概念世界公民的发展。越来越多的人不仅忠诚于国家,而且忠诚于全球公域。但这并不意味着人们不再关心自己的社区。恰恰相反,他们仍然非常在意,但他们并不认为自己居住的社区是封闭的蚕茧。他们同样关心边界以外或远方发生的事情。传统的民族主义正在失去其曾经有力的吸引力。“我们”与“他们”的对立分崩瓦解使人们开始构建新的公民形式。

第三种扰动因素就是全球灾难。气候变化、干旱和极端天气,地震、海啸等地质灾害以及埃博拉病毒等传染性疾病(2014年埃博拉疫情暴发的中心西非地区离纽约只有一个航班的距离),这一切使世界各地人们的安全感消减,人类感到前所未有的脆弱。身处富裕西方国家的人们认为,他们可以免受上述灾难的侵扰,因为从历史上看,这些灾难更多是影响世界的欠发达地区。但今天的情况早已发生了变化。世界各地的人们似乎都被大自然的野蛮运数联系在一起。这可能意味着全球民众愿意为了共同目的而暂停针对彼此的“恐惧”和“不信任”。或许更团结的民众可以迫使精英们的政治意愿为上述挑战找到普遍适用的解决方案。但有一点确凿无疑:孤立主义不再是一个可行的策略。

最后一种扰动性因素是国家的消亡。国家不再是以前的状态:

权力平衡格局发生改变：权力已经从国家转移到个人、社区、非国家行为者、武装团体、公司以及国际机构和域外势力。20 世纪八九十年代的大规模社会动荡使东欧、苏联、非洲和拉丁美洲的一党制统治和苏联式精英统治集团崩溃。如果有任何影响，阿拉伯之春似乎是那些给人类造成伤害、侮辱的国家的掘墓人。公民们在为自己的生活寻找新的契约和意义，而公民社会也在扮演越来越重要的角色。技术和互联网已经把控制信息和防止大规模动荡和社会治理的权力从国家手中夺了回来。

6 最终，作为自由主义国家始作俑者的资本主义亦处于深刻的道德、实践和经济危机中。2008 年美国经济几近崩溃以及随后现有经济理论的失效，极大地破坏了市场的神圣性。更重要的是，它向我们揭示了即使是所谓最稳定的国家，也是脆弱和暂时的。所有这些无法估量的事和物都聚集到一起，扰乱了精英统治和国家政治。他们正在改变世界认知公民权利以及个体责任的方式。公民身份的演进将取决于思想家和基层动员者如何形成新的理论和实践。宪政主义和自由主义思想，或者标准人权准则，这些可能不再填补空白。因此，重建人权事业以及其核心的标准和规范乃是不可避免的。

考虑到这一点，本书厘清了那些认为新标准制定很有必要和那些认为标准制定时代已经过去的人之间的隔阂。它审视了国际人权标准制定过程的性质和新近的演变，并将注意力集中在复杂且往往高度政治化的现实世界,在此世界中,各类规范由高级议会制定。本书并未宣称对所有最近标准制定案例都进行了详尽研究,但笔者指出了在此历经磨难的过程中遭遇的各类棘手问题以及高峰和低谷。本书分析了这些过程的有效性和不同参与者的作用,并试图找出新标准的制定途径。本书观点的关键在于各角色的特定观点、角度、偏见及其优势和弱点。通过考察不同标准及其背景,本书试图了解标准制定涉及的各种过程,并从中吸取教训。其目的是为发起或倡导新的人权标准制定的人权专家、人权非政府组织以及参与标准制定的政府间组织和政府部门官员提供包括新思维在内的各式分析和指导。人权标准的终极目的旨在减少人类的无力感。这就是为何本书不仅是智力劳动的产物,也是一本诞生自共鸣的著作。它忽视了这一观点:世上仍有公正无私的学术研究,因为所有学术研究都具有社会相关性,并希望自身研究有效用。

本书仔细研究了新近起草或修订标准的 4 个案例,解析了其历史和起源。这 4 个案例包括《〈禁止酷刑和其他残忍、不人道或有辱人格的待遇或处罚公约〉任择议定书草案》,《个人、群体和社会机构在促进和保护普遍公认的人权和基本自由方面的权利和义务宣言》(旨在促进和保护公认之人权和基本自由),以及《发展权利宣言》和《国内流离失所问题指导原则》。

这些案例的选择一方面是出于多样性考虑,另一方面是出于其 7
在人权资料库中的重要性。它们涉及旧问题和新挑战。其中一些努力旨在填补原有条约文书中的遗漏和不足。另一些努力则是倡导者试图延伸人类自由的边界。还有一些则是关注不常见的原因或利益冲突。我咨询过参与协商的各方代表，这类协商最终使这类规范得以通过。我发现他们其中一些人深度参与了标准的制定工作，而另一些却只是游走在流程边缘的鼓动者。其中一些对自身角色的作用看法十分明确。一些人认为自己完全是标准制定的局外人，而另一些人则宣称自己是内部人士——所有相关过程尽在把握。他们的独到见解有助于科学研究得出与特定案例相关的结论，并最终得出与标准制定相关的结论。这一阶段的研究——采访现实参与者——是本书所得结论不可或缺的一部分。可以说，各方参与者是整个过程中最重要的元素。

在此背景下，本书提出了一系列主要问题。第一，通过何种正式和非正式流程确定了最近的标准？这个问题试图揭示标准制定中“开放”和“隐藏”两个方面。虽然正式和非正式方式均可掩盖深层次的不足和议题，但还是非正式程序引发了大多数问题。第二，在不同情况下，这些流程各自的优势和劣势是什么？是否某些过程会表现出足以影响最终结果的特定问题？第三，从这些过程的研究中可以得出什么教训？第四，哪些基准是有用的？第五，非政府组织在制定未来计划时应考虑哪些战略选择？换句话说，非政府组织应当如何通过这些选择进行学习？如何在未来作出恰当反应？第六，应当探索哪些与标准制定有关的新方法？有没有空间或理由去探索新方法？第七，当前投入标准制定的一些资源是否应当转投其他地方？是否应根据需要优先原则重新考虑资源分配问题？如果这样，依据是什么？第八，哪些新标准是必要的，哪些不是，为什么？组织可以通过合作来就优先级和标准达成一致吗？需要考虑哪些限制和机会？最后，这本书想要让学术界重新思考和构建人权事业。

本书首先讨论的中心议题是国际人权行动是否应该从制定标准转变为实施现行标准。这个问题——是否放弃追求新标准——成为
贯穿本书的一个线索。随后，本书着眼于该问题的历史先例和国际 8
人权文本的起源，包括审查作为关键规范性文本基础的《世界人权宣言》。

它涉及人权资料库的历史、文化和政治等潜在背景。主流学者和人权活动家一直不愿意（即便算不上反对）探讨对人权运动的批评。如果批评者是“内部人士”，人权运动积极分子和思想家就会展现极大的热情，将批评视为异端或某种形式的人权异教徒。因此，遵守和践行党派路线的压力很激烈，排斥也并不少见。即便如此，关于人权资料库的普遍性，人们几乎没有普遍的一致意见。正是出于这个原因，本书对人权运动的哲学中枢进行了批判。随后，本书描述和分析了设定标准的实际过程。这一章不是机械的，我们也不愿这样。相反，这是我们揭示标准制定流程的基本要点。它着眼于用来封装规范的不同类型的人权文件、这些不同平台的权重以及标明这些过程特征的谈判技术，包括所遇障碍等。它考量了规范的所有权问题

以及支持这些标准的制宪团体问题。

本书深入探讨了过去30年标准制定过程中各方参与者逐步扩散的影响。开始,参与者的基础非常狭隘,且受制于一些强大的国家和利益集团。这种专属性和排他性虽然没有完全消失,但却因为第三世界国家登上世界舞台而悄然发生改变。本书认为,参与成员的多样性已经对人权立法产生了重大影响。来自亚洲、非洲、太平洋地区、拉丁美洲和其他以前被利益边缘化的声音增加了标准设置的难度和细微差别。更重要的是,行动参与者的多元化拓宽了人权标准库的规范范围。本书第一章将仔细研究非政府组织——北方的建成组织[3]和南方的叛乱非政府组织——在相关过程中的作用。它确认了它们在制定和采纳标准方面经常发挥的领先且繁复的作用。来自全球各地的非政府组织之间的关系如何?它们的相互作用如何影响人权标准制定的过程?当然,本书也不会忽略一个重要问题:确定和最终采用标准过程中的不足之处。它分析了与三处不足相关的问题:数字、参与和民主,每种不足都凸显出困扰标准制定的弱点和缺点。最后,本书指出了可能需要新标准的领域,并提出了改进行动的方案以及改变人权标准制定流程的地方。

目　录

第一章　国际法及人权标准设置

人权倡导者和那些寻求精密有效的人权体系的人们面临着传统 9
标准制定对话和流程明显放缓的现状。20 世纪 50 ~ 80 年代，人权标准制定一直处于高速发展的阶段，但从此以后，制定新标准的效率大大降低。这部分是因为大多数（尽管远非全部）基本权利已经得到承认。但是，人权规范制定放缓并变得更困难还有其他原因。更多的参与者使谈判过程复杂化。这对人权标准制定的未来意味着什么呢？这些原因是否会破坏规范制定的新尝试，抑或会在制定标准时引发新颖和创新的思考？人权团体是否应该放弃标准制定的进一步工作，转而集中精力执行现有的准则？在这方面，几乎所有的受关注领域都已经制定了适当的标准，且现有标准的实施已经成为国家、人权工作者和思想家最关心的话题，这难道不值得庆贺吗？换句话说，人权标准制定的时代是已经过去，还是正在进入一个新阶段？可以预见的是，这条鸿沟上的双方都有强烈的声音要发出。人权运动内外，无论支持者和反对者仿佛都提出了令人信服的论点。

人权规范和标准的发展一直是一个充满活力和进化感的过程。虽然这一进程早在 1945 年《联合国宪章》发表之前就已开始，但 1948 年《世界人权宣言》的诞生才应当被视为人权立法文本有效的现代起点。自这一开创性人权文本诞生以来，该过程的细节和复杂性逐步展现出来，每一个新文件的出现都可以说是国际法体系中令人兴奋的智慧发展。

这个过程的演变展现出温和的渐进主义和天才的革命激进火花。过去 60 年中，世界的很多错误已被纠正。

然而，人类的尊严感极富弹性和张力，以至于宣称它已完全确立且不可变更显得不合情理。因为这等于宣称我们已经知道了我们应当知道或者能够知道的关于人类的一切。事实上，人权运动试图界定的人类尊严始终是一项可以不断完善的工作。这个概念的轮廓和细节都是社会构造的，是人类意识演变的结果。随着人类不断拓展自由和不自由的边界，更好地理解造成无权窘境的条件，将制定更多的标准来应对新出现的侮辱和侵犯人权行为。可以肯定的是，其中一些侮辱和侵犯行为可能一直存在，但从未被认定。或许新型的违规行为也会从未来的页面跳出。因为人际关系并非静止不变，所以世界必将会继续“发现”新的违规行为。此外，现有标准可能需要更改修订才能更好地付诸实施,特别是当我们对无权感的理解不断演进发展后。现有标准的细化或阐释本身就可能会产生新的标准。出于上述这些原因,许多人权思想家和活动家认为,人权标准制定的时代远未结束。

经验表明,仅仅制定标准还不够。制定规范的目的在于强制破坏规范者改变行为或制裁不当行为。改变人群和机构的行为方式首先是一个概念问题,必须有符合标准的行动紧随其后。实际上,推动实现人权是一个漫长而艰辛的过程,制定标准只是第一步。规范成为未来行为的标志,而标准——任何标准——如果在实施时没有系统性结构,仍属抽象,则毫无意义。真正的规范必须为日后执行提供一条途径或路线图,保证其真正实际地实现,否则这些规范将没有任何牙齿,无法达到有效目的。因此,实施人权标准与其制定或发展同等重要。因此,标准制定本身不应被视为目的,而应被视为达成未知目标的一种手段——这种目标本身仍处于不断变化和定义过程中。如果人权要得到尊重,制定标准的终极目的就是要创建一套不可压缩、无可争议且必须遵守的行为规范核心。只有遵守和执行规范,才能确定规范是否值得制定。 11

因此,制定和阐释标准是人权项目的重要组成部分。这个概念部分显然从立法技巧方面汲取了营养,这些技巧源于需要纠正的错误或需要针锋相对的做法。制定标准的行为本身就表明一个具有普遍重要性的问题需要被迫切关注,并要求国际社会集体制定一个普遍接受的规范或标准,且大家可以围绕这个规范或标准达成共识。规范制定的这一“谈判”阶段实际上受到我们可以想象的各种可能的影响,其中有些并不直接涉及纠正有错误的议题。许多参与者可能会试图淡化甚至退出整个练习阶段。无论如何,标准细化都是对存在差距和空白的一种认知,即便不是大多数人都认为应该弥补这些缺陷。然而,仅依靠制定标准来纠错存在危险,这样会创建过多标准以至冗余或饱和。一些人认为,权利话语仍是保护人类尊严的有力工具,但前提是这种话语并非松散或轻描淡写地被使用。例如,尼古拉斯·瓦尔蒂科斯(Nicolas Valticos)指出标准扩散的固有困难,尤其是在国际劳工组织(International Labor Organization,ILO)中。[1]虽然有些人可能会建议修剪“枯枝败叶”,但针对特定国家出台一个相关的并非应对紧急情况的标准对他国也有价值,尽管对于第三国来说,这一标准可能还不成熟。另外,试图删减或渲染已正式通过的人权标准也存在一些法律问题。我们应该看到已被确定为国家和其他行为者规范的人权标准可以作为人类的基本智慧。

历史先例

国际人权法的规范性制度源于自由主义理论及哲学,但这并不是说国际法从一开始便积极回应自由主义思想;这一过程其实一直漫长而艰难，并将继续持续下去。欧洲现代国家的兴起以及它对暴力的垄断和强制手段的运用，带来了一种旨在遏制滥用和侵犯人权的国家的个人权利文化。权利的诞生是国家对掠夺者的屏蔽，是必需的。约翰·洛克（John Locke）把国家和个人之间的这种关系浓缩简化进自己在《政府论两篇》[2]中阐述的哲学。在自由主义理论中，个人权利是阻止国家专横倾向的保障。自由主义理论认为，从本质上讲，国家是一个食人恶魔，一种致力于消费人类的工具，因为它的倾向和本质就是压迫和控制个人。出于保持稳定和加强控制，国家处 12
处设防、神出鬼没。国际人权法正是在这个理论的基础上产生的。

具有讽刺意味的是，尽管国家本身就是国际人权法的基本管控目标，然而人权资料库却一直寻求让现代国家成为人权的主要保障者。换句话说，人权法对国家应予个体的待遇进行了编码。[3]国家与公民之间的关系既是共生，也是对立：这是国家的悖论和社会契约的理念。然而，几个世纪以来，这些规范性的限制仍然是宪法和其他国内法律制度的专属领域。直到第二次世界大战之后——在邪恶第三帝国之后——才形成了具有约束力的国际人权法系统。因此，人权法的核心是自由国家义务的国际化。

虽然人权法是一种国际法，但它与国际法的其他领域有很大不同。虽然几乎所有的国际法领域都具有国际性——也就是说，它必然涉及国与国之间的关系、国与国公民及其他共同利益的关系，人权法其实也是一个国家内部的契约。人权问题背离了其他国际法制度的“外部”程序,因为它们不一定涉及州际或国际问题本身。然而,人权法的制定和执行具有国际维度。此外,人权法并不明显抑或总是引发跨界影响。事实上,大多数侵犯人权的罪行都是由一个国家在其国界内犯下的;只有当违规行为越过一定的门槛时,国际社会才会真正注意到这一点。由于人权固有的内在特征,其普遍化在各国立法过程中走过了一条曲折的道路。各国在处理人口问题上仍然有广泛的差异,并享有相当大的自由裁量权。事实上,人权条约和标准的模式逻辑使国家理所当然地成为第一被告。换言之,人权法都期望各国进行自我约束和监督。只有当自我监督失效时,国际机制——双边和多边层面机制——才会被激活。

可以肯定的是,第二次世界大战后的国际人权制度并非一蹴而就。新颖的想法从构思到建立并不是一件容易的事情。各国以前从未对其国内事务进行如此高标准的自查。它们对内部事务的主权从未受到如此公开和有效的质疑。因此,建立国际人权制度是一个漫
13 长慎重的过程,它以激进的方式改变了国家主权的概念。第二次世界大战后的时期是历史上真正出现范式转变的奇异时刻之一。个人得以更多出现在国际论坛上发声,而以前这是国家的独家专享。

这种转变——从一个完全以国家为中心的制度到与公民实现“权力共享”——势必会改变国际法的制定者和制定程序。这一转变似乎是公平的,因为人权在一些大规模斗争、国际法原则和机构中都有先例。这些人权形成斗争主要包括:反殖民主义斗争、反奴隶制抵

抗运动、国家对外来人口伤害的责任认定、反宗教迫害斗争、国际联盟制定的各式保护少数族群和实施人道主义干预的条例、国际人道主义法、争取妇女权利的斗争、反种族隔离斗争和其他反种族主义斗争。

最初以国家为中心,国际法操控着民族、国家之间的关系,并在其最初的表述中对国家主导之社会专属保留。[4]事实上,国际法起初是一个种族主义项目:这是一个小型、排他性、以白人和西欧基督教国家为核心的国家集团。这一组国家负责初步建构国际法基本准则。这些国家随即便妄自尊大起来,号称自己是文明国家。他们甚至把自己看成上帝赐予人类其他族群的礼物。这些“卫道士国家”及其习惯、文化和实践逐渐成为衡量其他所有国家的标准。他们的先天优势和支配权与殖民主义和工业革命密切相关。因此,国际法诞生之初,制定标准和建立规范是欧洲独享的一项工作。这就是为何国际法领域的内部结构及其理论和哲学基础,都被视为欧洲中心主义。[5]同样重要的是,上述各国既制定国际法,也应用国际法。这一欧洲国家独享的豪门俱乐部还保留了一项重要权力:认定哪些实体应被视为国家。国际法甚至连普遍性的幌子都没有,因为只有少数几个国家是国际法调控的主体,因此,也只有它们在这一法律秩序下才有权利。一般来说,人类个体没有任何国际法律权利;因此,国家对本国自然人的待遇不是其他任何国家或国际社会必须履行的义务。

然而,随着时间的推移,个人开始在国际法中得到认可。在其发展初期，人道主义干预学说认可“当面对大规模残酷暴行，造成国际社会良心不安时，[6]一国或多国可使用武力防止本国国民免受虐待，这是一种合法行为”。之后，个人从第 19 世纪诞生的条约中获得了更多的保护，如禁止跨大西洋贩卖非洲奴隶、缔结保护土耳其（奥斯曼帝国）基督教徒条约等。

14 这些都是后来被称为人权准则的早期种子。像大多数社会现象一样，潘多拉盒子一旦被打开，改革就不可避免；而且，它会对国际法的规范性发展提出更高、更复杂的要求，这只是一个时间问题。重要的是，南半球不发达国家的呼声将开始出现在国际法中。虽然他们的一些早期声音由代理发出，且一开始可能只是试探性的。

随后，现代反殖民主义运动开始成型，它对国际法中的传统假设提出了质疑和谴责。最初的步伐微小、渐进，然而非常重要。20 世纪初，当时刚成立的国际联盟的公约规定：殖民主义国家应尊重原著（殖民地）人民的福祉和发展权力，使其形成对文明的神圣信任。[7]《国际联盟公约》还呼吁为男子、妇女和儿童提供“公平、人道的劳动条件”。[8]国际劳工组织接受了这一挑战，而后针对劳工标准和工人权利制定了许多辅助条约。国际联盟推动建立旨在保护少数族群的国际制度，国际人道主义法——战争法——也规定对伤员或患病战斗人员应给予照料，即使战时也应对医护人员和医院设施进行保护。[9]这种人道主义精神将会发展壮大，并为更高层次的人类智慧提供基础，这实质上是一个更加高级发达的人类意识，关于个人应当如何受到国家及其同胞尊严对待的意识。正是这种意识,我称为更高形式的人类智慧。

虽然这些国际法律理论和机构在建立人权准则的早期基础方面发挥了关键作用,但处于边缘地位的弱势群体和殖民地人民的群众斗争才是第二次世界大战后人权主义运动的关键催化剂。倘若人权和国际法不是为边缘化的、被鄙视的,甚至被遗忘的各国民众和人口争取权利而进行的大众斗争,它们就不会有充盈着公平和正义的条款。他们的斗争是铁板一块的阶级现状和更可接受的未来天地之间的区别。此处特别值得注意的是非洲、亚洲、太平洋地区、加勒比地区和拉丁美洲人民的反殖民主义和反种族主义斗争。无论是肯尼亚反抗英国殖民主义统治的茂茂武装起义、太平洋圣雄甘地为印度独立所作的斗争,还是非洲裔美国人的民权斗争,世界各地有色人种的斗争书写了人权规范的历史。南非的种族隔离——极端主义分子公然、系统性的律法化种族主义——为国际人权主义运动提供了早期推动力,甚至早于第二次世界大战后人权条约全面编纂。同样地,在
美国、欧洲和世界各地,为争取普选、平等待遇和妇女平等权利而进 15
行的斗争是现代人类人权运动规范发展中不可或缺的一个重要组成部分。

这些运动尽管受到既得利益者的强烈反对,但最终还是取得了成功,它们开启了规范的转变并引进了新型规范。诚然,许多反殖民主义和反种族主义斗争,确实没有明确援引人权的语言来表达他们

的不满，但认为反殖民主义斗争不是人权斗争[10][如塞缪尔·摩恩(Samuel Moyn)所称]是不对的。我们要认识到：正是规范赋予了斗争生命，而不是其形式，这非常重要。摩恩似乎认为人权只存在单人个性化的意义，并没有意识到权利可以由团体掌握，而非个人。自决权利是团体固有权利的一种。人们还可以想到其他所谓集体或团体权利，如环境。此外，倘若没有反种族隔离斗争，人权运动本身会更糟糕。摩恩回到了这场辩论中，回到了一个根深蒂固的问题中：我们尚未认识到人权的合法性可以通过扩大其规范的管辖范围，使其超越个人主义范畴，来得到加强。

世界宣言与规范基础之承诺

联合国在国际关系和国际法律规范方面开启了一个新时代。联合国在发展人权准则方面的功绩比在其他任何方面更难以磨灭。事实上，联合国正是从对人权的野蛮侵犯中诞生的。如果没有第二次世界大战和德国法西斯主义的失败，联合国可能不复存在。因此，联合国通过编纂有约束力的法律制度，促进和保护人权，继而发起国际人权主义运动，这一功绩理应归功于它。随着《联合国宪章》通过，其他国际机构也在人权规范、过程和机构设立方面掀起了高潮。联合国的奠基人不会想到，到20世纪末，人权准则会无处不在，人权话语会成为每个被压迫民族和反边缘化事业的信条。在人权工作中,联合国越来越多地从各式斗争的规范性先例中汲取了各种关于人类尊严、自由哲学和文化法律传统的精髓。当时,真正普遍性的想法刚开始被提及,并没有被接受成为其合法性的关键一环。

即便如此,人们也不应夸大联合国在 1945 年的普遍接受程度。

当时的世界仍是非常典型的欧洲中心主义,包括联合国在内,在 16
其成立时都还是一个非常狭隘保守的组织。在通俗历史中,第二次世界大战被描述为善与恶的较量,以前者的胜利告终。从历史冲突的灰烬中逐步显现的世界秩序给我们留下了许多期望,尤其是因为第二次世界大战后的国际秩序极不公平。国际法院法官穆罕默德·贝贾维(Mohamed Bed-jaoui)形容新世界秩序是“可耻的”。[11]其困难在于国际治理结构中固有的不平等关系、南北之间权力的不对称、各国在全球经济中的不平衡以及美国在全球体系中的霸权地位。这些不平等现象在制定国际标准及其执行方面表现出来。这些深层次的结构性缺陷产生的病态一直延续到今天。

联合国在成立之初,并不代表它声称要为其说话的国际社会。1945 年联合国成立之初只有 51 个会员国,大多数来自欧洲和美洲。大多数非洲、亚洲和太平洋国家仍然是欧洲殖民地,没有资格成为联合国成员。在美国的领导下,西方主宰了联合国和新的国际秩序,尤其主导了联合国安理会,这是联合国大会中最重要的机关,占据中心地位。[12]虽然今天联合国安理会已被视为不合时宜、过时老套,其成员资格在当时却被视为胜利盟友的独享权利。与此自相矛盾的是,《联合国宪章》序言的一部分指出:联合国重申其“对基本人权、对人的尊严和价值、对男女平等和国家无论大小,一律平等之理念”的信奉和支持。[13]国家的司法地位平等是联合国思想的基石,然而却成为其第一个殉难者。

联合国的宗旨之一就是,实现国际合作,解决与经济、社会、文化或人道主义相关的国际问题,不分种族、性别、语言和宗教,促进和鼓励尊重人权和人应当享有的所有基本自由。[14]《联合国宪章》强调,联合国要促进“普遍尊重和保障人权以及基本自由,不分种族、性别、语言和宗教”。[15]尽管其结构不平等,但新的国际秩序终究渴望主权平等、反歧视和平等保护的原则。在这个世界,《世界人权宣言》(Universal Declaration of Human Rights, UDHR)可以说是最重要的
17 人权文本,它于 1948 年 12 月 10 日颁布。共有 48 个国家投票通过《世界人权宣言》;8 票弃权,0 票反对。

我们发现当时联合国的成员不具代表性——只有 56 个国家宣布通过《世界人权宣言》,就称其为“所有民族和国家应当实现的共同标准”。[16]

各国政府、学术界、人权倡导者以及联合国成员国普遍认为,《世界人权宣言》是人权标准最重要的体现。许多人都对它万分敬仰,视为神圣之文本。它被描述成“彰显人权运动取得的神圣地位的典范”[17]以及其他人权文件的“精神父母”。[18]亨利 · 斯坦纳(Henry

Steiner)和菲利普·阿尔斯通(Philip Alston)两位知识分子人权运动领袖将其称为“人权标准的母本、最初迸发的理想主义和激情、简洁,但却比任何条约更概括、更宏大,在某种意义上它构成了整个人权主义运动,是引用频率最高的人权文本”。[19]作为人权运动的基础性规范,《世界人权宣言》已成为整个人权运动的黄金准则。然而,在此恭维奉承中,我们失去了许多关于《世界人权宣言》的规范性内容及其作为文化文本导入的有益争论。

然而,作为《世界人权宣言》的一个美丽承诺,国际人权主义运动的曙光却充满了限制。当时,联合国的小国成员严重损害了人权运动创始文件的规范普遍性。因此,国际刑事法庭前南斯拉夫问题专家安东尼奥·卡塞斯(Antonio Cassese)指出,西方之所以能够将其人权哲学强加于世界其他国家,是因为它在一开始就主宰了联合国。[20]它的办法令人啧啧称奇:它将人权学界最重要一个图章纳入麾下。正如美国人类学协会(American Anthropological Association, AAA)(这是少数几个对即将问世的国际人权法案发表看法的非政府组织之一)1947 年所指出的,颁布一项具有普遍意义的人权法案将极其困难。这一团体看到了隐藏其间的文化和范式地雷,它等待着任何一个由此企图的雄心勃勃的文献。大家担心它会带来一种新形式的文化帝国主义。该协会指出,放在 18 世纪,起草权利宣言的问题相对简单,因为当时这还不是人权问题,而是在单一社会制定的有偏见框架内男人的权利。

> 今天，这一问题因《世界人权宣言》必须具有全球适用性而变得更加复杂。它必须涵盖并承认许多不同生活方式的正当有效。倘若
> 18 它与早先的文件一样，与其处在同一水平，它便不会使印度尼西亚人、非洲人、印度人和中国人信服。[21]

美国人类学协会正确地预见了建立普遍规范和标准的风险，并告诫称，任何此类雄心壮志的跨文化合法性都将驻留在一个真正民主、多样和参与性强的实践活动中。《世界人权宣言》的起草者们不理解这一点，这个事实使这一宣言难以在西欧以外的文化中产生共鸣。美国人类学协会认识到，文化合法性在内化规范中发挥着核心作用。这就是为何在缺乏文化合法化的情况下，人们对全球普遍性心存不安和恐惧。虽然联合国人权委员会的组成，即起草《世界人权宣言》的机构，试图在文化和地域上彰显包容，然而，其成员数目却因联合国的排他性而受到严重制约。西奥·凡·博文暗示，当世界上大部分地区仍处于殖民统治下，无法参与框架文件的起草时，《世界人权宣言》的起草者就称具有“普遍性”，这显然是装腔作势、自命不凡。[22]更适当的做法是，坦陈自身明显缺乏多样性——这是一种缺陷——并向被排除在外的对象广泛征求意见。然而，没有证据表明存在这种外部联系。

该起草委员会由埃莉诺·罗斯福（Eleanor Roosevelt）领导，成员包括各国外交使节，如黎巴嫩的查尔斯·马利克（Charles Malik）和

中国的张彭春等。[23]不少学者经常提及这两位典型的非西方人士，认为这是委员会组成具有普遍性的证据，并认定《世界人权宣言》有跨文化合法性。然而，马利克是一位基督徒，他和张彭春都坚信西方自由主义的个人观念和政治社会之目的。两人的形成性教育都是在美国常青藤名校完成的。他们都属于欧洲中心主义世界背景下传统的“全球精英”。因此，他们世界观的主要基调必然是西方的。阿卜杜拉·艾哈迈德·安纳米（Abdullahi Ahmed An-Na'im）敏锐地意识到，“所有规范性原则都必须基于特定的文化和哲学预设”。[24]他的结论是，“鉴于目前标准制定的历史背景，它们最初是以西方文化和哲学假设为基础的，这无法避免”。[25]安纳米非常英明地认定：构建概念无罪，但要克服概念带来的问题却困难重重。[26]

一些分析人士（其中包括贝查德·拉姆查兰）辩称，《世界人权宣言》是西方国家的产物。这是对历史的误解，因为它诋毁了第一届人权委员会多数成员的贡献，他们来自非洲、亚洲、拉丁美洲和东欧 19
等世界各地。[27]据贝查德称，该宣言也否认亚、非两洲早先的前西方社会对世界知识遗产的贡献，前者提出并发展了自由、民主的核心思想，还积极支持法治。

此处的观点是，虽然这些理念的应用可能已经随着时间的推移而演变，但它们的基本价值和吸引力仍然有普遍性。拉姆查兰暗示，从本质上讲，目前关于权利普遍性的辩论更多应算是关于发达国家与发展中国家之间权力的政治辩论，而非文化相对主义。这种观点表明，文化多样性可能影响不同社会对人权的应用方式，但基本理念仍然是相同的。[28]拉姆查兰的观点虽然有趣，但却费力不讨好。首先，毫无疑问，人权委员会由西方主宰。这是无可争辩的事实。其次，即便是来自非西方国家的委员会成员，也深受欧洲中心主义影响，正如他们中不少人公开宣称的那样。最后，南方国家没有理由仅因为没有参与建立早期人权学说而如拉姆查兰说得那样表现出竭力抵抗。南半球国家被排除在外，而且不是由选择而定。南半球国家在谈判桌上的缺席也并非表明他们没有这种想法。恰好相反。后来人权文本的历史发展表明：一旦允许进门，南半球国家就会开始发挥其知识文化影响，在人权文本上留下深深的烙印。然而，它们的加入和参与在人权项目的叙述或实质内容中都没有出现实质性的背离。在大众意识中，人权常被视为西方对世界的恩赐。正是在这种意义上，人权项目有其“发起者”和“受益者”人权事业的这种二分法——一方面是“起源”，另一方面是“目标”——使南方国家文化低劣和北方国家文化霸权的观念永续。这部分解释了为何南半球一些国家和社团会对人权项目产生抵触。

现在的既成事实是，早期人权标准的制定和编纂都被西方文化和政治规范左右。[29]人权运动史上的严肃学者全都承认这一事实。但必须指出的是，对起源有争论不一定意味着对整个人权运动都持批判态度，它本身也不是构成非法性的必要条件。相反，它们是窥探人权运动起源、其规范足迹及倾向的一扇窗口；这些因素本身其实并不消极。重要的是，无论它的起源和哲学原型是什么，人权运动已经规范成为一个真正意义上的普遍性文本库。尽管碍于这些种族中心主义的限制，《世界人权宣言》总体上是一个合理进步的文件。它为后来发展公民权利和政治权利以及为其争取经济、社会和文化权利奠定了基础。 20

在这方面，《世界人权宣言》应当被视为比圣经更可信的承诺。学者和人权运动活动家都想赋予《世界人权宣言》以神圣感，但他们忘记要构建一个合法的人权运动；事实上，他们变成了人权运动最大的敌人。在这个历史时代，通过强加价值或坚持文本的纯洁，什么东西都得不到。诚然，《世界人权宣言》的部分内容已经进入了习惯国际法稀薄的平流层，而它的剩余部分也实现了巨大的道义权威。[30]但如果《世界人权宣言》及其运动缺乏草根合法性，它的成功对其最终分析就会影响甚微。《世界人权宣言》的缺点之一，就是它属于习惯法。习惯法之定义就彰显出它是国家精英的产物，且多半来自北半球发达国家，但也有来自南半球欠发达国家精英越来越多的参与和默许。历史上，习惯法受尽了“民主赤字”的折磨，因为它是自上而下的，而不是自下而上的规范制定。尽管如此，这些精英们授予了《世界人权宣言》（它仅属于一部宣言，而并非条约）最重要的人权文本地位。

没有其他文件捕捉到如此重要的历史时刻，达到了同样修辞力量和道德影响，抑或对整个人权运动产生了如此大的影响。这一宣言以简练、雄辩的语言表达了从第二次世界大战魔掌中解脱出来的世界之希望和理想主义。然而，尽管今天看来仿佛不言自明，该宣言蕴藏的许多先进理念是它的许多制定者都没有意识到的。通过影响许多根深蒂固的国际法准则，它继续走在自己的颠覆性道路上，一直改变着国际关系对人类尊严与和平等重要问题的论述。[31]

1945 年以后不久，联合国的排他性就受到去殖民化的挑战，这种新现象将改写对南北关系的传统假设。这一全球性变化是否意味着我们已经脱离联合国的欧洲中心主义姿态，并远离规范制定了呢？今天，殖民地国家拥有的席位是否会改变世界中心机构的治理？这些问题都没有一个简单的答案。显而易见的是，全球治理成为越来越有争议的领域。在此情形下，发达国家的统治地位将不再是公认的事实。可以肯定的是，尽管军事和经济方面的影响力和权力都在下降，但北半球发达国家仍将在很大程度上占据主导地位。截至 20 世纪末，联合国已有 190 多个会员国。在联合国和人权领域框架内，立法和标准制定将不得不对一个更多样化的世界作出适当回应，这
21 将使这一过程更复杂。

到 21 世纪末，中国、印度、巴西、南非及其他一些正在崛起的国家将挑战北方发达国家对全球治理的掌控。来自南半球欠发达国家的公民运动将开始影响国际规范制定。[32]即便如此，这种变化主要集

中在经济和军事方面，而并非文化层面或公民与国家关系理念的改变，而后者才是人权不可分割的有机组成部分。因此，在与南方的关系中，人权仍然是北方选择的便利武器。 22

第二章　人权标准制定过程

23 自65年前人权运动诞生以来,人权标准设置就一直是一个争议不断的复杂问题。标准设置从来就不是容易的事情,当它涉及国家与公民之间的关系调整,尤其是国家权力的限制及其对个人的影响时,其复杂性更是呈几何倍数增长。各国历来认为,政府对公民的权力和权威基本上没有上限。这就是为什么遏制国家权力、针对国家能和不能对其公民或在其管辖范围内的民众采取的行为设置红线,一直都有很大争议。或许没有任何领域比制定人权标准更有争议,这主要是因为人权规范明显限制了肆意妄为的国家权力。社会的多样性加深了人权标准制定的难度。人权规范源于自由主义思想和哲学,然而这并不意味着西方社会总是会热情地拥抱人权。每个国家都备加珍惜地保护着自己对公民的权力和权威,极不愿意放弃这种权威,除非这样做可以增强其自身的合法性。例如,在西方视为不属于“自由主义国度”的亚洲和非洲,国家与人权运动的关系更加紧张。即使是有欧洲中心主义传统的拉美国家,也对人权主义运动高度压制。因此,各国国情的多样化使规范制定更复杂。各种影响因素的多样性也导致了同样的结果。虽然最初国家是这一进程的主要参与者,但随着时间的推移,参与者数量成倍增加。在过去 20 年里,非国家参与者,如非政府组织,已经成为制定人权准则的积极参与者。

此外,一个更大、更复杂的国家团体已成为人权标准制定的主要 24
参与者。虽然各国政府仍是这一进程的核心,但所有这些相互竞争的利益都使人权资料库更丰富。当然,这也让达成一致或形成共同价值观变得愈发困难。

国际层面的制定标准过程意味着复杂性、谈判、激烈的分歧和最终建立共识。这些变量中的每一项都是达成协议的潜在障碍。复杂性是许多无形因素的代理,包括不妥协。谈判可以无限期延长这一进程。建立共识可能是不作为或者淡化最终结果的临时替代,这可能意味着一个空洞肤浅的标准。标准设置要求相互竞争的国家利益、文化和意识形态均参与进来。然而,必须指出,这些国家利益可能是狭隘的、精英驱动的或基于阶级的,而且可能缺乏某一国家社会大部分的民众的认可,没有合法性。一个国家可能躲藏在“国家利益”这个温情脉脉的面纱之后,并以此为借口反对某一特定标准,其实是出于自己不透明或险恶的目的。

就好像这些问题还不够，更难的问题接踵而至：权力不对称、有效参与过程的能力以及掌控过程和占有最终产品的能力等。一些国家和文化在规范制定方面拥有更大的发言权。部分国家对这一进程的控制使最终结果变得可预测，有时甚至变得失去实际意义。这种影响解释了为什么在情况复杂和竞争对手存在的情况下，过程变得和最终结果本身一样重要。因此，在任何与过程有关的讨论中，参与者都应当询问关于公平、透明、所有权、民主和参与的深刻问题。把这些议题交给更严苛的审查和公众争论变得越来越不可避免，就像传统的规则制定通常只交由几个精挑细选的人物一样。

但术语很重要，而话语词汇也可以被质疑。参与人权项目的人倾向于使用标准、规范和权利互换等术语，就好像它们是同义词一样。可是，这些词语之间的区别对国家、对当事人都很重要，它们可能意味着坚守承诺和松弛懈怠之间的区别。使用一个术语而非另一个术语发出的信息可能彰显一个国家处理某一事务的严肃性。它可能淡化或加重问题所涉之义务。例如，遵守意味着一个级别的义务，而侵犯则意味着另一个级别的义务；差别就在于所选术语的平衡。术语可能暗示了规范制定者的心态以及我们应对规范目标抱有何种期望。所有这些术语均暗示我们应为之努力的东西，暗示对承诺或义务予以履行的期望；它们渴求着理想、入门、脚踏实地、基准、愿望
25 和特权。

然而，由于人权资料库是国际法的亚种，它本质上是一种约束各

国的法律制度。对这类术语分析必须采纳一个精确的法律定义。因为法律语言追寻的是语词法律意义的精确，并要确保它们的法律地位和其预设的义务或权利的性质。事实上，人权标准制定过程就是言语意义及其对国家行为影响的斗争。这些术语中最具弹性的或许就是标准本身，它既没有特定的法律含义，也不一定暗含任何一种法律义务。标准就是一个筐，什么都能往里装。它指代成就或期望的水平，这是一种渴望，还可能带有道德、文化或其他文明雄心。毋庸置疑，术语更具弹性或更空泛，国家和其他关键目标对其产生的阻力可能就越小。降低国家或义务承担者的责任或义务门槛，才更容易达成一致意见或使其接受。各国都不愿意受到外部势力操控，尤其是不愿受那些不想投入资源来处理预想中弊病的机构的摆布。对各国来说，用专横手段捍卫人权看起来就像是没有相应资源分配的强制义务。

没有什么比浮夸的《世界人权宣言》更能说明术语的重要性了。《世界人权宣言》的初衷只是承载道德权威，它称自己为“所有民族和国家共同成就的标准”。[1]这一关键文件并不具有约束力，而且几乎可以肯定的是，如果它起初就是一项具有约束力的法律文书，《世界人权宣言》就不会获得其目前的权威。原因在于，在人权运动诞生之初，许多国家已经畏缩不前或大幅度淡出，以致人权运动意义不大。因此，《世界人权宣言》通过的秘密是其不具约束力的法律地位。但术语“标准”并非一无是处。这一术语的灵活性使它具有广泛的影响力和适用范围。此外，从狭隘的法律桎梏中解脱出来能赋予它更多的权威，并将其推进到最前沿，成为没有文化或地理边界的普遍文明价值。换言之，标准是一种超越单纯法律规则的现象；它自有一种内在的和自我散发的美德，它要求绝对的服从。它的道德说服力超越其他更确切但更局限的术语。它柔软和舒适的口吻姿态意味着它只作出邀请，不会强制命令。它不用胁迫，仍可以召唤一个更高的目标。它不用强制，仍可以追求高贵。它允许过程循序渐进，而非即时服从行政命令。所以使用松散开放的术语好处很多：尤其是在没有任何明显或直接法律纽带的前提下，我们还需要寻求更广泛的一致。

26 术语“规范”比“标准”更复杂，尽管后者也具有超越法律界限的优势。然而，从“正常”一词衍生而来的规范暗示我们，不应偏离基本的准入门槛。事实上，规范不一定具有法律内涵，尽管它所指的就是某种公式化原则、行为、行为准则或规范。就像标准一样，它暗示着一个演化过程。在此过程中，所指的元素凝聚成一个期望。规范倾向于指明这些元素中的习惯性因素。它们长期实践、酝酿。规范不能一蹴而就，因为它需要缓慢生长、成熟，成为一个经得起考验的产品。它们深深植根于机构、社会或国家的意识中。规范还意味着一种价值等级，一种需要攀登阶梯才能达到的层级。规范可以说乃是基于此基础，但是比标准拥有更多牙齿。规范比标准更像法律。偏离规范通常会招致某种形式的社会、法律、道德和文化谴责或惩罚。因此，准则与法律制度密切相关，且完全不受其控制。它们在任何法律制度中都必不可少,因为规则或法律通常都以某种规范为基础。我们很难想象一种没有写在更大规范桂冠之上的权利。从这个意义上讲,标准可能是规范的先驱,规范则是权利的先兆。这可能暗示在权利细化过程中有一个渐进轨迹,但它确实指明了一个层次结构。每一种文明价值标准、规范和权利的更迭都可能占据更神圣的空间,当然,这取决于当时的历史背景。

最后,权利是所有这些术语的结晶。它是一项标准或一部规范不可或缺的核心。当其他术语被精简浓缩为最简单的形式时,它就是裸露在外的唯一元素。甚至可以说,在任何法律制度中,它是最重要的一个术语,权利是人权运动的根本和基础。西方人权运动是自由主义的产物,如果没有权利话语,它不可能出现。在南半球欠发达国家,尊严语言可能出现动摇。但在北半球发达国家,倘若没有权利语言的声援,将很难捍卫任何东西,尽管并非绝对不可能。在北半球发达国家,人权语言提供了保障人类尊严的途径。“权利”一词将责任本身和肩负责任者连为一体。人权法是人权运动最精准的表现形式,国家负有保护权利的首要义务,个人和团体则享有这一权利。如果没有权利这一术语,现代西方文明是否成为可能都令人怀疑。一位学者据此将权利作为一种天然权力。

从最基本的层面来看,人权是一种应当受到保障的天赋权利,因为人是活着的。这意味着任何被赋予人格的个体都有权利凭借物种

27 成员资格获取这种权利。

> 权利是(权利持有者)对行使某事的要求,这一事件可以根据一套理由或正当原因,在不受外界干扰的情况下得以实施和执行。权利主体可以是个人或团体,客体则是权利指向的对象物。[2]

虽然法治被视为权力与民主之间必要的缓冲地带,但人权是所有法定权利中最神圣的一款。可以想见,没有法治的社会不可能实现。然而,一旦一项主张上升至人权地位,它就自动获得了不可逆转、无法撤销的持久有效性,拥有了普遍的光环。这样,一项主张在权利语言中得以“永生”。它有至高无上之地位,且不能轻易地被国家或其他非国家团体不计后果地频繁滋扰。人权被认为是人类文明的顶峰。“权利”一词被视为等同于现代国家的清教主义。换句话说,人权唤起了一种具有超越性质的价值,它阐述的是人类目标的伟大和崇高。人权是一种清楚明了的现象,是一种没有标准或规范模糊轮廓的独特属性。它是对人的净化,去除一切消极因素,包容一切高尚因素。在这一方面,一项权利(此处指一项人权)应是清楚的蒸馏升华和更仔细的术语使用,而不是一般意义上的规范或标准。一位学者据此将权利作为一种天然权力。因此,必须指出,术语“标准”一词既包括规范,也包括权利。这就是为何在人权中创造期望和义务的过程及其履行可以称为标准设置,这一表述既涵盖了约束性的规则,也包含非约束力的行为守则。显然,“权利”是顶点,是可以清楚、具体实施的高级术语，尽管它被证明相互斗争的社会和政治势力都可将其作为矛和盾来使用。

标准、规范和权利之间的区别，要求人权领域的各参与者能够理解这些不同术语的内涵和外延。无论在特定的语境中选择何种术语，都需要不同的技术，甚至策略，才能达到预期的目标。要实现某些目标，就必须首先确定要采取的战略，这一点尤其重要。在某些情况下，一个术语可能适得其反，而另一个术语可能才是完美的工具。虽然条约中有约束力的权利似乎都是最确定的义务种类，但它们不一定是推动人权议程发展最有效或最可行的手段。事实上，使用最合法的条款并不一定能保证可以达成期望的结果；南辕北辙的事情
时有发生。这就是为何主张某一特定观点的倡导者们可能选择奉行 28
软法，如宣言；或一套不具约束力的指导原则、决议或建议；抑或一份谅解备忘录或行为守则。

确凿无疑可能是实现目标的敌人，或是一种对目标进行无谓抵抗的机会。最好选择一个“软”的策略，这比一个更具体但有瑕疵的策略要好。

战略性使用术语的一个极佳例子是《世界人权宣言》，这是世界上第一份具有普遍意义的人权文书。联合国人权委员会深知，在人权运动诞生之初，说服联合国成员国都同意一项具有法律约束力的人权文书是极其困难的，即便不是完全不可能。任何国家都不愿意在内部事务中受到阻碍或严重限制，但许多人已经准备好了——尽

管并非没有很大的不适——他们签署了一份雄心满满的文件，此文案当时没有任何“牙齿”。主权和对侵入性规范和进程的恐惧排除了几乎任何东西，但声明仍是可行的选择。同样，《世界人权宣言》也没有因为不成为条约而蒙受损失。事实上，有人可能会争辩说，《世界人权宣言》的“自愿”性质是其最大的力量。

标准、规范和权利：以国内流离失所人员为个案研究

许多案例都说明了在解决人权问题时战略选择的复杂性。“硬法”和“软法”权威的最好例证之一，是制定针对国内流离失所人员的规则和期望，这是当代一个重大的问题。伴随着伊拉克、马里、埃及、南苏丹、苏丹、巴林、阿富汗、利比亚、叙利亚、也门、刚果民主共和国、中非共和国、索马里、乌克兰、巴勒斯坦、黎巴嫩和许多其他国家的冲突和内战，国内流离失所人员已成为当代政治剧变的共同特征。据估计，全世界有 3000 万以上国内流离失所人员，他们几乎全部都位于冲突地区、独裁、专制或饱受战争蹂躏的国家。[3]这场巨大的人道主义灾难折磨着许多国家，且几乎没有一个国家有解决问题的能力，即使有，他们也没有意愿来解决，因为这些问题本身就是国家造成的。国内流离失所人员不是“难民”，他们没有越过国界，也没有给他国造成负担或危及其稳定，所以各国解决这一“内部”问题的态度都

不积极。

国内流离失所人员是什么?《国内流离失所问题指导原则》(以下简称《指导原则》)是关于这一问题最权威的国际文件,它这样定义国内流离失所人员:

> 国内流离失所者是指被迫或必须逃离家园或惯常居所的个人或 29
> 群体,尤指那些由于或为了避免武装冲突影响,逃避地区普遍暴力、侵犯人权或自然及人为灾害,且并没有越过国际公认边界的个人或群体。[4]

与传统侵犯人权行为的受害者不同,国内流离失所人员并不直接经第三国引发国际后果。他们是一个“地方”问题,被限制在原籍国和居住地的边界之内。尽管如此,国际法对国内流离失所人员的困境和痛苦深表关切,因为他们常常被自己的国家忽视。这种关切主要来源于“人道主义”,而并非“硬性法律”的要求。话虽如此,国内流离失所者理应得到国际社会的关注,因为他们可能会——而且往往会破坏整个地区的安全和稳定。因此,国内流离失所人员带来的溢出效应迫使一些国家认真对待这一问题;尽管各国没有采取行动的紧迫性,但他们不能完全忽视国内流离失所人员。挪威难民理事会指出:

> 这些人(国内流离失所人员)被迫寻求安全,但并非在他国寻求庇护,而是在他们本国政府和国界范围内。国内流离失所人口的福祉已成为国际社会重点关注的话题,因为负有法律责任应当照顾和保护他们的政府往往无法或甚至不愿代表他们行事。事实上,在许多情况下,相关政府至少部分地(如果不是完全地)对这些公民的流离失所负有责任。[5]

国内流离失所者本身,并不是任何具体或特定条约和宣言的主题。直到 1992 年弗朗西斯 · 邓(Francis Deng)被任命为国内流离失所者问题联合国秘书长代表时,[6]国内流离失所人士才成为联合国系统内专门关注的一个重点。没有任何机构专门解决他们的困境,这一点足以说明国内流离失所者问题的边缘化程度。尽管几十年来联合国一直忙于处理难民问题,尽管难民法已经为国内流离失所者待遇提供了有益的借鉴,但该法律只适用于越过国界的人员。正如弗朗西斯 · 邓指出的,"国内流离失所者被迫离开家园,然后发现自己身处类似难民的境地"。[7]因此,相比之下,《难民法》在提出规则并制定保护国内流离失所者需要的准则方面能够发挥作用。[8]进一步讲,尽管《难民法》不能作为解决国内流离失所者问题的法律框架,但邓利用它向国内流离失所者问题辩论提供信息,并借此达成更大的共识。

他们是一个"地方"问题,被限制在原籍国和居住地的边界之内。

弗朗西斯·邓的任命以及他随后在国内流离失所者方面的工作，是 30
一堂关于精明的律师行为如何能够在不用硬性法律大锤的情况下，拉拢不情愿国家的典型实务课。

弗朗西斯·邓的最初任务要求他利用现有法律制度作为行动跳板。他首先要确定现有法律体系——人权、人道主义法和难民法——能在多大程度上为保护国内流离失所人员提供法律基础。他接下来做的就是教科书政治。他撰写了一本名为《国内流离失所者：法律规范之编纂与分析》[9]的专著，这是关于现有“权利”的一项创新文案，但他并没有这样命名。他的报告审查了国际人权法、人道主义法和难民法，并得出结论称：虽然这些截然不同的法律制度都谈及国内流离失所人员问题，但它们在保护相关人员利益方面都存在不足，甚至重大缺陷。他特别指出了一些弱点，这些弱点与“必须有不被非法取代的明确权利，且在相关人员流离失所期间有获得保护和援助以及享有安全回返和重新融合”[10]这一法条相关。通过这种方式，他围绕一些国家可以接受的义务，适度收紧了柔性法律的内容，使其不受法律规则的束缚。也许这就是秘密立法或制定规范。从弗朗西斯·邓对国内流离失所者工作的叙述中可以清楚看出，如果他试图走硬法的道路，他将面临高赔率风险，甚至是失败。

弗朗西斯·邓的下一个任务是确保会员国作出承诺与他合作，为解决国内流离失所者这一恶性问题制定一个规范性框架。这就是为何联合国最高权力机关都给他开绿灯。联合国大会和人权委员会要求广泛传播其报告，并授权他“在汇编和分析的基础上制定适当的框架，用以保护和协助国内流离失所人员”。[11]他制定了关于国内流离失所问题的指导原则，作为对这项任务的积极回应。《指导原则》代表弗朗西斯·邓试图协调不同的法律制度并填补国内流离失所者保护和援助方面的规范性空白。然而，为什么他在没有法律效力的情况下制定了指导原则，而不是推动制定一项条约或一项宣言——一项专门针对国内流离失所者的明确文书？尽管我们有充分理由相信他很可能是正确的，但人们总是会在这方面三番五次地猜测他。我们也不清楚一项具有约束力的条约是否会比软法律更有成就。

由于没有任何针对国内流离失所者的人权文书，一些人权运动人士希望有一部公约或一个宣言，因为这是解决规范性差距的默认行为。即使不同的法律制度（人道主义法、人权法和难民法）中已经有大量保护国内流离失所者的内容，其支持者仍认为：缺乏具有约束力的文书是实现保护国内流离失所人员的障碍。[12]他们千方百计寻求
31 一份法律文件，希望使各国严格履行法律义务。

但弗朗西斯·邓和他的法律专家团队选择了一种不同的方法。作为苏丹政府的前内阁成员，邓也是一个终生倡导国内流离失所者权利的活动家。作为苏丹南部人士，他有自己独到的观点，这个地区饱受战争蹂躏，国内流离失所者众多。在反对条约的道路上，弗朗西斯·邓援引了两个理由，说明要使用更柔和的《指导原则》。

首先，他提出，《指导原则》将在短时间内引导产生一个规范性框

架，而拟订充实一项条约或宣言意味着旷日持久的谈判，这会长期影响，甚至阻碍有效地使用国际人权处理国内流离失所问题的可能性。[13]这是基于权宜之计的战术论证。弗朗西斯·邓觉得各国可能会阻挠条约或宣言、延长谈判，甚至淡化现有公认的法律保护。此时，邓推测与各国谈判的非政府组织可能会陷入困境——寻求一份最大、具有法律约束力的文件，但最终他们可能并不采取行动。

其次，他认为，一份重述和反映现有国际法的文件应当“足以向各国、国际机构、非政府组织和处理国内流离失所人员的其他组织提供必要指导”。[14]他饶有兴致地利用现有规则，将“习惯”做法糅合在一起，让各国更容易接受，因为它们大多都被自身以不同的文书和法律制度所约束。既然现有法律基本上已经足够——我们的观点也是这样——那么，为什么不仅仅在一份有约束力文件中重申其地位，而要使自己陷入不确定的危险境地，让国内流离失所者的命运公之于众，并完全取决于各自国家的心血来潮？我们赌的是，各国会认为《指导原则》更可取，因为表面上该文件没有创制新的规范或额外的义务。向国家兜售它们以各种形式已经作出承诺的律法会比向它们重新提出一种全新的有约束力的文本更容易。

弗朗西斯·邓制作一份可行性文件的速度可能是他所采纳策略的最佳辩护——一份具有约束力的文件。1998 年在他受邀为国内流离失所者制定一个规范性框架后两年，他向人权委员会提交了《指导原则》。通过避免与联合国成员国进行冗长的谈判，转而选择一个相对封闭的法律学者和其他专家圈子，他成功绕过了传统的标准制定程序。他巧妙地回避了联合国成员国之间复杂的讨价还价，他和他的同伴们对待任务的方式与学者们对待研究项目的方式如出一辙。他自己是唯一的推动力和决定因素，可以左右该文件可以包含哪些内容。

32 这种制定规则的非民主方式可以规避国家和其他参与者的反对、拖延和阻挠。值得一提的是，鉴于民众对参与人权标准制定的日益敏感，这种“民主赤字”再也没有出现并再次困扰指导原则。

律师们找到了巧妙的方法来解决复杂的法律和政治问题，即他们通常使用的语言，这是律师伟大的盟友。在国内流离失所者的问题上，邓故技重施：他借助自己的各种法律技巧，用语言来重述现有的法律义务。他使用的术语是原则而非权利，然而毫无疑问，《指导原则》提及了国内流离失所者的“权利”以及国家对国内流离失所者负有的“有约束力之义务”。这条主线重申权利就是原则，一方面，避免了“陈词滥调”的权利语言，后者势必在某些方面引发愤怒；另一方面，它用貌似更崇高的“原则”一词使该文件更具权威。使用“原则”一词暗示建议之行动乃是良心问题，这一描述似乎使这些原则比更世俗和已被滥用的“权利”一词更神圣。

《指导原则》是一本非常全面的普惠性质文书，如果有足够的政治意愿，它可以作为未来所有事关国内流离失所者公约的基础。在地区一级，非洲于 2009 年通过了一项针对国内流离失所者的公约——非洲联盟《关于保护和救助非洲流离失所者的非洲公约》(以下简称《非盟公约》)。[15]《非盟公约》几十年来一直在不断完善,它很可能对邓产生巨大影响。虽然弗朗西斯·邓可能为未来任何关于国内流离失所者的普遍法律发展奠定了基础和辩论的前提条件,但非洲仍是第一个出台关于此问题条约的区域。《非盟公约》和《指导原则》无疑将影响任何未来普遍公约之基础。然而,《非盟公约》将对未来的其他规范产生何种影响,尚有待观察。

任何规范制定工作的成功都不仅可以通过制定过程本身来衡量,而且还能通过国家对其他标准的遵守或引导来衡量。各国如何真正认真地看待这些标准?在立法和政策实践中,它们采取了哪些措施来遵守这些规范?就《指导原则》而言,许多国家普遍接受了这些准则。许多国家,包括那些国内流离失所者问题严重的国家,均表现出对话意愿,并承诺采取措施改善这一问题。人权委员会在对弗朗西斯·邓的任务要求中,并未要求他提出一个条约或类似宣言的法律文本,而是要他为保护国内流离失所者“制定一个适当的框架”。[16]各国认为,“框架”这一用语的威慑力较小,这也部分说明了《指导原则》的成功。

这一进程的透明度必定是其成功的因素之一。弗朗西斯·邓没 33
有秘密地进行工作,也没有掩饰他的意图;他继续让联合国大会和人权委员会充分指导其工作,并“定期就各国政府和政府间组织对《指导原则》发表的意见,及其为促进、传播和应用指导原则做出的努力发表报告”。[17]

尽管如此，对《指导原则》的赞扬或接受并不普遍。标准都有其诋毁者和对手；比如，不少国家贬低《指导原则》，因为其条款不具约束力。尽管有这样那样的批评，但《指导原则》还是赢得了联合国大会、欧洲联盟以及中欧、东欧、非洲、美洲和亚洲各国的赞誉和支持。[18]世界各国对《指导原则》的广泛认可为其树立了强有力的道德立场，而且其真正地位可能远超于此。据报道，国家、地区和其他国际机构继续接受和促进规范性框架的热情以及国家、非政府组织和国际非政府组织的趋同，使规范性框架的地位日益提高，[19]从而使标准更具可行性和说服力。[20]到目前为止，这些准则没有从实质性角度受到严重批评，也没有人对标准提出重大异议。同样，也没有一种运动来说服利益攸关者反对这些准则或推动不服从它们。人权委员会在对邓的任务要求中，并未要求他提出一个条约或类似宣言的法律文本，而是要他为保护国内流离失所者“制定一个适当的框架”。或许，人们的广泛接受并将其努力付诸实践可以为习惯规则的演变提供动力。

证据表明，这些原则正迅速成为促进和保护国内流离失所者权益的标准。自采纳这些原则以来，国家、地区和国际机构（包括国家、非国家和政府间组织）均在短期内便开始寻求如何应用这些原则的培训。一个国家和其他利益攸关方能够给予规范的最高敬意就是利用它来指导自身的政策和行动。正如挪威难民理事会指出：

1998 年联合国各机构和国际社会对联合国《指导原则》的普遍接受,标志着我们正持续加强国内流离失所人员的保护和援助,这是一个里程碑。话虽如此,这一文书中的重要规定还是与世界各地流离失所者的悲惨处境形成了鲜明对比。这一现实迫切要求我们采取具体措施,不仅要发展和传播这些原则,还要将其付诸实践。 34

只有针对性地努力提高直接负责流离失所人口福祉的政府和非政府官员的意识、知识和技能,才能最终实现这一目标。因此,在 1999 年,为响应联合国秘书长特别代表和其他政要关于妥善安置国内流离失所人员的呼吁,联合国出台国内流离失所者项目,并要求就联合国指导原则的内容和使用进行培训。[21]

《指导原则》表明,在一个通过条约制定新规越来越具有挑战性的时代,创造新标准的其他方法也是可能的。在某些问题上,这一点显得尤为真实。比如,当联合国特别代表提出针对恐怖主义或酷刑的新规时,各国只是袖手旁观,这是不可想象的(我们暂且提及这两个热点问题)。但是,国内流离失所者的困境是他们绝望无助的原因。各国可能感到欣慰的是,不具约束力的"原则"成了弗朗西斯·邓选择的工具。值得注意的是,通过采用一种他深谙国家会感到舒服的办法,他用简单的方式与国家"共谋",他知道这样可以使国家免除法律上的危险或硬性法律的侵害。作为巩固这一标准的典型措施,联合国设立了一个常设职位来监督执行这项任务,并于 2010 年任命查洛卡·贝亚尼(Chaloka Beyani),他是一个居住在英国的有赞比亚血统的学者,被任命为联合国国内流离失所者问题特别报告员。[22]

宣言的力量

有许多方法可以在人权方面创制规范和制定标准。一些方法比其他方法更传统;还有一些方法比其他方法更具法律约束力。但通常很难确切地说,何种形式的标准将变成最有效的标准。虽然条约和公约似乎在法律上较为确定,但它们并不总是比其他形式的标准更有效。例如,这些宣言显示了一些影响国家行为方式的令人惊讶的力量。它们展现出的“文明促进”效应比条约的约束力更能制约国家行为。《世界人权宣言》是最具开创性的人权文件,是对人的属性和社会对国家期望的精辟陈述。尽管最近几年出现了一系列涉及广泛关切的其他声明。然而在人权领域,还没有任何其他文件可以在简明性和时代性方面与之媲美。这些文件包括 1998 年的《个人、群体和社会机构在促进和保护普遍公认的人权和基本自由方面的权利和义务宣言》(以下简称《人权捍卫者宣言》)、[23]1986 年的《发展权利
35 宣言》、[24]1994 年的《联合国土著人民权利宣言草案》[25]和 1993 年的《消除对妇女的暴力行为宣言》。[26]虽然后来针对其他领域的声明对人权话语也产生了相当大的影响,但《世界人权宣言》对国家和国家

与公民关系的发展产生的影响尤为突出。

在通常情况下,联合国宣言是借助人权问题通过的。在人权问题上,条约或其他一些具有约束力的文件达成。通过一项宣言——其效力往往远远低于条约——暗示相关话题的重要性和严重性足以引起各国重视,并让它们都能采纳相关宣言。即便如此,宣言的扩散也会削弱该文件作为促进人权标准进步工具的重要性。因此,宣言作为一种捷径,要么促使大家共同选择这个问题,要么直截了当地敦促各国承担更多的实际责任。

认定声明是一个简单不复杂的标准设置方法是一个错误。声明可能需要数年时间来进行谈判并最终被采纳;其中一些宣言已被打入冷宫多年。下文讨论的两项宣言——涉及发展权和人权捍卫者——再现了标准设置的复杂性。《发展权利宣言》陷入了一个规范沼泽,它无法就其意义和实质轮廓达成明确的法理或学术共识。它遭到一些人的质疑和诽谤,也备受另一些人的称赞和推崇。《人权捍卫者宣言》在经历长期酝酿后才得以成熟,早期证据表明履行这部宣言也困难重重。这两项宣言加上《原著人民权利宣言草案》,均证明各国在受到国际人权文书威胁时显示出的固执己见,甚至使用限制较少的语言——出台一项声明而不是一部条约——也无法使各国在制定某些标准时减少阻挠。重要的正是争议中的问题。一个标准越是威胁到国家主权,或是有可能改变一个国家的权力关系,它遭到拖延和阻挠的可能性就越大。

在人权文本中，或许没有其他标准比发展权更具争议。[27]这一“权利”唤起的来自反对者和拥护者的强烈恐惧和支持几乎均等。总体来说，南半球欠发达国家普遍接受了这一规范，而北半球发达国家要么直接反对，要么把它当作一种劝告和值得称赞的目标，但私下却认为其完全不切实际。然而，鉴于全球人口的贫困程度居高不下，尤其是在南半球（北方也逐步攀升），因此，对发展权承诺及其吸引力不
36 可能减少。1977 年联合国人权委员会率先声称人类有发展权，但直到 1981 年，《非洲人权和人民权利宪章》才首次将其作为具有约束力的规范性人权文书。后来直至 2012 年，才将其应用于非洲委员会的判例法。[28]然而，尽管非洲在发展权方面具有法理上的领导地位，但长期以来非洲并未赋予其意义，也未将其范围勾勒出来。

比如，正确的路径究竟需要什么？它将给国家和其他责任承担人带来哪些义务和责任？1986 年联合国大会通过了《发展权利宣言》。联合国大会这个政治机构没有太大的法律权威来约束会员国，但它代表了会员国意愿的真正衡量标准，而且它是一个世界性的团体机构，远超排他性和过气的联合国安全理事会。从这个意义上说，联合国宣言——因为它需要联合国大会通过——可能比安全理事会有法律约束力的决议更具“道德”分量和“普遍合法性”。在联合国通过后，发展权的推进势头相当迅猛。1993 年维也纳世界人权会议宣布发展权是“一项普遍和不可剥夺的权利，是基本人权的组成部分。”[29]这是重大的胜利，因为维也纳会议一直被视为人权运动的里

程碑式事件。自 1986 年起,联合国人权委员会及其继任者——联合国人权理事会——就一直在努力澄清发展权的含义和内容,包括阐明该权利是否具有法律地位以及这种地位需要哪些方面的国家责任。

委员会设立了工作组,并于 1998 年任命了首个发展权问题独立专家。不少国家对发展权也有反对的声音,他们认为全球正义再分配话语与世界经济自由市场和资本主义架构格格不入。毫无疑问,反对派来自全球最强大的利益集团,而发展权的铁杆支持者都来自最脆弱和已被边缘化的团体和社会。这实际上就是强大和弱小的较量。无论如何,在讨论了二三十年之后,发展权仍不时触动人类良知。正如亨利 · J. 斯坦纳(Henry J. Steiner)和菲利普 · 阿尔斯通(Philip Alston)新近所写的那样,"为澄清发展权内容(以及更重要的它的影响)作出的广泛努力,在具体问题上几乎没有达成一致"。虽然已经出台了许多报告,但人们仍未就承认权利的实际后果达成任何共识。[30]

我们很容易将人权运动久无进展归咎于关键人物无法用合适的语言重构问题。然而,与其说是语言问题困扰着发展权,不如说权利的实质才是问题的症结所在。 37

在解决并克服这一问题之前,发展权的进展仍将处于僵局。同时,虽然南半球的大量人口生活水平日益提高,但贫穷和剥削问题还是变得愈发尖锐,这使我们有必要再次重申发展权。显而易见的是,只要人类受到安全、粮食短缺、气候变化、迁徙流动以及内乱冲突等撕裂社会的消极因素的影响，推动发展权的努力就不会消失。

最近几项声明也被类似（或许稍有不同）的障碍所困扰。其中一个例子是《人权捍卫者宣言》，它制约了国家限制人权活动者行动和自由行事的权力。这项宣言并非一个简单的标准，可以轻易拟订和执行。各国政府和非政府组织对此颇有争议。1998 年通过以后，联合国工作组花了 13 年时间起草了一份比宣言草案更接近条约发展脉络的时间框架。几乎可以肯定的是，事关这一问题的一项条约可能会花更长的时间，也许也没有可能获得通过。完成《人权捍卫者宣言》进程缓慢主要归因于两个因素，这两者都与其对国家的威胁有关。首先，支持人权捍卫者文案的国家与反对这一文案的国家之间存在紧张关系和摩擦。[31]这是人人熟悉的分歧，北半球的不少国家与南半球的大多数国家为此进行了较量。后者用起草程序拖延，甚至希望完全取消该项目，这是一个屡试不爽的办法。其次，采取协商一致的办法可以使少部分国家有效地“否决”和拖延所有确定草案的有益步骤。[32]达成共识是阻挠者们的最佳策略。这个世界中的国家体制多样、政治复杂，协商一致必定意味着要么所有人都高兴，要么谁都不高兴。这意味着，一项“否决权”就是使协议搁浅所需的全部手段。协商一致带来的另一个问题是，它允许心怀恶意的国家将协议的门槛降为零共性，这通常意味着他们可以剥夺最终产物的任何真正意义或实质内容。

同《指导原则》一样,《人权捍卫者宣言》并没有奠定新的规范性基础,反而使人们对其完成的恐惧变成一种悖论。《人权捍卫者宣言》的出台是人权的胜利,尤其是北半球的胜利,后者很难就南半球的人权问题进行评估和工作。然而,尽管《人权捍卫者宣言》不是一项具有约束力的法律文书,实际上它只是重申了在其他主要人权条约和文件中已经载明的权利,但它的出台仍然引发了一些国家的反对。

其一,国家法律与履行该宣言之间的关系引发了人们的担忧:它可以用来削弱国家权力。其二,各国担心的是,《人权捍卫者宣言》赋予人权捍卫者太多的特殊责任或义务,当局认为,这将赋予他们超 38
越国家政府的特殊地位和权力。其三,一些国家害怕《人权捍卫者宣言》将使捍卫者有权在没有国家管制或控制的情况下接触并获得各种资源,包括融资。其四,各国感到关切的是,《人权捍卫者宣言》将使捍卫者有观察审判权,尤其可以越过国界介入敏感案件;然而,这种对政治审判的关注可能会使相关国家陷入尴尬的被动境地。其五,各国担心捍卫者有权代表侵犯人权行为的受害者采取行动,从而使国家政府处于守势。其六,各国担心捍卫者会有能力自由决定和选择工作重心并为之工作。[33]显然,争论的焦点是各国担心他们将失去对人权捍卫者在履行人权责任方面的主动权和控制权。

非政府组织的工作是促进和保护人权,他们投入了大量的时间、影响、精力和资源来推动宣言的履行。尽管如此，许多非政府组织和支持它们的政府都清楚，他们无法让各国都同意缔结这一条约，因为它们所希望达成的所有权利其实都已成为国际公认的人权。这一胜利证明了非政府组织和人权捍卫者日益壮大的力量。同时，西方非政府组织鼓吹它们是全球各文明社会团体的联盟，这也使《人权捍卫者宣言》的出台成为可能。

2000 年 8 月在联合国人权委员会设立该职位后，[34]时任联合国秘书长科菲·安南(Kofi Annan)任命巴基斯坦律师兼人权倡导人士希娜·吉拉尼(Hina Jilani)为首位人权捍卫者特别代表。[35]设立该职位的决议要求各国协助特别代表履行其职责，其中包括监测、干预人权观察员和捍卫者受骚扰案件的审理，并敦促《人权捍卫者宣言》的实施等。吉拉尼进行了实地调查和外交访问，发表了关于人权捍卫者情况的报告，并游说各国遵守履行《人权捍卫者宣言》规定的义务。她不负使命，工作不知疲倦，但由于缺乏资源和少数国家态度顽固而一度受阻。即便如此，她还是被视为人权事业的坚定拥护者，其任期也被视作积极向上。

显然，如果没有非政府组织艰苦卓绝的工作，人权捍卫者们的任务就不会硕果累累。这就是为何非政府组织认为他们同样肩负这项任务——他们推动了这一使命，而且是其主要受益者。他们努力筹措资金支持人权运动，以确保它不会重蹈许多联合国人权项目的覆
39 辙，后者往往因资金不足而难以为继。

为此,这些更具进取精神的任上官员积极动用各自人脉,为人权运动提供资金支持。

上述例子表明,人权文书采取的形式或者其规定条款是否被视为权利、标准或原则,都无关紧要。虽然条约往往最难实现,但文本暗含的尊重或履行通常与其法律地位或形式无关。尽管批准一部条约可以推动国内支持并鼓励人权活动人士,但该文件是否具有约束力似乎并不是我们考虑的关键。最终看来,结果仿佛是各国对特定文书的接受程度以及它们是否愿意或有能力履行这一文件。从这个意义上讲,国家仍然是人权准则制定和执行中最重要的角色。即便如此,这一声明必须经历国际民主社会的锻打淬炼,前者会因世界上大多数国家生气勃勃的民主社会日益壮大。

标准设置的传统障碍

制定人权法要求各国共同努力创制标准。这一过程十分艰巨,因为各国还不习惯国际机构监督其国内事务,特别是它们与本国公民及其境内其他居民的直接关系。尽管如此,这扇门一旦打开,各国就会稳步推进——尽管不情愿——逐渐允许更多的审查。各国已经越来越多地愿意接受国际监督,因为人权准则在国际关系中的地位越来越高。其他非国家行动者在标准设置方面也变得更积极,许多民间社会团体和非政府组织在特定情况下甚至发起并领导联合国或区域机构制定标准。

历史上，人们常用两种形式制定人权标准和人权法——条约和宣言。这些形式均以国家为中心，仿制借鉴威斯特伐利亚国家的前期做法，期望的初衷是各国应在国际法律及其关系中发挥作用并成为主要参与者。因此，他们的集体意愿将通过相互商定的文案表达。在通常情况下，这些促进或保护人权的手段是在联合国人权委员会的主持下进行谈判磋商的，这个机构现已不复存在。其后继者联合国人权理事会自 2007 年起继承了它的所有职责，包括标准设置。

管控和稳定国家间关系的主要工具一直是条约。非政府组织和
40 非国家参与力量都偏爱条约，因为其法律地位是具有约束力的文书。

非政府组织秉持的一种信念是，除非这些义务被写进具有约束力的条约并严格执行，否则各国将牺牲人权来换取其他实际的利益。该条约和习惯法一样，需要较长时间才能合并融合成具有约束力的义务，并在各国之间形成法律规范。因此，条约其实就是一份合同，其核心是格律信条，它描述了一种僵化的理解，即各国自愿、公开、正式地承诺尊重并履行承诺。[36]该条约以国家的“自由意志”为支点；由于各国自愿承诺服从条约，他们理应在不受外部胁迫的情况下履行这些协定。

在国际法和人权方面，条约已赢得了标志性地位，这充分说明了它在人权倡导者中的声望。然而，这也是为什么条约属于最难通过

谈判达成的文案。除非各国表示愿意继续推进,否则各种条约就无法取得进展;或者即使取得进展,各国政府也可能推迟、拖延,希望要么切断条约的履行路径,要么淡化其结果。条约选择是一种高度政治化的抉择,必须基于支持者高明的策略和战略。这绝非阻力最小的办法,但其最终的结果是得到一个白纸黑字的有效文本。这样看来,前期的耐心等待以及用于游说的各种资源投入都是值得的。

从本质上来讲,条约制定是一个以国家为中心的进程,即使这种倡议和动力来自非政府部门。非政府组织已经意识到这一基本事实,他们的战略和策略往往也反映了这一现实。聪明的非政府组织以对自身友好的国家为目标,并将其作为向其他国家传递看法的渠道。在通常情况下,充满活力的民主国家往往更倾向于非政府组织,尽管少数情况下也会有一些例外。比如,墨西哥意外地为残疾人的权利积极发声。韦森特·福克斯(Vicente Fox)总统原来是残疾人权利的积极倡导者。2011 年 6 月南非通过宪法保护同性恋,这一事件推动联合国人权理事会批准决议,禁止以性取向或性别身份为由歧视和暴力侵害民众。[37]由于长期反对多种形式的歧视,尤其是种族隔离政策,加上南非健全的公民社会,民众仍然对许多权利心怀警惕,包括男女同性恋问题。但最终南非对自身民众构成作出积极回应,逐渐成为对非政府组织友好的国家,并为性取向标准的不断演变做出贡献。

条约制定过程为各国提供了充分机会来重塑谈判进程、确定条约内容并最终决定如何执行该文书。国家政府可以在条约制定过程的任何阶段表现出阻挠倾向。当然，如果他们能召集足够的力量来打乱这一项目，他们也可以彻底拒绝相关条约。一部条约的早期支持者可能改变条约关注的焦点的进程，这取决于相关国家的国内政
41 治及其设想的义务性质。

尽管聪明的非政府组织经常通过哄骗、劝说、施压，甚至孤立等方式阻挠相关国家，但各国仍保留着在条约制定过程中的王牌。有时候，这些巧妙的政治花招也可以让一些推三阻四的国家勉强加入。

条约制定过程往往漫长难熬，更像是一场马拉松，而不是短跑。在很多情况下，发起某项提议的官员往往在程序完成之前就退休、死亡或被召回了。参与条约制定进程的人很少能留存相关记忆，但在人权理事会长期任职的工作人员除外。这样，各国内政部门和联合国的文字记录才是真实连贯性的唯一联系。此外，谈判、起草、通过和批准阶段都让相关国家均有机会影响最终成品的形态和时机。比如，一项条约已经越过所有阶段直至通过，但如果不获得必要的批准，仍然无法生效。当然，一般而言，经过长时间等待，大多数条约都能成功通过最低要求，得以批准生效。1990 年起草的《保护所有移徙工人及其家庭成员权利国际公约》就是如此。2003 年 7 月当它在收到最低要求的 27 份批准书后，终于得以生效。[38]该公约所经历的漫长艰辛的过程表明：各国现在可能更不愿意接受新的人权条约。例如，1995 年《消除对妇女一切形式歧视公约》[39]（Convention on the Elimination of All Forms of Discrimination against Women，CEDAW）

修正案——仅仅是允许消除对妇女歧视委员会(该条约的常设机构)可以更频繁地长时间举行会议——而仅此一点至今仍未获得批准。[40]

拒绝批准是阻挠人权文书的传统有效战略,但这也是一把“双刃剑”。虽然国家可能拒绝批准条约从而扼杀标准制定,但它参与条约制定,甚至可能已经签署了这一公约,这使该国面临来自国内和外部支持者的压力,要求其履行诚意承诺。特别是当国家已经签署了该条约,即通常表明其愿意批准和接受条约约束的意图,此时环境如果没有发生重大改变或国家无法说服其立法机关给予同意和批准,条约的采纳就指日可待。拖延、程序延后和人为延长起草条约或宣言的谈判构成一系列可供选项,使各国得以抵制或阻挠人权准则的创制或执行。《禁止酷刑和其他残忍、不人道或有辱人格的待遇或处罚公约》(Convention against Torture and Other Cruel, Inhuman or Degrading Treatment or Punishment, CAT)[41](以下简称《禁止酷刑公 42
约》)起草时面对的复杂政治化进程正是上述操作的最好证明。

虽然关于议定书草案的谈判始于 1992 年,但直到 2002 年——谈判开始 10 年之后——该文件才获得多数票通过。2002 年 12 月 18 日 104 个国家批准了《禁止酷刑公约》草案。[42]2006 年 6 月 22 日该公约的任择议定书在历经 20 次批准后生效,[43]并不接受保留。[44]

长期以来,酷刑一直是控制异见人士和扼杀公众声音的政策工具,各国均是如此。每个国家都使用酷刑——差别只是酷刑是作为官方政策光明正大地进行,还是由来自警方和安全机构的“流氓”官员悄悄实施。根据《禁止酷刑公约》的定义,许多审讯技术要么被人权组织认定是酷刑,要么被其视为接近酷刑标准。这就是为何各国对酷刑标准特别敏感:因为他们担心,自己认为的“合法”审讯手段可能会被对手以“酷刑”为幌子清除。许多国家反对《禁止酷刑公约》草案,因为他们认为这是对其主权的过分干涉。一些国家,如美国,明知公约的重要价值,却也错误地宣称,实施这项法案过于昂贵,并将侵犯国家权利。[45]多数国家均是基于对实质性主权的考量,反对这一公约。[46]公正地说,《禁止酷刑公约》可选协议是一份非常具有侵入性的文件。但这恰恰是它的初衷——为各国设立一个高门槛,防止和消除恐怖的做法。该议定书的任务十分复杂、高度完善且非常具有侵入性,给各国留下的回旋余地很小。它创建了一个对拘役设施进行强制性检查的全球审查制度,[47]并要求各国建立在本国境内的国家预防机制,[48]这是其他任何条约都没有的监督制度。甚至该公约任择议定书设立的国内机制都是独立的审查机构,其目的是监测拘役地点。

其他同样有效的阻碍方法包括:国家拒绝参与规范创制过程。不参与——不必明确声明或宣布——也是否认标准设定合法性或不予支持的一种方式。各国还可以通过阻挠达成一致意见,制造各种障碍或在途中采取各种拖延技术,使条约进程难以通过起草阶段。如果把协商一致视为进程的一部分,各国就可以为自己争取时间,利用各种借口,阻挠达成一致意见。

如果所有这些办法都失效，国家当然可以拒绝批准，并游说其他国家步其后尘，使该文件失去生效所需的最低支持国家数量。如果所有这些办法结果都是徒劳无功或者代价昂贵的，国家则可能有保留地批准该条约。 43

有所保留可能是真正让国家在不损害自身重要利益或规范的前提下，接受一部条约的现实途径。只要保留应用得当，某国就可能愿意接受条约约束，忠实地履行其义务，而不存在欺诈和隐瞒。国家提出的保留之性质通常表明国家对此条约的承诺程度。例如，与条约的“目标和宗旨”相仿的保留往往缺乏真诚。然而，对于那些企图架空条约的国家来说，保留也可能被其滥用。因此，对《消除对妇女一切形式歧视公约》存有保留，即攻击该公约的基本准则——平等——将被视为与条约的“目的和宗旨”唱反调，并最终破坏该条约。

倘若条约要在文化、政治和历史价值割裂且竞争激烈的国际社会中找寻到接受，那么，寻找共同基础的困难就使保留成为重要的逃生阀。如果没有“保留”这种方法设置，许多条约根本就无法达成。有所保留成为国家不放弃标准设置的借口，因为这种操作模式允许他们“鱼和熊掌皆可兼得”。经验证据表明，在人权领域，有保留已变得如此普遍，以至于开始威胁到各国谈判作出承诺的完整性。[49]保留已成为国际人权法进展的悖论。如果不存在保留，标准设置将逐渐陷入停滞。我们面临的挑战是民主社会的行动者如何监督保留的使用，如何制定更有效的战略，以便在它们提出之前就将其扼杀在摇篮,或者与相关国家合作,一旦提出保留就将其移除。

非政府组织也越来越重视保留。许多人认为,保留使条约批准显得毫无意义。[50]《维也纳条约法公约》将保留定义为一国在签署、审批、接受、批准或加入一部条约时作出的所有“单方面声明”。无论其使用何种措辞或名称,只要其意图是排除或修改法律条约中的某些规定适用于该国的效力。[51]这一宽泛规定给人的错觉是,一国在条约通过后的任何阶段都可以对条约表达保留,但事实并非如此。实际上,《维也纳条约法公约》也不允许各国提出“条约禁止”或“不符合条约目的和宗旨”之保留。[52]因此,保留是一国在签署或执行国际协定时作出的所有单方面声明——无论该声明是什么,只要它意图通过各种方式排除、限制、修改或变更国家在该协定下所应履行之义务,[53]且这种声明不能跳转至条约的“目的和宗旨”。

44 1951 年国际法院在关于《防止及惩治灭绝种族罪公约》的咨询意见中指出,各国可以自由提出保留,但其他国家也可以自由地提出反对,[54]这就为规定作为规则设置的缓冲方式之一增加了另一层含义。为此,国际法院增加了“同行审查”的内容,即允许一国反对另一国的保留。

基于契约遵守原则,这一选择增加了同行压力,让他们以一种特殊的方式表现出来。国际法院指出,关键问题是,“与《公约》目标和宗旨的相容性,必须成为一国提出加入时的保留态度以及一国对另一国提出反对意见时应当参照的标准”。[55]因此,一国的保留必须与条约的存在理由“兼容”。换句话说,只要某项保留符合条约的目的和宗旨,即使另一国反对这种保留,它也无法剥夺该国的条约缔约国资格。对他国之条约保留提出异议的国家,如果认为他国保留不符合条约的目的和宗旨,则可不将该国视为条约的缔约国。这种观点体现了解决与保留有关问题时面临的重重困难。它还指明了条约作为标准制定工具的复杂性,强调一部条约不是某些人权倡导者认为的那种确凿无疑、没有问题的完美载体。然而,由于条约是调整国家间关系的一种方式,因此,对于那些急于削弱自身条约义务的国家来说,有所保留的适用性双边策略是一种可取的有效手段。

有保留是人权条约的一个共同特点,比如,颇具历史意义的妇女权利文件《消除对妇女一切形式歧视公约》就是如此。事实上,《消除对妇女一切形式歧视公约》是现存文件中保留余地最多的一份。这并不奇怪,因为各国多元的文化、宗教和历史问题阻碍了他们充分保护妇女的权利。对女性厌恶感以及对妇女暴力行为的普遍接受,加上国家机关和公共领域妇女任职人数严重不足,导致各国肆无忌惮地对该公约提出最具破坏性的保留意见。条约是否明确禁止与其目标和宗旨抵触的保留意见,其实并无实际效果。《消除对妇女一切形式歧视公约》就是如此。[56]《公民权利和政治权利国际公约》(International Covenant on Civil and Political Rights,ICCPR)在这一问题上沉默不语,这份公约也有许多令人不安的保留意见。总之,保留被视为广泛的容许和忍让。由于条约需要吸引最多的信徒,所以大家都不愿宣布任何保留无效。

对《消除对妇女一切形式歧视公约》的保留意见是最明显的表征，说明我们有必要重新考虑条约是人权标准制定首选方法的观点。

45 对《消除对妇女一切形式歧视公约》的许多保留意见都直指其基本理念——条约的目的和宗旨。许多国家不过是承认国家不得对女性的厌恶和歧视而已。例如，对第 2 条的保留意见特别令人憎恶，因为它与《消除对妇女一切形式歧视公约》的目的和宗旨严重不符。本公约第 2 条是对歧视妇女的全面谴责，声明国家负有立即消除这种歧视的不可推卸之义务。我们不能允许在中心目的为消除歧视的条约中推翻消除歧视的规定，然而这恰恰是许多国家针对《消除对妇女一切形式歧视公约》的所作所为。学者们的评论和人权倡导者的工作，并没有对那些执意通过保留意见来规避《消除对妇女一切形式歧视公约》义务的国家产生任何明显的影响。然而，至少《消除对妇女一切形式歧视公约》的经验让我们知道以更温和的方式起草条约，并将其作为人权标准制定的理想途径。

世界大国在人权标准设置上固执己见

在过去 10 年中，人权标准设置变得愈发困难。这些困难最初可以追溯到联合国人权委员会的 53 个成员国，公约条款由于冷战和地缘政治利益的竞争变得高度政治化，最终瘫痪。委员会的继任者，即拥有 47 名成员的联合国人权理事会，是否问题就更少呢？现在说起来或许为时过早，因为安理会还年轻。然而有迹象表明，这种对标准设置的抵制，是冷战结束以来地缘政治版图发生变化的表现。瑞士学者和联合国人权委员会前成员沃尔特·卡林（Walter Kalin）指出："与 1990 年之前的几十年不同，如今一旦大国找到了妥协方式，他们就不可能再通过一项文案。"[57]他把这个现象归咎于"冷战结束后各国对人权的看法和立场迅速增加"。[58]而此前，只要所谓的西方大国将达成协议，他们的盟友或跟班就会效仿。但是，冷战的结束和各国的日益民主化已经削弱了大国的掌控。结果是更多的国家更独立地采取行动或更积极地对国内政策和构成作出反应。

但大家对这种发展的解释有冲突。一方面，一些人对过去更可预测的世界念念不忘，那时"引领者"很少，"追随者"众多；另一方面，人们兴高采烈地希望在联合国大厦中可以听到越来越多不同的声音。问题是这些不和谐的声音是否对人权项目有好处，抑或它们是否阻碍了人权发展。 46

一种观点认为，在拟订人权内容时，独立声音的多样性必定产生积极影响，即便这会导致共识达成延后。这些不同意见也可能指向一个更真实的最终产品，即一个更普遍的、能在世界许多地区必然找到更多接纳和合法性的文本。这样，随着更多的国家参与制定标准，他们的所有权和对标准的尊重也在增加，并变得更实在。他们的想法是，最好得到一个淡化但通过诚实争辩的规范，而不是得到一个强加于人，执行者不参与创制的标准。如果这样，执行者并不愿真心接受这种标准。这是一种“自下而上”而非“自上而下”的规范创制过程。

冷战造就的地缘政治版图冻结了许多国家，但东西方冲突的结束使前卫型国家摆脱了资助国的意识形态，让许多国家可以自由作出选择。各国不再唯华盛顿或莫斯科马首是瞻，而是先向内审视自身的国内核心利益，然后再采取国际行动。重新赢回国家主权势必让更多的国家获得合法席位，激发更多的内部对话来讨论人权问题。比如，自冷战结束以来，许多国家都开始大量涌现要求政治开放的草根民主运动。这些巨大的变化首先发生在苏联集团和 20 世纪 80 年代末至 20 世纪 90 年代的非洲，此后，拉丁美洲和亚洲的民主运动也开始风起云涌。2011 年在一场突如其来的民众起义后，北非和中东地区的民众把长期执政的独裁者赶下了台，并大大震慑了其他专治统治。阿拉伯之春完成了不可想象之事——在现代时期的阿拉伯世界，民众为追求政权更迭而释放的狂热前所未有。在这种氛围中，各国政府和民众得以在制定人权准则方面表达自己的诸多利益，包括给予与特定国家更多有关宗教、文化或政治的考量。抑或，它可以利用这一纬度与他国进行交易，使交易方式与国家利益更相符。如今，针对人权标准制定的导演和折中成分越来越少，再也不像过去那样，大国精心安排、操纵标准的可塑性，而后将它们强加给弱小国家。强大的内部力量同时意味着国家不能简单地将自己理解的人权版本强加在国内民众身上。

然而另一种看法是，少数强权监督国家的缺席给那些没有兴趣促进人权的政府提供了更有力的话语权。如果没有几个引领国家成为保护人权的灯塔标志，我们将一事无成；相反，还会有许多侵犯人权的国家开历史的倒车。这种看法更希望看到少数坚定承诺并献身事业的国家可以引领全球，积极推进人权议程。 47

这一论点还认为，西方领导人不仅对标准制定至关重要，而且对人权执行也意义非凡。笔者认为，问题的关键并非其本身的多样性，而是标准的制定和完善，这样才能加强、促进和保护人类尊严，尽管这种做法甚至可能拒绝更广泛的全球参与。这种“紧盯实效”或“结果正当即合理”的方法在西方一些主要国际非政府人权组织（international human rights nongolernmental organizations，INGO）中很普遍。他们中的许多成员，特别是常驻美国的非政府组织，如人权观察和人权第一组织，都毫不掩饰他们与西方政府在促进南半球人权方面紧密的伙伴关系。这些国际非政府组织经常把西方政府的外交政策视为促进人权的工具，他们支持北半球发达国家根据南半球欠发达国家的人权表现给予其相应援助。国际非政府组织和某些西方国家的沆瀣一气，一直是人权项目的致命弱点之一。

话虽如此，自冷战结束以来，人权标准设定变得越来越困难的论点可能并不完全正确。在标准设置的第一个时期——从 1948 年至

20 世纪 70 年代末，一系列重要的条约和标准得以完成。其中一些最为明显，而且在大多数情况下，各国均有高度的紧迫感并达成了共识。由于支持者和国家都缺乏勇气和明确性，相对困难和差别微妙的人权要求往往花费更长的时间来实现立法。然而，在人权运动诞生之初，人权标准通过的时间架构十分漫长。《世界人权宣言》与另外两部主要的人权条约《公民权利和政治权利国际公约》以及《经济、社会及文化权利国际公约》(International Covenant on Economic, Social and Cultural Rights, ICESCR)之间的距离有整整 18 年。近两年的滞后迹象表明，各国不愿意接受新形式的国际审查，并将自己的主权成批外包。《公民权利和政治权利国际公约》和《经济、社会及文化权利国际公约》又花了 10 年的时间才获准生效。也就是说，它们从开始到最终完成总共花了近 30 年。但一旦这些公约得到批准，人权项目就变得势不可挡。以《世界人权宣言》和上述两项公约为支撑，各种受害群体和人口开始不断索偿，要求主张人权。人类解放的新语言就此诞生。当然，《世界人权宣言》和上述两项公约的长期酝酿并非独一无二；事实上，20 世纪 90 年代之前的不少人权条约，其经历的谈判和生效时间甚至更长。[59]事后看来，重要的不是谈判和使条约生效所需要的时间，而是它们一旦获批就被广为接受。

48 其他例子表明，条约谈判和拟订进程其实更痛苦。

针对最令人发指的人权罪行进行问责的制度国际化是一个发人深思的例子：建立规范的审判国际罪行的机构制度需要半个多世纪

的努力才能取得一定成果。各国不愿意设立国际刑事法庭的态度跨越了整个冷战时期并延续至今。即便是柬埔寨、乌干达、尼日利亚(比夫拉)以及其他一些国家发生的惨绝人寰的种族灭绝,也无法激起国际社会(所谓大国)的良知,促使他们建立国际永久法庭。虽然国际刑事法院(International Criminal Court,ICC)的构想自 1948 年以来就一直被列入人权运动议程,但直到 1998 年,《国际刑事法院罗马规约》才得以通过。[60]随后又过了 5 年,国际刑事法院才成为现实,当时联合国在 2003 年 2 月选派了 18 名法官到国际刑事法院,并让他们于第 2 个月在海牙宣誓就职。即使在后来,国际刑事法院强大的反对者也一直试图完全搁浅这一计划。在反对国际刑事法院的进程中,美国发现自己与一些国家——伊朗、伊拉克、利比亚、以色列、阿尔及利亚和苏丹等——勾结在一起。[61]它在欧洲和世界其他地区的大多数亲密盟友都支持国际刑事法院,许多非洲国家也是如此。[62]事实上,非洲在西方普遍观点看来被视为侵犯人权的重灾区,然而国际刑事法院最大的成员国集团就来自非洲,而非洲也是几乎所有国际刑事法院起诉的目标区域。[63]

自 2001 年 9 月 11 日纽约和华盛顿系列恐怖袭击事件之后,标准制定和人权实施受到了新的挑战。这些对美国的袭击——自第二次世界大战日军袭击珍珠港以来的第一次大规模侵犯——震惊了这个超级大国的良知,使世界陷入了安全担忧和军备狂热。在美国领导下,或者从华盛顿公开宣称的"反恐战争"中汲取暗示和借口,许多国家都对他们促进和保护人权的承诺大幅设限。[64]恐怖主义成为无民主倾向国家提升安全和限制公民自由的一个方便借口。安全和反恐战争登上了中心舞台，而人权受到的国际关注却愈发减少。自杀式袭击的恐怖图像——通常发生在穆斯林或阿拉伯国家——成为他们维持恐怖状态的持久方法。美国领导的伊拉克和阿富汗战争加剧了报复性恐怖袭击，使许多基地组织枝叶在世界各地蔓延滋生，从中东到北非，从亚洲到东非。显然，“9·11”事件之前的相对平静已经一
49 去不复返了。自“9·11”恐怖袭击以来，美国出台并颁布了在美限制公民自由的多项法律、政策和措施。[65]一些措施，如包括布什政府下发的行政命令，要求设立军事法庭审判被指控为恐怖分子的个人，让人更多地联想起独裁、不民主的国家，而不是自称世界领导者的自由国度。[66]真正的不民主和专制国家——他们更容易侵犯人权——已经抓住了美国对公民自由的限制，开始更肆无忌惮地藐视国际法、压制国内异见人士、公开反对全球论坛上提出的各种人权倡议。

虽然我们不能否认恐怖袭击的现实，但对其的军事化反应则是另一回事。大赦国际辩称，警方工作和情报收集将是对恐怖袭击更有效的回应，也更有利于人权。[67]支持人权建设的各国仍在就标准建立问题积极对话，以解决安全——其本身就是一种核心人权——和人权之间的平衡问题。然而，每一次新的恐怖袭击增强的都只是国家之手，削弱的却是人权运动的呼声。

从历史上看，美国与国际法和人权法就有着模棱两可的矛盾关

系,“9・11”恐怖袭击加剧了这种矛盾心理。这个问题植根于美国例外论:美国在符合其内部和外部利益的情况下,就会按国际规则办事,但当国际形势与其内部政策和政治冲突时,它就会无视或诋毁国际规则。自2001年“9・11”恐怖袭击事件发生以来,这种美国第一的狂傲态度已经严重侵蚀了它在国际社会的声誉。

尽管自封为民主、宪政和人权的忠实拥趸,美国几乎在人权运动之初就有资格支持普遍人权倡议。作为《世界人权宣言》的早期支持者,美国既不认为自己是这一人权文件的受益者,也不认为自己是其责任承担者。埃莉诺・罗斯福(Eleanor Roosevelt)美国前第一夫人,或许可以被称为《世界人权宣言》之母。然而,美国对人权条约的热情迅速消减,1953年该国退出了《公民权利和政治权利国际公约》和《经济、社会及文化权利国际公约》的起草。[68]由于担心国际社会对种族主义和其他侵犯人权行为的严格审查,美国以主权为借口拒绝参与人权标准制定,更不要说批准人权文书了。直到大约40年之后即1992年,美国才批准了《公民权利和政治权利国际公约》。在乔治・布什政府(2001~2008年)时期,美国贯彻国际事务中的单边主义变得更加决绝,如拒绝签订《京都议定书》、退出国际承诺以及在2003年发动伊拉克战争等。[69]美国采取一意孤行的做法,使自己的国际声誉降至最低点。 50

美国在海外受到蔑视,布什的政策——无论是对内政策还是对外政策——都使这个国家深深地极端化。

布什的单边主义态度与约翰·肯尼迪(John F. Kennedy)、吉米·卡特(Jimmy Carter)以及比尔·克林顿(Bill Cliton)执政时期更具协商性的施政态度完全背离。肯尼迪试图通过诸如和平工作队项目以及援助新兴后殖民国家等方式,在海外创造更正面积极的美国形象。他在海外声望的最好证明就是人们以他的名字命名孩童的数量。人们怀念肯尼迪,或许是因为他在被害前还没有任何政策失误。在美国外交政策中,卡特政府给予人权言论前所未有的突出地位。他是第一位直接在美国的外交政策上留下人权印记的美国总统,他在美国国务院设立了专门的人权事务局,并制定了一些相关措施,包括各种人权考量,例如,出于对美国外交政策的考虑,美国海外援助开始和人权状况挂钩。即使在今天他离开白宫后很久以后,在人权领域,卡特仍然被认为是有影响力和备受尊敬的人物。通过强调人权、民主和劳动权利,并将其作为美国外交政策的重要基准,克林顿重新恢复了更具人性化的美国政策传统。尽管他帮助结束了索罗博丹·米洛舍维奇(Slobodan Milosevic)在巴尔干地区的杀戮,然而1994年,在众目睽睽之下,美国也只能眼睁睁地看着卢旺达种族屠杀发生。

巴拉克·侯赛因·奥巴马(Barack Hussein Obama)在2008年当选美国总统,人们对他的呼声很高,希望他能恢复重振美国在世界上的地位。这一希望大部分源于他那令人振奋和措辞激昂的总统竞选活动。因为他背景特殊——父亲是肯尼亚黑人兼穆斯林——因而奥巴马被认为能治愈美国在海外的形象，恢复民众对国内民主的信心。他在一些重要的人权问题上有坚定立场。比如，他承诺关闭关塔那摩监狱，那里长期关押着几百名未经审判的穆斯林恐怖嫌犯。作为一个国际热点问题，关塔那摩监狱的非法拘禁公然违反正当程序保护——在没有审判的情况下拘留嫌犯，这种做法大多与专制政权相关，而绝非美国。奥巴马曾承诺将嫌犯从关塔那摩监狱移交给美国民事法庭审判，而不是交给那些不符合国际公平审判原则且备受诟病的军事法庭。然而，即使在2012年连任之后，奥巴马仍选择背弃其关闭关塔那摩监狱的承诺。他承诺扭转的另一个问题是刑讯逼供政策，布什政府的做法是把恐怖嫌犯带到秘密拘留中心，在那里对他们施以各种酷刑，迫使其坦白。奥巴马还承诺结束“不说不问”政策，该政策不允许美国同性恋士兵在军队中公开身份。 51

奥巴马在2011年兑现了最后这个承诺。但他未能关闭关塔那摩监狱、结束军事审判以及停止向第三国移交遭受刑讯逼供的恐怖嫌犯。相反，他只是在2009年颁布了一项行政命令[70]（确保合法审讯），严格限制刑讯逼供，但未能禁止。奥巴马逐步提升了对无人机的争议性使用，用以寻找和击毙境外的恐怖嫌犯，其中至少包括一个美国公民。利用无人机打击引发了复杂的道德、法律、宪法和人权问题，许多人权和民权倡导者都强烈反对这一政策。奥巴马也没有寻求让美国加入国际刑事法院，布什政府此前强烈反对这一提案。

从历史的长远观点来看，由于美国等大国未能联合其他国家参与制定新的规范，所以标准设置变得异常复杂。例如，美国是制定《国际刑事法院罗马规约》的主要反对者。很显然，美国担心国际刑事法院将被用作“政治法庭”，起诉美国领导人和军事人员，因为它在海外的战争看似没有尽头。即使谈判者作出了重大让步，以满足其关切，美国仍然拒绝批准《国际刑事法院罗马规约》。事实上，为了强调对国际法的蔑视，布什故意“没有签署”《国际刑事法院罗马规约》，[71]这种行为或许在条约法历史上都没有先例。有意思的是，制定标准时，美国时常发现自己与欧洲盟友疏远了。其中一个例子就是国际上越来越明显的禁止死刑的趋势。欧盟已经废止了死刑，一些非洲国家也是如此。这些国家显然都不是人权美德的典范。美国的参与，甚至是领导，势必会减轻人权标准设置中的一些政治困难和问题。

政治阻碍

各国鲜少就某特定人权的内容提起反对，但他们通常以拒绝遵守该条款来表达自己的抗拒。他们对某人权标准的反对常常与主权、自决权、发展权，还有反对外来统治或帝国主义有关。没有任何其他话语能像人权一样激起公众的同理心与情感共鸣，对人权的反对则被妖魔化为不人道、渴求权力或纯粹的邪恶。人权是公认的崇

高理想，而与之对抗的唯一积极方式就是用另一个同样崇高的理想 52
与之对立。而这种认知游戏将人权议程变成了联合国权力走廊内政治与公关的运动竞赛。例如，作为只缔结少数人权条约的美国，往往会声明，自己已经在将所涉人权规范编撰在国家和州立法律法规中，并且无须借助批准人权条约来重申类似努力。公正来说，其中某些观点有一定的效力，但它忽视了国际人权法的主旨。将人权规范内化是一种理想，但这也并不意味着订立国际人权条约就玩世不恭或毫无意义了。他们中的一方会强化另一方，并向人权侵犯国施加该国的影响。此外，这些条约也为公民提供了更多维护自己权利的平台和资源。国际监督不应具有自由裁量特性。与其他情况一样，要了解一个国家拒绝某特定人权标准的真正原因，就必须剥开各种观点的外壳。

尽管如此，人权标准的政治化也并不一定就是负面的。政治是开展国际事务的中介；实际上，政治是中立的，并且应该只将之视为一个过程。因此，政治本身并不总是招致对人权文书的反对。很多时候，各国会积极缔结或批准某条约，因为他们知道，自己并无意推行这些条约，或者说自己没有那个能力、资源去推行。这一举措并不一定就是“消极”政治，相反，它展示出了人权的影响力——即便是一个愤世嫉俗的国家，也希望人们认为自己是站在人权阵营的。曾经的扎伊尔如今已经成为刚果共和国，它在已故的蒙博托·塞塞·塞科（Mobutu Sese Seko）的领导下，力图通过每一项人权宣言。[72] 1989

年时任人权部长告诉笔者，扎伊尔在任何人权条约中都不存在规范性问题。[73]但是，尽管通过了大量人权条约，扎伊尔却是最令人难以置信的人权侵犯国，对其条约义务，它选择的是违反而非履行。[74]各国都乐于批准各种条约，他们毫不犹豫地引入一个流行话语，却没有半点要履行其中义务的意思。实际上，虚伪正是对美德的敬意。许多国家仍然认为制定和推行人权的普遍机制和制度并无多大效力，因此，也就不会对政治精英的实权或国家主权造成威胁。对这些国家来说，加入某条约也并无害处。但对条约的批准本身就有可能会赋予内部的人权倡导者（国际非政府组织也一样）一种与国家对抗的可用语言。

53 另外，它还会为国家和其他利益相关人提供对话渠道。

在多数情况下，对一些特定标准，各国只会有一些应酬话或陈词滥调，但不会采取措施推进或巩固它们。一个典型例子就是备受非议的发展权。基本上所有国家都赞同发展权是全球和平和改善世界上许多人状况的根本要求。但令人惊讶的是，各国、各国际机构以及非政府组织对于发展权的构成为何尚且没有达成一致，更别说如何让数十亿的人们摆脱贫困。对发展的重视越来越多地转向经济补助。发展包含许多层面，如文化、政治组织以及军事的发展。阿玛蒂亚·森（Amartya Sen）将发展权表述为集中关键自由的结合与互动，包括政治自由、经济设施、社会机遇、透明度以及安全保护。[75]如果人类没有沦为全球消费主义驱动下的经济统计，那么这种微妙而复杂的理解可谓至关重要。如森所言,这些关键自由能够共同促进个体更自由地生活的能力,但它们也互相补充。

> 虽然对发展权的分析,一方面必须关注使这些关键性自由意义重大的最终目标,另一方面也必须注意到将它们结合在一起,强化其重要性的经验性联系……有主张认为自由是发展的主要目标,也是发展的主要途径,这一主张与上述联系紧密相关。[76]

实现发展权的复杂性和困难性与其吸引力成正比。20 年前,谁能想到由互联网创新驱动的纷繁的发展令人目不暇接,改变了人们与国家交流沟通的方式?非洲、亚洲以及拉丁美洲的大部分人口直接越过固定电话,进入移动设备和电脑时代。其结果则是快速的经济增长以及新的政治活动形式。2011 年"脸书""推特",以及其他一些互联网工具催生了所谓的"阿拉伯之春";并摧毁了长期盘踞在北非和中东地区的独裁力量。[77]这些大众反抗致力于为大众,尤其是阿 54
拉伯世界的青年,争取民主以及经济机会。政治自由化或许容易实现,但经济上的改变似乎步履缓慢,因为它要求许多既得利益、力量结构以及固有态度的转换和彻底重组。就算各国用权利语言的方式将之表达出来,但他们要做的可不只是口头上的小恩小惠。阿拉伯之春时期内的评论家和公民并未敦促支持《发展权利宣言》,但其规范性精神也不容否认。

南北两方的政治精英均谈到了发展的重要性,但双方都没有意愿或想法将之实现。在过去 10 年中,几个大国的崛起(最显著的是中国、印度和巴西)带来了长足进步。从历史水平来看,他们的发展非同寻常。仅仅这 3 个国家的发展,就有数百万人口摆脱贫困,这是前所未有的。即便是落后的非洲,自 2000 年起的增长也令人瞩目。但问题在于,从长期来看,这种增长是否是公平且可持续的。比如,印度人口中就只有其前 20% 能从这个国家的飞速增长受益。[78]被排除在外的大多数对这一严重差距的反应对印度的长期稳定发展并无益处。另外,印度对资源的消耗似乎是不可持续的。另一个问题在于人口:一旦“青年膨胀”的时代过去,而数亿人口从工作岗位退休,中国和印度该如何面对人口老龄化?如何安置退休人员?这对南方各国在促进发展权方面统一发言的能力会有什么影响呢?南方的其他国家——如经济也在快速增长的南非——会否为全球南方率先发言?这些发展会使联合国机构与发展权有关的工作复杂化,它们会使一个有说服力的法学体系、一个广为接受的发展模式或发展权蓝图的形成更为困难。[79]发展权短期内不会被写入一个有约束力的条约之中,它的尴尬地位不会改变。与此同时,非政府组织、南方国家以及联合国机构必须加倍努力,充实这一重要权利的相关标准和基础,以使其实施能对北方国家及其掌控的多变发展和金融机构来说更明
55 确且有说服力。

北方的非政府组织历来对发展权不温不火,甚至敌视,或许它们

应该用其力量和影响力推进相关讨论。也许在经济、社会及文化权利委员会或者联合国人权理事会的各种机构或工作组内,这项权利能够得到更好的阐释。

规范与标准的所有权

标准与规范有特定的发源地;它们起源于特定的环境,并为时间、文化以及身份所包围。但这并不意味着它们无法具有超验特征或普遍性,相反,它们常常如此。在过去,这种超验性或许需要耗费数年,甚至是数十年的时间,但如今,随着即时科技的发展,规范的广泛传达与接受能够在相对较短的时间内实现。任何标准的普遍性的实现都需要通过征服、劝说、欺瞒、谎言、转换、宣传、主导或者以外来真理、神话来取代地方特性。阿布杜拉·安纳伊姆(Abdullahi An-Na'im)正确指出,所有规范都建立在特有文化和哲学基础之上。[80]没有任何一个规范,尤其是人权规范,自其生于文化之时就有普遍性。阿达曼提亚·珀利斯(Adamantia Pollis)和彼得·施瓦布(Peter Schwab)断言:"《联合国宪章》以及《世界人权宣言》所依据的政治哲学只给出了一种人权解释,而这种西方概念恐怕无法在非西方地区成功适用,其原因有几个。"[81]在其他文化环境中,人权可以用人的尊严来更准确地表述。在美国,人权通常被认为是"为了改善美国(及少数几个意向相似的自由国家）以外国家的人权现状”。[82]这种观点不将人权视为适用于帝国的语言，而是适用于帝国臣属国家的语言，即人权是为“他们”，而非“我们”。尽管人权的早期建立与形成是基于欧洲中心主义以及美国的例外主义的，但至少几乎所有国家都接受人权。其原因在于，人权包含着在所有文化中都能找到的真理的精髓——人类文明的共鸣。其中的规范包括尊重人类生命、对繁衍的崇敬、减轻痛苦和苦难的心愿、为公共利益之故运行社会机构、慷慨、热情好客、人的尊严，等等。也许这些规范没有在权利语言中表达出来，但它们却跨越了文化和历史限制。它们形成了一种人类能够共同交流的通用语言。

56 有关人权的争议在于，这种权利媒介（以及西方自由主义法学的迭代）是否是一种足以表达和调解人类尊严的多样且特殊的规范语言。若是如此，那么人类尊严的其他“语言”又在何处？它们是否也能体现在权利语言之中？这时关键问题就在以下几个方面：是否可以认为有着西方文化以及哲学根源的人权已经具有了普遍的、跨文化的合法性？它们是否足够灵活以适应人类尊严的不同表达？换句话说，也就是权利语言是否足够开放，能够被人类尊严的其他语言改变？是否对规范渗透以及反渗透没有限制？人权主体的规范与标注如今是否由人类共同享有？使规范具有普遍性的是什么？不同民族和利益所主张的标准所有权如何？如果人权标准制定的主要参与者仍然是各个国家，那么他们极大地持有其所有权的说法是否公正？

所有权是否由几个特定国家主导，将其他国家排除在外？其他参与者，包括个人、非政府组织、政府间以及国家机构与实体，如何主张自己的所有权？这些问题至关重要，因为所有权事关合法性、相关性、有效性，还有实施。若人权规范的所有权并未被广泛享有，那么人权主体的护卫者可谓寥寥，只会是那些对其成功和运作有兴致的人。届时，人权标准就会缺乏忠诚的拥护者来支持其推行与实施。

北方的国际非政府组织倾向于将人权看作无懈可击的规则与标准，并希望西方以外的其他国家能将这一点视为一个基本的、无可辩驳的事实。在他们看来，无论病人来自亚洲、非洲还是拉丁美洲，人权都类似能够治愈病症的抗生素。患者身份为何根本无关紧要。1998 年笔者在哈佛大学肯尼迪政府学院的公共论坛上与人权观察执行主任肯尼斯 · 罗斯（Kenneth Roth）进行了交流。在这次交谈中，罗斯将人权比作抗生素，任何拒绝这一灵药的文化都是愚蠢至极的。就其对“病症”的效力而言，人权是一种严谨的科学，这一看法则催生了应对非西方社会的“处方”。通过人权机制、特定政治以及社会问题将如何得到解决的公式已经给出。罗斯的观点并不片面，而是十分深刻的。人权教育已经发展为专制与不良文化的治愈“良药”。[83]西方这种傲慢的善意一直以来已经渗透到学术界以及诸如大赦国际和人权观察等国际非政府组织的人权传教士之中。这一比喻仍旧十分切中要害，因为它正是一些国际非政府组织自我写照的准 57

确表述。

罗斯的陈述没有丝毫讽刺或反语的意思，这证明了一些西方非政府组织领导者根深蒂固的“救世主”心态。人权——在其最初的西方自由主义历史中——给过去70年的人类文明打上了不可磨灭的印记。此处要讨论的并不是其影响。相反，此处的问题在于，自由主义传统是否足够谦恭，能够接受来自其他文化与传统对证明人类尊严主体普遍性所做出的贡献。人权主体及其语言能否实现跨文化沟通，以创造一种新的普遍共识？

所有权的演变

第二次世界大战以来，在曾经的殖民地上发生的政治解放运动增加了全球治理中的不同意见，而人权运动领域内的参与者也迅速增多。如今人权运动增长最快的地区并非西方，而是亚洲、非洲、拉丁美洲以及中东地区。仅在印度，民主运动就几乎遍布每一个村庄和聚居区。即便是《世界人权宣言》的起草者也没能在1948年预见这一现象。1945年后的人权规范来自于各种斗争，其中包括反对殖民主义、奴隶制、种族主义、种族仇视、宗教零容忍、歧视妇女以及对工人的镇压与剥削，等等。但是，应该对联合国官方的人权主体以及围绕它展开的人权运动（这些运动主要与国家非政府组织有关）和南方国家中涌现的人权运动作出区分。这种二分法——“自上而来的人权”与“自下而来的人权”的区分——是对人权运动的将来及其身份的争论。“自下而来的人权”领导者、受害者以及活动者没有,也不曾在联合国及其他论坛中探讨和制定人权主体。从历史角度来看,除了最近将达利特人和土著居民纳入其中外,他们长期被排除在最高级别的规范制定之外。[84]

在成立之初,尤其是在《世界人权宣言》制定时,人权规范的编撰工作只落到两个关键参与者身上。最重要的参与者是西方以及欧洲胜利的同盟国集合,他们在联合国中有着主导地位。其他一些主要意见则来自非政府的参与者,很大程度上来自于西方民间团体组织,比如,红十字国际委员会、犹太利益集团、基督教组织、妇女组织,还 58
有专业及工会组织。正如安东尼奥·卡赛斯(Antonio Cassese)指出的,他们的人权观念被强加于世界。[85]其他重要的声音源自那些非国家参与者,他们大多属于西方公民社团组织,如国际红十字委员会、犹太人团体、基督教组织、妇女组织以及专业人士团体和行业协会等。[86]

但即便是他们的意见也并不常见,而且其中大部分人来自富裕的白人团体。发达国家和西方非政府组织这两方有着同样的基本社会愿景,尽管他们在南方问题上意见存在分歧。[87]其中一些组织,包括美国人类学协会,向联合国人权委员会提交了其关于人权的章程或自己的《世界人权宣言》草案版本。一些组织主张更有干预性的人权语言,而另一些则建议使用相对温和妥协的口吻。然而,很难说这些国家和非政府的参与者中已经广泛包含了多数民族、文化以及传统，因为这个舞台上几乎没有来自南方的非政府参与者，而且也没有其他的规范、宗教或文化传统。对《世界人权宣言》这一原始人权项目模板的编撰是一种排他性行为，而这也就是为何如今近乎普遍的认可会如此令人讶异。起草这一宣言的国家直接在全球3/4的土地上进行自己的殖民统治，并在多地实施野蛮、种族主义，甚至种族灭绝的政策。那些殖民帝国和滥用权力的政权，其中也包括美国，在人权运动肇始之际却是其主要参与者，这是历史的悖论。标准制定进程中来自南方的国家——如印度、黎巴嫩、缅甸、巴基斯坦、菲律宾、锡兰和叙利亚——如今已经获得独立并加入联合国，但就治国理政而言，他们还尚为新手。有分析家这样指出：

1914年列宁算出世界上约一半人口都居住在占据世界3/4领土的殖民地，而这一结论在20世纪40年代末仍旧正确。这一结论与菲力浦·德·拉·夏佩尔(Phillipe De La Chapelle)在《世界人权宣言》通过时对联合国的成员组成做出的判断一致："南北美洲的21个国家占据总数的36%，欧洲的16个国家占27%，亚洲的14个国家为24%，非洲的4个国家仅占6%，南部海域群岛的3个国家占5%。"这表明非洲和亚洲大陆并没有得到充分代表。而这是20世纪40年代，大多数最著名的起草国家仍拥有自己的殖民帝国。[88]

但这种全球秩序在未来几十年里将受到冲击，尤其是 20 世纪 60 年代之后。战后时期是政治大发酵的时代。后殖民纪元的殖民地摆 59
脱了欧洲的直接统治。英美的自由主义市场价值观与苏联的共产主义争夺世界霸权，而南方的政治格局自 20 世纪 60 年代直接殖民的失败之后就发生了剧变。尽管西方国家在联合国中占据主导地位，但去殖民化极大改变了联合国和其他全球治理机构的面貌。新的面孔和声音将很快充实并丰富这些机构的特征。渐渐地，这些新国家参与者的规范性关注和政治利益会力图需求发挥自己的作用，并期待丰富国际法以及人权标准制定的形式和内容。联合国以及其他国际论坛中的争论，还有通过的规范的性质恰恰说明了这一新的政治体制。谚语透明的玻璃杯开始逐渐痛苦地半满，而非半空。但这种变化漫长且艰难。规范制定很难摆脱西方的控制，但它可以借助全企业参与而得到丰富。即便如此，贫困、权利失衡、缺乏外交手腕以及科学技术仍旧继续阻碍南方国家对标准制定产生更深刻的影响。南方的非民主政权——以及他们自己对其民间团体的厌恶——于其参与毫无裨益。他们的影响将更多地体现在对规范创建的阻碍而非贡献上。在 21 世纪前 10 年结束之际，国际标准制定领域看起来比 1948 年要正统得多。

国际社会的政治演变直接影响了全球治理。虽然进程缓慢，但人权规范无疑也逐渐反映出以前从未有过的人类情感。联合国通过的人权文书和标准反映了国际社会性质的上述变化，这一点自 20 世纪60年代后尤为明显。事实上,《世界人权宣言》以及《公民权利和政治权利国际公约》是公认的最重要的人权文书,他们的特点在于强调个人权利,这也许是西方民主国家法制的最根本元素。这两个文书是西方法理的两大支柱。也许唯一的例外是《世界人权宣言》中鲜少包含经济和社会权利。签署同意《经济、社会及文化权利国际公约》的国家数量与《公民权利和政治权利国际公约》几乎一致,但前者却饱受非议,并被许多国家视作“其他”条约。但它包含了许多南方国家关切的问题,这些国家中有新独立的国家,还有苏联集团国
60 家;南方国家一起推动了这个条约的通过。因此,这个条约广受社会主义、拉丁美洲和加勒比国家的影响。西方国家将其中对经济和社会权利的关注看作对自由主义市场价值观的威胁。尽管《公民权利和政治权利国际公约》将个人视为道德中心,但其中也有涉及集体权利的条款。其关于人民自决权[89]和文化完整与保存[90]的规定就偏离了对个人权利的关注。但就算这样,《经济、社会及文化权利国际公约》的“激进”性质也不应被夸大。仔细研读,就会发现其中有谨慎且灵活的一套规范(以及实施过程),这些并不会威胁已有的自由市场利益。其关于国家义务的语言有试探性和模糊性特点,这为各国拒不履行提供了广泛自由。与《公民权利和政治权利国际公约》不同,《经济、社会及文化权利国际公约》并无监督机构,其执行委员会也是很久之后才成立的。这些缺陷实际上是意在缓和其冲击并减缓对国家的影响。

西方社会和经济诉求的历史关注与发展不应受到诋毁。西方并

不缺乏经济和社会公平的概念，但是，国家实现经济权利的地位存在争议。在美国这样的国家，有关国家在经济中扮演的角色，存在不同的意识形态压力。保守的共和党倾向于减少政府干预以提供社会服务，帮助穷人；而民主党则提倡更公平的税收结构，以此来帮扶最弱势的社会成员。福利国家和社会民主的发展证明了经济和社会福利与权利的发展。《欧洲社会宪章》和加拿大及北欧国家的广泛社会方案指向的是一种试图平和公民和政治权利与社会和经济权利的社会民主。美国强烈反对人权运动中的经济、社会和文化权利，但就算是这个国家，也有着提倡和保护上述权利的传统。在经济大繁荣的时期，美国对穷苦人民的态度更慷慨。福利国家的传统在美国根深蒂固，而不仅只存在于非政府行为者中。20 世纪 30 年代的“新政”是一项反贫困计划，它对经济大萧条后的经济匮乏作出应对。实际上，可以说美国对经济和社会权利的抵制并不意味着他们对该权利的拒绝本身。1944 年罗斯福总统在其“四大自由”的讲话中强调，“免于匮乏”是一项应成为美国未来政策基础的基本原则。其他自由中还包括医疗保健、教育、食物、衣着以及工作的权利。这一讲话在今天看来是如此激进，以至于几乎不可能有美国总统会如此说话；虽然，奥巴马政府中至少有一位高级官员就此作出了表态。当时，负责人 61
权、民主和劳工事务的助理国务卿迈克尔·波斯纳（Michael Posner）将“四个自由”与美国更有效打击世界恐怖主义根源的策略相联系。[91] 多年来的劳工运动强烈倡议保护劳动阶级，而 20 世纪 50 年代以及60年代的经济增长与公平很大程度上归功于这一运动。但随着2008年以来的经济压力,各州和联邦政府减少了所谓的权利,并通过立法来削减工会权力。

毫无疑问,全球南方的新兴国家对关于经济、社会以及文化权利的探讨有一定影响。在最近的人权文本制定中,西方的文化个人主义转变成以社区为中心,而他们则对此承担主要责任。在人权的论辩中,南北方之间的这种规范性鸿沟经久不衰。确实,欧洲世界以外的社会倾向于强调群体和集体权利,有时会损害个人利益。其中要达到的平衡必然十分微妙。[92]《非洲人权和人民权利宪章》创建了所谓的三代权力:公民权利和政治权利;经济、社会和文化权利;以及诸如发展权、[93]和平权[94]和适意环境权[95]的人民权利。这一宪章也背离了其他人权文书的基础,给个人施加责任。[96]这些责任都归于个人、家庭、社会以及国家。《非洲人权和人民权利宪章》是非洲大陆的区域人权体系,这一体系就试图实现这种平衡。[97]在亚洲,个人、社会以及国家之间的界限也因为责任概念而变得模糊不清,具有了相似性。尽管这两个立场都过于简化,但非欧洲文化在个人和社会之间寻求比他们的欧洲同行更多的平衡。这种观点很容易得到夸大并忽视其在国家需求下弱化个人的潜力。更稳妥的立场是在个人和社区之间寻求一种更周到的平衡以减少任何一方对另一方的拉扯。这就是为何北方可从南方学习一些东西,而反之亦然。

自20世纪60年代以来通过的人权文书中有一些规范性偏好,

它们表明南方社会日益倾向于强调社区以及群体或集体权利。比如,1965 年的《消除一切形式种族歧视国际公约》、1976 年的《禁止并惩治种族隔离罪行国际公约》、1981 年的《消除对妇女一切形式歧视公约》、1986 年的《发展权利宣言》以及 1990 年的《儿童权利公约》都逐渐得到细化并解决了《世界人权宣言》、《公民权利和政治权利国际公约》以及《经济、社会及文化权利国际公约》的遗留问题,或是对上述问题进行进一步阐释。62

它们逐渐放弃对个人的单一关注,转而攻破影响群体和全体权利的问题,或是需要彻底解决的系统性、深层次的问题。为残疾人、[98]土著民族以及妇女制定标准的努力所涉及的问题远超早期人权文书的关注之外。这些最新的文书表明,人权资料库可以被重建,以赋予其更具普遍性的特征。

构成和所有权

与所有规范一样,人权规范是由特殊的物质条件造就的;它们源于具体的现实生活环境。他们对具体、真实的侵犯人权行为作出回应,并积极回应否认某一群体或个人基本权利或保护的行为。因此,人权准则试图解决受害人和脆弱者的困境。然而,除非有一个可辨识的、通常是令人同情的受害者——无论是人、群体或是事物,如环境,否则人权标准往往是不能发展的。必须指出的是,除非对潜在抑或实际的被害人给予不可侵犯之地位,否则势必将对此人或此事造成伤害。一旦发现受害者,规范就必须确定作恶者,无论它是国家本身,还是个人,抑或是国家幕后操纵找到的其他代理。该实体可以是在国家默许和支持下有违法行为的个人、团体或其他实体。在其他情况下,国家可能不愿或无法阻止施害者,但它要对侵害行为负责。例如,不受国家控制的非政府分子,如未经国家同意、国家无能力掌控的民兵或武装团伙,也可能侵犯人权。恐怖组织,如索马里的伊斯兰青年党(Islamist Al-Shabaab)或更臭名昭著的基地组织(Al-Qaeda),它们都不受任何国家操纵,但都应对侵犯人权负责。重要的事情是,国家、非政府行动者以及所犯罪行之间必有联系。这种联系很有必要,因为国家或非政府行动者都是人权文件的基本责任人,因为国家要对在其司法管辖范围内发生的一切负责。因为国家是最重要的国际行动者,是国际法的关键,因而它成为人权标准的目标。然而,只有当受害者积极主张自己的权利或其他人挺身而出救他们于水火时,标准制定才成为可能。国家也很少推动扩大人权文件范围的倡议。

我们必须使这一困境变得可见、引人注目、并呈现给全球最广大
63 的公众,以制定关于促进、协助和保护人权的标准。

问题的紧迫性和保护的必要性是标准或人权生成的核心原因。

然而,从历史上来看,受害者并不是规范的主要推动者。令人大跌眼镜的是,受害者很少拥有与其困境匹配的标准。在通常情况下,权力、影响力强大,且对受害人抱有同情的团体或个人才会为标准设置而奔走。这是因为人权的标准设置是精英驱动,而不是以受害者为中心的过程。位于纽约或日内瓦的联合国权力中心是敲定大部分人权的地方,这里远离受害者真正的居住地,后者通常生活在社会的边缘。与上述常态不同的一个例外是争取同性恋权利和妇女权利的斗争,在这个领域中,一些受害者是他们自己平等事业的有力拥护者。不过,在大多数情况下,标准设置是以国家为中心,而不是以人为中心。[99]人们很少看到正在运作中的规范设置。它通常发生在联合国的高堂之上,外交官们和各式非国家参与者就立法的细微差别进行交流和辩论。在他们的视野中很少出现受害者,偶尔即使有,可能也只是为了展示效果。正是这些精英——一方面是政府,另一方面是非政府活动人士,在规范制定中"为无法发声的人发声"。联合国的标准设置中没有直接民主。真正的人民并不在场,他们通常由自我选择或自我标榜的代理人代表。这些自称代表受害者的人是否真正代表了含冤未伸者,还是他们仅仅在为自我版本的社会愿景而战?在通常情况下,国际非政府组织是最有能量的经纪人,他们声称自己在所谓的"国际公民社会",或者是来自世界各地的非政府组织"联盟"中工作。但这个"国际公民社会全球联盟"究竟有多民主?它由谁控制和主宰?一般而言,标准的所有权仍属于那些倡议鼓动它们并致力于监督其发展和执行的人们。因此，虽然受害者可能知道他们的权利——在某些情况下他们甚至可能知道影响或维护侵犯其利益的机制——他们痛苦的根源通常来自日内瓦或纽约某处一个无耻官僚或一个遮遮掩掩、毫不透明的委员会。

因此，每一项人权标准或规范都有其所有者构成，当然其中也有一些明显的例外。《人权捍卫者宣言》独一无二，因为它直接影响人权运动中最积极的参与群体——非政府组织和人权领域的国际非政府组织，他们发起并倡导了人权运动。倘若不是世界各地人权倡导者所遭受的令人难以置信的暴行，《人权捍卫者宣言》甚至可能被看作满足一己之利。国际人权事务局[100]特别有助于实现这一宗旨。[101]该组织宣称，国际非政府组织站在这一标准的前列，而且是其主要受
64 益者，因为《人权捍卫者宣言》赋予国际非政府组织更多合法性，鼓励其邀约南半球欠发达国家加入，并努力让他们成为南半球人权的捍卫者。

这项任务必须保持有效和透明，因为它的所有者和受益者构成了人权运动的动力引擎。

标准设置是一个昂贵的命题。它需要大量资源用于出行、游说、交流和动员。谁能获得这些活动的资源和资金？这些资助者如何影响为标准而战的斗争？他们在中间有什么利益？资助者会青睐其中一些标准，而劝阻或拒绝资助其他标准吗？现实情况是，各式标准所消耗的能源和资源之间存在明显的差异。人员构成、所有权、政治偏

见和社会喜好的混合，深刻说明了在为不同规范而战的努力中我们付出了多少精力和财富，在这方面，北半球发达国家超越南半球欠发达国家的财富和影响带来了很大的不同。我们在《发展权利宣言》、《〈禁止酷刑公约〉任择议定书》和《人权捍卫者宣言》上耗费了大量资源。后两项文书要么由强大的国家支持，要么由强大的非政府组织支持。与此相反，发展权虽然有强大的国家集团和南半球新兴公民社会的支持，但缺少北半球强大政府和非政府组织的支持。

国际非政府组织的力量无法估量，至少近期都是这样。当我们发现更多的南半球非政府组织变得更有效、更有组织性，并成为有资金来源、在联合国权力中心游刃有余的说客时，这一点是毫不夸张的。西方国际非政府组织拥有有效的组织技能、充足的资金、可靠的声誉以及获得强大国家同情怜悯的能力，这些变数使他们成为能量强大的行动者。他们随时有接触西方高校著名学者的机会，这意味着他们可以利用研究和智力支持，这一点南半球欠发达国家一直难以匹敌，虽然近年来上述差距已大大缩小。国际非政府组织对联合国、国际政治和游说体系以及如何在强大的国际媒体组织间建立信任联系非常熟悉，这些因素赋予了他们巨大的权力和影响力。借此，他们可以对政治精英施加压力，并轻松调动公众的注意力。不应低估的是，联合国的主要办事机构设在纽约和日内瓦，这两地其实是许多国际非政府组织的“本土”，或者这里至少是它们熟悉的文化、政治领域。这些“文化”优势不容易量化，但它们的确至关重要。值得一提的是，他们在竞争领域大幅度倾斜，使其明显有利于西方集团。标准设置游戏的场地，从某种意义上来说，就是在西方世界，国际非政
65 府组织在这里占尽优势。

实际上，标准设置的许多前期工作并未在联合国完成。组织严密的各种参与者其实是在联合国之外进行其大部分活动。他们需要争取关键的利益相关者以及可能的阻挠者，缓和其观点，或者给他们一个重新考虑自己立场的理由。他们需要在各国的精英阶层、媒体和其他构成成分中扩大公共支持。以《人权捍卫者宣言》和《〈禁止酷刑公约〉任择议定书》为例，许多必要的工作都是在联合国权力中心以外，由非政府组织完成的。这种标准设置往往被视为威胁到一系列利益相关者。只有当构成人员的精英团体公开愿意为人权事业提供道义和物质支持时，才可能动员如此强大的参与者。这需要资金、一个有影响力的非政府组织或一个可靠的保护伞机构、一位优秀学者以及经验丰富的活动家。从历史上来看，那些来自南半球欠发达国家的个人、非政府组织或团体无法轻易地调度这些资源。南半球欠发达国家的慈善活动很少，有些国家甚至根本没有。只有南半球的团体与北半球的团体朝着共同目标一起努力，才能逐步缩小这种差距。通常情况下，南半球某一组织往往会就同一问题与北半球某一更成熟的组织竞争，以便获得资金支持。这就是为何北半球和南半球非政府组织之间进行协调的会更有成效。然而，为了使这种合作取得成功，北半球的各组织必须在相关标准中赋予南半球一定

权利，激励、推动这些利益集团。减轻南北之间权力不对称，并确保人权议程由各个方面利益均等驱动的一个办法是世界特权地区群体的谦卑。众所周知，北半球发达国家的某些团体似乎无法治愈自己的傲慢自大，因为他们庞大、有影响力，是非政府组织世界的先驱分子。这些国际非政府组织认为自己是人权运动的“父亲”和“守护者”，他们囚禁于殖民环境中的积极分子队伍中。即便由南半球的有色人种领导，国际非政府组织似乎也没有能力实现文化转变。例如，大赦国际前秘书长、非常能干的艾琳·可汗女士（Irene Khan），曾经努力试图将该组织从一个欧洲中心主义的庞然大物转变成一个真正为普遍人权斗争的团体。最终，她还是沦为大赦国际内部保守主义及其欧洲和北美不透明和不民主组织结构的牺牲品。尽管博学的可汗在大赦国际的草根运动中广受尊重和钦佩，但该组织压倒性的白人治理权力机构并不赏识，也没有完全接受将组织从精神和政治上全面转向南半球欠发达国家。 66

尽管如此，可汗还是在大赦国际身上留下了不可磨灭的印记。随后继任的印度人、精明的塞利勒·谢蒂（Salil Shetty）是否会更有建树，还有待观察。他继续沿着可汗的改革道路前进。谢蒂发起的工作人员和机构体制改革令人印象深刻。然而，只有时间才能证明大赦国际是否能够成为一个真正的全球性组织。

只要国际非政府组织在运动背后大秀肌肉，它们可以非常成功地推动标准制定。西方国际非政府组织在《人权捍卫者宣言》运动中投入的能量和资源恰好说明了这一点。北半球的国际非政府组织积极热心地推动这项文书，因为此处他们的利益和南半球同行的利益完美契合。显然，北半球的国际非政府组织不是南半球国家压制的主要目标，在那里人权宣传工作才是最危险的。但北半球的团体也清楚，人权运动的成功将最终取决于他们支持南半球同行的能力。北半球团体组织的大部分人权工作是在南半球展开的，其中许多组织，尤其是大赦国际和人权观察组织，如果离开了在南半球的工作，它们将不复存在。因此，他们在该地区的工作往往包括简短的实地考察，他们会和一些当地参与者和受害者交谈，然后重新回到安全的西方。因此，他们能保持信誉的唯一方法就是与南半球当地的非政府组织建立合作关系，让后者成为自己的信息漏斗。尽管如此，大赦国际和人权观察等国际非政府组织在南半球人权公民社会强大和独立问题上的态度还是矛盾和模棱两可的。

其实，南半球大多数团体组织都不希望被北半球几个重要组织套牢或钳制，最终沦为它们的附庸。在某种程度上，南半球新兴的组织群体必须发挥其从属作用——他们需要和北半球同行一样的合法化，以及获得资源和人脉的机会。南半球的组织团体以北半球的组织团体为掩护，让自己免受本国政府的镇压。在许多地方——可能不是大多数——南半球的本地非政府组织开始在没有北半球同行保护的情况下独立开展活动，并宣称他们的思想和行动不同于北半球组织团体。国际非政府组织发现他们南半球同行的独立极具挑战性,而这一变化引发了组织构成问题:这是否会使国际非政府组织变得无关紧要,并使他们失去存在的意义?抑或他们会适当调整并为自己重新定位,并与南半球团体建立新的合作关系?

南半球非政府组织的人权工作仍然是非常危险的工作,通常要冒着生命和伤残肢体的危险。以乌干达一位同性恋维权活动家大卫·加藤(David Kato)的遭遇为例:2011 年加藤在一场暴力反对同性恋的集会辩论中被杀,那场集会的辩题是建议对男同性恋者或女 67
同性恋者执行死刑的法条是否可行。[102]同样,人权工作者在刚果民主共和国、埃及、叙利亚和其他被所谓的阿拉伯之春笼罩的阿拉伯国家也遭遇过暴力致死。

这就是为何制定一个保护人权工作者的机制是必不可少的。

西方领导人支持《人权捍卫者宣言》的一个明显原因就是,便于接触全球权力架构并获得宣传人权所需之资源。这并不是说南半球的非政府组织不想保护自己,但希望得到一个标准和有能力有效地推动该标准的实施是两件不同的事情。需要规范的人和能够有效游说、最终实现规范制定的人之间是有区别的。在通常情况下,南半球的人权组织往往过于专注于基本的生存状况——调集资源、人身安全和空洞的青年公民社会等——而无法集中精力讨论全球一级的诸如如何保护人权捍卫者等更宏观的问题。这些基本生存问题在北半球团体组织的提案中没有出现,西方非政府组织变成了确保挪威成为推动《人权捍卫者宣言》牵头国的重要参与者。挪威是最支持非政府组织的国家之一，也是南半球公民社会发展的有力支持者，所以它就自然成为游说国际社会采纳《人权捍卫者宣言》的选择。大多数欧洲国家都大力支持《人权捍卫者宣言》，由于美国和南半球非政府组织保持着谨慎关系，也没有直接反对。非洲国家也没有公开反对《人权捍卫者宣言》，因为非政府组织向非洲人权和人民权利委员会施压，要求设立一个人权捍卫者机构。[103]此外，非洲国家也不想落入被妖魔化为反公民社会或反对保护人权捍卫者的圈套。美洲人权制度已经建立了一个促进和保护人权捍卫者权利的机构。[104]

《人权捍卫者宣言》保护南半球的非政府组织不受本国政府的钳制，并向它们提供行动空间和自由来宣传和推广人权。更重要的是，《人权捍卫者宣言》允许他们利用任何来源筹集、接受资金和资源，来支持自己的工作。[105]这是一个重要的胜利，因为南半球各国认为，他们经常与非政府组织竞争西方资金援助。[106]不少国家一直试图控制、限制，甚至阻止非政府组织直接接受捐助者资金，因为如果没有这些资金援助，它们很快就会枯萎、崩溃或完全停止运营。[107]毫无疑问，如果西方援助仍然主要通过非政府组织来分配，就会出现一些令人困扰的问题。这样带来的其中一个结果就是进一步削弱国家政权，剥夺它们提供服务的能力，这是布雷顿森林体系建立后，失去优势的南半球国家的真正关切。对西方非政府组织来说——它们中许多组织
68 存在的首要目的就是监督、揭露和限制南半球各国的侵犯人权行为——《人权捍卫者宣言》进一步扩大了其范围，因为它为这些组织

的活动创造了一个无国界限制的地域空间。

出于应用需要,它有效地抹杀了国内和国际非政府人权组织之间的区别,并赋予它们几乎与国家一样的保护。这意味着国际非政府人权组织,在肯尼亚境内享有和肯尼亚人权委员会(国内非政府组织)同样的工作自由。[108]事实上,一些国际非政府组织,正在南半球积极筹建地方办事处,并已经取得了不同程度的成功。这就是为什么《人权捍卫者宣言》是南北非政府组织利益的完美交点。联合协作制度很容易建立在这种共享和互利的标准上,这一事实使各国通过标准也变得不那么困难。

《人权捍卫者宣言》和《发展权利宣言》的迥异命运表明了标准所有权的重要性。谁想设定一个标准,处处关心它,并愿意为之战斗,它最后获批的机会与这些因素息息相关。权利就是战斗。这是争夺资源、澄清身份和位置的斗争。一旦一项申告获得一项权利的地位,那么就很难再收回这项申告。这就是为何利益攸关者——无论是支持还是反对——在权利构想产生的那一刻就打起了恶战,要么实现该权利,要么保证它永远见不到天日。关于社会愿景的斗争从来不曾停歇——不仅在国际层面,在国家层面也是如此。一旦一项申告成为国际层面的权利,一国在其国内就几乎没有回旋余地来阻止其实施,无论它已经批准了该条约,还是通过特别声明采纳了它。以《消除对妇女一切形式歧视公约》为例,经该公约制度化的准则和权利已被广泛接受。这已不再是这些权利的有效性问题,而是它们何时可以执行的问题，即使对尚未批准该公约的国家也如此。女性权利在《消除对妇女一切形式歧视公约》中得到最全面的展示，各国必须遵守这一公约。

然而，对某些标准心存固有偏见的强大利益集团可以阻止人权运动和其他普遍标准制定中的标准和权利。正如乔奥洛卡－奥尼安戈（Joe Oloka-Onyango）指出的那样，相对论遍及联合国的整个规范制定和标准制定过程。[109]比如，他所谓的“经验相对论”使更多资源被用于《〈禁止酷刑公约〉任择议定书》或《人权捍卫者宣言》，而没有被用于发展权。[110]一个标准会如何快速实现主要取决于谁支持它，这个问题甚至可以追溯到如何设置人权议程上来。

为什么某件事重要，谁认为它重要，为什么？权力和影响力的政
69 治角力对一个标准的成败有很大的影响。

一些权利或标准比其他权利或标准更极端化。规范制定史上最具分裂效应的权利之一就是发展权。关于发展权的辩论使世界对立两分：南半球坚持其绝对重要性；北半球则质疑其智慧、实用性，甚至是必要性。在世界某些地区，无论是他人认为的何种美德，其他人都会认为这是破坏自由市场政策，成为国际福利的口实和凭证，让他们得以从“富人”手中掠夺财富，并自由地把资源不当地分给“穷人”。虽然双方的论点平等，但他们用于主张和反对特定权利的资源却相距甚远。穷国在经济事务上缺乏独立性，且严重依赖全球经济，因而无法有效挑战富国的霸权。亚洲、非洲和拉丁美洲的许多国家在很

大程度上仍然贫穷。可悲的是，许多贫穷国家没有焦点、意愿，有时也没有知识经验在标准制定中为自己的立场争辩。在国际论坛上进行长篇累牍的演讲和辩论需要受过高等教育、拥有细致完善的政治技巧，而南半球大多数国家往往缺乏这种技巧。对于联合国内部的这种审议，奥洛卡－奥尼安戈指出，“南半球欠发达国家对这些辩论没有准备充分；它为辩论的高谈阔论感到兴奋，但它没有为问题的实质内容作准备，比如，准则及其细节规定的义务范围是什么”。[111]奥洛卡－奥尼安戈和其他来自南半球的高技术专家常常因为南半球国家不愿或无法利用其公民社会增加谈判筹码而感到万分沮丧。但在发展权方面，来自南半球的非政府组织和国家均处于明显的劣势。南半球欠发达国家的无能是一个巨大挫折，能与之匹敌的不利因素只有南半球非政府组织缺乏倡导权利所需的适当技巧和资源。令人遗憾的是，富裕国家的非政府组织——其兴趣和影响均可以促成改变——并没有带头为发展权而战，从而使这一斗争受制于政治。各国均可同意通过《人权捍卫者宣言》，但他们也完全清楚地知道，《人权捍卫者宣言》缺乏执行所需的明确性和实质内容。最终，发展权得到了首肯，但在很大程度上这是基于它是一项“政治权利”的理解，这项权利十分空洞，在实践中几乎没有意义。

为实现《指导原则》和《〈禁止酷刑公约〉任择议定书》所进行的斗争过程讲述了一个与众不同的所有权故事。 70

前苏丹外交官和政府部长弗朗西斯·邓（Francis Deng）凭借其

性格气质和出身,成为联合国秘书长国内流离失所者问题特别代表的理想人选。他的祖国苏丹估计有440万国内流离失所者,是当时世界上国内流离失所人数最多的一个国家。[112]第二名是有410万国内流离失所者的安哥拉。[113]在这个意义上,作为丁卡人的邓自己就是一个天然的同情者。这是一位受过高等教育的南苏丹人——耶鲁大学法学院毕业生——他是一位顶尖学者,就职于位于华盛顿特区的布鲁金斯学院。他是消解国际社会怀疑的完美陪衬。虽然他自己并非国内流离失所者,但邓在这个问题上的可信度和个人兴趣是显而易见的。他祖国的人民在喀土穆残暴的伊斯兰政权手中,命运悲惨,这使联合国的每一颗心都被软化。在这种情况下,标准制定者成了间接受害者,他们理解并深知问题的严重性和国内流离失所者面对的困境。时任纽约联合国人权事务办公室主任巴克雷·瓦利·恩迪阿耶(Bacre Waly Ndiaye)指出,“指导原则主要是特别代表个人的工作”。[114]作为前政府部长和受人尊敬的学者以及政策分析师,弗朗西斯·邓如果没有把自己庞大的人脉网络巧妙地加以应用,他也不会成功。

标准的成功在于其合法性和可接受性。标准来之不易,但如果给反对派留下酸腐的味道可能不算成功。在可能的情况下,使用对抗性稍弱的过程来引入利益相关者并鼓励他们接受相关标准,这种方法总是更好。标准制定过程树敌越少,其被接受的可能性就越大。《指导原则》得到高度认可,就是因为弗朗西斯·邓采纳的和解和非对抗性进程。红十字国际委员会(International Commitee of the Red Cross,ICRC)一再强调,我们必须采取微妙折中的办法,因为在大多数人道主义危机中——包括国内流离失所问题——其症结主要是故意无视规则,而不是缺乏规则。[115]

需要牢记的一个重要事实是,《指导原则》大多是对现有义务的重述。它们旨在重申和澄清人权和人道主义法律领域最重要的保护原则。这一进程的另一重点是,我们应援引相关具有约束力的法条作为原则的基础。这就是说,我们应当提醒利益相关方,在处理国内流离失所者问题时,可以适用国际人道主义法在武装冲突情况下的详细规定。显而易见的是,《指导原则》从未打算推翻或取代现有的人权和国际人道主义法。同时,学者和活动家们也一致认同,《指导原则》的总和效用大于其部分效用。 71

换言之,《指导原则》最大限度地有效利用了国际人权和人道主义法,其最终产品为国内流离失所者提供了更全面的保护和比单一文书更具体的指导。[116]最终,《指导原则》的成功归因于它有一个合法的委任对象,后者通过恰当的战略,发动了一个信守承诺的专家组作为提出和倡导这些政策的组织人选。这是一种新颖的方法,找到了完美的对话者。

《〈禁止酷刑公约〉任择议定书》则在另一条道路上取得了成功。它最终也得以实现,因为它的组织人员同样坚定、专注、有影响力。《〈禁止酷刑公约〉任择议定书》最初是瑞士知识分子的想法,并非南半球欠发达国家的设想。从这个意义上讲，它与《指导原则》不同，是知识分子共同努力的结果。1987 年欧洲《防止酷刑和不人道或有辱人格待遇或处罚公约》[117]（European Convention for the Prevention of Torture and Inhuman or Degrading Treament or Punishment, ECPT）启发了有关该公约任择议定书的概念，它是 1984 年联合国《禁止酷刑公约》[118]的改进版，后者强调预防，并采取更具创新性和侵入性的监督制度。[119]欧洲人认为他们不需要《禁止酷刑公约》，但他们急切希望有一个更有效的法律工具来为世界其他地区树立榜样。正如最终证明的那样，我们发现一些欧洲国家违反了他们自己制定的防止酷刑公约。[120]

《〈禁止酷刑公约〉任择议定书》的倡导者——瑞士知识分子和防止酷刑协会——积极寻求国家支持，并招募到哥斯达黎加联合推进《〈禁止酷刑公约〉任择议定书》。[121]哥斯达黎加非常重要，因为该项目必须得到南半球国家的支持，才能使它具有全球属性。很明显，在起草的后期阶段，包括墨西哥在内的拉丁美洲国家和欧洲国家也开始支持《〈禁止酷刑公约〉任择议定书》。大多数反对意见来自美国、俄罗斯、中国、印度、中东和一些非洲国家。拟订《〈禁止酷刑公约〉任择议定书》采用的战略方法力求实现地理包容，特别强调南半球各国政府和公民社会团体的自主权和参与。[122]通过《〈禁止酷刑公约〉任择议定书》的国家多达 104 个，这充分说明了世界各国对这一倡议的广泛支持，而该倡议最初只是欧洲知识分子的一个研究项目。

《〈禁止酷刑公约〉任择议定书》带给我们的经验教训是，经过深思熟虑的严肃战略和广泛的合纵连横可以使标准广受接纳，无论该标准的最初起点是什么。然而，如果该议定书没有欧洲血统，没有其支持者的巧妙游说(包括适时与哥斯达黎加共同建立“南方阵线”)，我们很难看到《〈禁止酷刑公约〉任择议定书》取得成功。 72

除非有组织机构存在，或者有对受害人持同情、支持态度且有知识能力可以发出声音的思想家和拥护者参与其维权运动，否则，人权标准就无法实现或得到发展。只有建立尽可能广泛的联盟和协商谈判方式，使尽可能多样化的团体组织参与进来，认可自己加入了制定过程，标准才能在从制定到执行的各个阶段取得成功。这里所审查标准的成败完全取决于其组织机构和所有者性质。如果相关组织人员和所有者能够以相同的动力追求所有的人权标准，或许人权运动就能产出更多的收益，而非损失。这是人权标准制定面临的挑战。

第三章　多重因素影响

73　第二次世界大战结束后当即产生的世界在优越的当代社会中几乎销声匿迹。明目张胆的殖民统治已基本宣告终结。但西撒哈拉和巴勒斯坦明显是其中两个例外——前者由摩洛哥掌控，而后者则被以色列占领。2011 年 7 月 14 日联合国大会投票接纳了新独立的南苏丹，国家总数增加至 193 个。[1]在 1945 年联合国成立之时，仅有 50 个国家，如今的这一改变可谓异乎寻常。这个数量上的变化具有变革性，而随之而来的则是新兴国家（主要是非洲和亚洲国家）在经济、军事、文化以及人口方面日益增长的影响力。慢慢地，欧洲及美国在国际事务中的中心地位逐渐下降。仅在过去 20 年内，也许世界范围内就出现了“欧洲时代”以来最明显的权力转移，亚洲正逐渐成为全球政治的新枢纽。非洲的影响力也渐渐浮现。在人权及标准制定领域内，非洲民间以及政府的声音也变得越发坚定。增加标准制定的参与者使制定过程更复杂，但同时也对这个过程加以丰富。西方各国正面临着去中心化，而其他各国亦是如此。人们越发觉得，规范制定中的民主缺陷正逐渐消失。[2]全球范围内“沉默的大多数”开始发出自己的声音，这在人类历史上还是头一遭。

尽管有着上述改变，战后的基本权力结构仍旧存在，一成不变的联合国安理会构成就是这一体现，这个机构不再是全球权力现实和民主价值的反映。然而，自 1945 年以来，联合国一致保持着其在人权领域内标准制定和规范建立中最重要的中心论坛地位。即便存在诸如欧盟、非洲联盟和美洲国家组织等的地区机构，联合国似乎仍旧 74
是一个对全球治理而言不可或缺的全球统一实体，不存在其他与其有同等历史和合法性的替代机构。虽然认为联合国在某些重要方面已经落伍，并且认为这个组织亟须改革的人为数众多，但没有人认为要放弃联合国或以另一个组织取而代之。或许联合国缺乏改革紧迫性的原因在于，人权标准的制定者并非只此一个。更多的参与者（多数都在联合国之外）正成为重要的角色。尽管这个特殊的国家团体仍旧在标准制定的内容和进程中享有不成比例的权力和影响力，但如今这个团体中的国家也察觉到自己在全球治理及标准制定中的权力和地位正日益遭受威胁。[3]现在，他们必须与新参与者（这些参与者在几十年前还身居外围）共享法律法规制定过程。这些新的参与者发现，知识的新力量让他们不再居于边缘化的位置；过去个人和团体无法企及的信息和渠道——这些能够左右公众舆论——如今唾手可得。然而，将这种参与者数量上的增长与国际治理中的大众参与或民主及透明度混为一谈则是不可取的。这种增长也并不意味着各国必须对人权标准表示出更多的尊重。相反，参与者增多只会给各国带来更多压力。这是否会对民主或形成更强大、更包容的规范制定过程有所裨益还有待考察。

联合国人权委员会/人权理事会

正如《联合国宪章》在其序言中所述，联合国是为了“重申对基本人权、个人尊严和价值、男女平等以及大小国家之间的平等权利的信念”应运而生。[4]联合国对其同等重要的双重使命——“使后代免遭战祸”——的强调往往消解了该宪章序言所说的中心任务。[5]这些双重任务所设想的是在国家法的管制下，各国在公平且互相尊重的世界中和平共处的理想世界。由于当今社会将人权视为人类文明的基础，故而联合国对其内部两大机构尤为重视，一是安全理事会，二是联合国人权委员会；前者意在维护世界和平，后者则是为维护人权。联合国人权委员会（2006 年后为人权理事会）在新全球秩序中的中
75 心地位不容小觑；它原是新全球道德的创立者和捍卫者。人权委员会设立一系列规范和结构，它们会改变国家义务的性质以及国际机

构对各国的监督；此举使人权委员会在重新定义国家内部特征以及国家在其辖区内与个人的关系方面所做的努力远超其他任何国际机构。委员会将在全球事务的未来及基本特性的塑造方面起关键作用，而各国还无法即刻明确这一点；这也许就是为何委员会饱受各国攻击的原因。

1948 年联合国人权委员会制定了《世界人权宣言》，该文书成为后来各种人权文书的蓝本。《世界人权宣言》的威严和道德力量有着深厚的基础作用，并为后续一系列规范打开了大门；其成功是对试图扼杀人权文本的行为的打击。委员会成员由联合国经济和社会理事会（经社理事会）选出的 53 个成员国组成（约占联合国成员的 1/4），任期 3 年。这个规模足以涵盖联合国成员的多样性，又能够完成其任务。其包容性的关键性质不可否认，考虑到它产生的规范的敏感性，这个机构若没有足够的包容性，就无法具有合法性。这个委员会所面临的挑战之一在于，其成员内部包含有一些明显的、臭名昭著的人权侵犯者。但这也许是委员会令人意想不到的天才做法：如此一来，这些国家就无法声称自己被排除在标准制定过程之外了。可以预见的是，他们对标准制定的阻碍或削弱将会是家常便饭。但委员会依旧起草了一份又一份人权文本并呈交给联合国，供各国通过、签名并批准。虽然取得了巨大成功，但《世界人权宣言》及后续的条约经验表明，委员会从来就不是达成共识或通过人权标准的简单论坛。在《世界人权宣言》之后，就最广泛接受的人类问题，该委员会起草了一系列条约和文书，其中涵盖了种族、性别、公民和政治权利、经济、社会和文化权利、儿童问题和酷刑问题。

委员会在标准制定方面的成功掩盖了其任务的复杂性和艰难性。首先，各国对人权规范充满怀疑，尤其是在人权运动之初，那时，对于历来属于国内领域的事务受到国际监督或管制这一现象，他们尚且无法接受。这种困境在很大程度上源于人权义务的本质，它使国家主权受到限制，并在该国领域内限定了政府自由。而各国又不
76 愿屈服于外在制度、向跨国机构放弃其权威或接受外部规范的限制。但是，第二次世界大战期间纳粹的大规模种族屠杀行为以及后来在其他国家发生的大屠杀和种族灭绝行为正是绝佳的例证，它们有力地说明人权是对国家暴政的必要回应。具有讽刺意味的是，人权准则对国家主权的侵扰却是对其必要性提出争论的主要依据。但人权准则对各国的内在限制使其减轻了对各国权利的影响。这就是为什么各国几乎都选择了规范性弱的人权标准，而这些标准的执行机制要么薄弱，要么无效。他们小心翼翼地维护着自己的主权。只要没有明确的方式方法来加以执行或实施，这些涉及主权的规范或标准或许会受到各国的欢迎。这种二元性于国家有利，并可通过保留条款等予以加强。

在人权标准制定之初，各国发挥了关键作用。国家在标准制定中的中心地位决定了《世界人权宣言》的法律地位。对具有约束力的文书的惧怕催生了一份宣言，这是一份在其确立之时只有道德而非

法律效力的文书。委员会准确了解了各国情绪。由于在人权领域内缺乏经验,各国会拒绝接受对其权力的长期限制。诚如托马斯·伯根塔尔(Thomas Buergenthal)所说,“委员会很快意识到,通过一份劝告性质的宣言会相对容易,而就一份具有法律约束力的条约措辞达成一致则更为困难”。[6]就其对国家的影响而言,一份人权文书越重要,各国认可这份文书的可能性就越低。这就是为什么联合国通过《公民权利和政治权利国际公约》[7]以及《经济、社会及文化权利国际公约》[8]这两个最重要的一般性人权条约需要花费 18 年(将近 20 年)之久,上述两个公约均在 1966 年开放签署。到 1976 年这些公约正式生效,又耗费了 10 年;《世界人权宣言》与这两个具有约束力的关键人权公约之间整整间隔了 28 年。这段时间间隔强调了人权运动开始之初各国的谨慎态度。在这段漫长的时间里,只有一些专门条约(主要是《防止及惩治灭绝种族罪公约》)[9]得以通过。各国通过长期的争论、延宕、阻挠和分歧来弱化其义务,制定无法对其国家主权造成根本性威胁的条约。这种长期拖延凸显了依赖各国并认为他们是人权标准制定的关键推动者所面临的固有困境。各国曾认为——如今依旧坚信——每一个额外的人权文书都是对其主权的一次侵袭。 77

联合国人权委员会历来都是一个忙碌的蜂巢,一个有高明政治、计谋和伟大创新的地方。委员会所做的大量工作与其会议的简洁性大相径庭。委员会成员的构成也是如此。其成员均为政界人士,通常是来自成员国的大使或高级官员。这个极具威严的人权机构每年

3月中旬至4月下旬均于日内瓦举行为期6周的会议,通常是一系列振奋人心的活动,基本上都与标准的制定或执行有关。比如,该委员会于1999年的工作:在当年为期6周的会议期间,委员会共接待了将近3240人次:其中587人是其53个成员国的代表;568人则来自另外91个国家;217人出自29个联合国机构及其他国际组织;还有1824人代表了212个非政府组织团体。[10]所有上述个人和机构都无一例外地试图对一个或多个人权中的规范问题或标准施加其影响。该委员会一年一度的会议是推进人权议程、争取人权主体实施以及声明受害者意见的关键平台。它是每个关注规范制定以及人权标准实施的人所神往的麦加城。如今,联合国人权理事会也扮演着相似的角色。

国际与区域标准制定

在与联合国合作及此之前的一些情况下,区域组织——美洲国家组织、非洲联盟以及欧盟——一直忙于制定以及推行人权标准。有些时候,区域性组织已经在制定某些特定规范方面抢占先机。其他时候他们则与联合国一同行动。但事实上,自1950年欧洲人权体系出现以来,区域人权体系就一直在制定自己的标准。而只有亚洲在这方面未能成功。这些体系在很大程度上是对联合国体系的一个补充，虽然为了应对地区特定的政治、法律、经济、历史以及文化现状，他们有时会创立崭新的标准或对现有标准加以改变。一些区域体系，比如非洲，已经延伸了现有的人权主体规范领域。举例来说，非洲方面对义务性言辞的创新业已成为人权话语中的一部分或引发
这方面的关注。由于此举深化了对人类现状的理解，这一新思路增 78
强了人权主体的合法性。更重要的是，非洲体系所作出的知识贡献揭示了人权主体固有的“相对主义”。它是对欧洲中心主义下的一维普遍主义的明确拒绝。因此，如今的许多参与者，无论是普遍主义者还是单一主义者，都能为实现他们感兴趣、关注或倡导的各种领域内的标准而进行游说和宣传。这一创新表明，人权主体并不一定要受自由主义的桎梏。重要的是，它还体现了人类现状所具有的活力，还有确保人类尊严的各种方式。明确的一点是，标准制定参与者的多样化为实现人权主体更高的包容性提供了新的可能。但是，区域系统的多样性由于国家层面的规范和实践变得更复杂，这种多样性表明，人权主体的多元化还需要进一步发展。它揭露了这样一个谎言，即人权以及人类尊严由一方文明赋予另一方或者某些文化优于其他文化；此外，它还证明，人权参与者必须以谦逊的态度实现标准制定事务。

对这些区域性组织的进一步研究揭示了他们之间的分歧和趋同性。所有这三个体系——非洲、欧洲以及美洲国家之间——即使在意识形态上看似各自分离，他们之间也还是处于一种对话关系之中。

他们都轮流关注着联合国体系。没有任何一个是单独存在或运行的。这三个体系中的官员、法官以及专家一直都在紧密互动，他们要么互相审视彼此的工作和做法，要么就是在已有先例上互相交流。非洲、欧洲以及美洲的区域体系有意拓展、深化、阐释或调整普遍人权，以使之成为特定的历史、政治以及文化背景。就算是后来的体系，也热衷于向前辈学习。换句话说，区域体系使普遍性规范更为实际，也使其实施更具合法性和可能性。到最后，每一个体系都在寻求该地区利益相关者的实地接受度以及该体系的合法性。区域体系能够开辟新天地，并且能够用人权运动的语言引进新的思想和规范。以非洲体系为例，它就引入了“对个人责任”的概念，这是一个新的人权角度。此外，它还赋予此项运动人民权利的含义。[11]非洲的贡献拓展了人权主体的规范性领域。具体例子包括《非洲儿童权利与福利宪章》[12]以及《〈非洲妇女权利宪章〉任择议定书》。[13]其中一些文书只是对普遍性规范的模仿，但也有一些做出了卓越贡献。非洲的这些新规范一直都是知识分子热议的主题，它们无疑推进了运动发展，但
79 这些规范对规范制定普遍进程的影响（若有的话）仍需通过研究进一步考察。另外，区域体系也给一般人权制度带来了概念性灵感以及示范性力量（在这一点上欧洲体系就是很好的例子），而反之亦然。例如，1987 年的欧洲《防止酷刑和不人道或有辱人格待遇或处罚公约》和 1984 年的联合国《禁止酷刑公约》就互相受益。[14]有时，一个体系会催生另一个体系。

联合国的全球体系对其利益相关者,尤其是对受害者来说可谓远在天边。它很有距离感,而其机制——由于所需成本高昂——要么鲜为人知,要么则取之乏术。但这种现象在区域体系内则相对少一些,尽管某些区域体系明显要强于其他体系。在次区域、区域以及国际层面,武装冲突中的人权侵犯行为、国内流离失所者及难民,还有为之提供保护的必要性会得到特殊关注。用当地方案解决当地问题是对人权问题更合理的回应。这一点在非洲屡见不鲜:长期的殖民主义历史使他们对外来干预或"欧洲式"的解决方案态度谨慎。对产生于非洲本土的人权规范,非洲各国似乎鲜少质疑或贬低。因此,若标准是本土自制的,那么人权侵犯国的最爱——可怕的殖民主义——就无法成为该国推卸其责任的有效借口。这就是为何必须认为区域体系是一般体系的补充,并能在采用何种规范、该规范的运作原理为何以及如何更高效地实行该规范等方面提供更实际的指导的原因了。在这方面,区域层面的发展陈述了标准制定的重要事实。即便标准在不断被制定和改进,区域层面也是试行这些标准的关键之处。重要的是,在文化上更熟悉的环境中,与遥远大陆的首都相比,地方民间团体更能参与标准制定中。

时任联合国人权高级官员的伯特兰·拉姆查兰(Bertrand Ramcharan)于1979年撰文,他认为区域机构的作用是对国际标准制定机制的补充。他认为,这些机构的作用就在于确保《世界人权宣言》广受尊重,并作为代理机构解决地区问题。如果地区机构意图制定自己的标准，那么他们必须要“与联合国的目的和原则保持一致”。[15]他支持类似组织的建立，尽管他也担心这些机构能否忠于普遍原则。[16]2002年，拉姆查兰认为，未来区域标准的演变主要来自发
80 展权框架范围内与经济、社会以及文化权利有关的司法判决。[17]由此产生的公共利益法理将会在实现地区公正方面发挥作用。总之，可以通过联合国的信访程序，借助国际规范和标准来检验国家体系内的人权保护，从而进一步发展国际人权保护判例法。这是对国际人权官员的充分写照；拉姆查兰担心的并非联合国人权体系的傲慢态度，而是区域体系下意义非凡的贡献。

拉姆查兰和其他人权普遍主义者过分担心“地区人士”偏离普遍规范的可能。许多人都质疑区域或地方在人权方面做出的努力，认为他们需要来自无所不知的联合国的监察。但这是根植于帝国主义人权观的陈旧思想。而让来自南方国家的参与者不信任的正是多数联合国人权官员的“家长式”做派。在这种心态下，人权变成了为愚昧无知的当地人利益而进行的文明开化运动。“人权将会提升‘次要民族’的文明等级”，这一观念根植于殖民计划，即“白人的责任”之中。南方国家的这种不信任态度解释了为什么人权会如此轻易地遭受非民主政权的攻击，为什么这些攻击会有其资助者。人类最珍贵的莫过于尊严二字。没有人能用侮辱他人的方式来实现“拯救”他人。北方国家一些专门在南方国家实施一周计划，随即又匆匆撤离的人权组织应该是这种家长式做派的最好事例。拉姆查兰和其他普

遍主义者们应对南方利益相关者的智慧抱有信心。这些默默无闻的
人士必得使人权标准和规范制定合法化,从而使人权计划取得成功。
但是,除非他们积极主动地参与标准制定和诠释过程,否则他们将无
法制定和接受这些人权规范。要实现这一目标,政府间组织
(intergovernmental organizations,IGOs)的最高理事会方面必须自己
进行规范性改革,以摆脱殖民主义观念的残余。将人权计划从最高
层面的联合国转到基层的区域层面,这只有在基层人民的参与和领
导下才能实现。迄今为止,西方为主导的人权运动都由“人权传教
士”这一理念指导,而这个理念与真正的人权计划是背道而驰的。这
是因为,他们为塑造和实现自己的自由剥夺了基层人民的代理权。
除非有着本土血液,否则在南方国家,或者是包含欧洲在内的任何其
他地方,人权运动都不可能持续下去。区域人权体系能够在推进真
正的地方人权文化方面发挥领导作用。这解释了为什么普遍规范的 81
制定者们必须严肃对待南方的区域人权文书和国内司法观点。为进
一步实现人权的合法性,普遍性规范应当允许在区域和地区层面对
之加以塑造。 82

第四章　非政府组织于规范创建之用

83 在人权标准制定方面，除了国家以外，再没有其他利益相关者像非政府组织——尤其是西方拥有雄厚资源的大型非政府组织——那样重要。最初规模甚小，但民间团体于过去30年间不断增加。制定人权规范和人权标准实施机制的高级委员会与非政府组织及其成员紧密相连。尽管正式撰写和通过人权标准仍是国家和政府间组织的职能，但如今，曾被剥夺权利的利益相关者再也不能被无视。在概念层面，甚至是文书起草层面，如今几乎所有文书都涉及治理实践。

值得赞扬的是，大部分国家都接受了与非政府组织共同进行全球治理的新现实。不容否认，许多国家仍然对非政府组织持怀疑甚至是敌对态度，尤其是民间团体不发达，甚至没有民间团体的国家。除了类似苏丹、卢旺达以及埃塞俄比亚（他们于2009年颁布了《慈善和社会公告法》，将国内非政府组织和国际非政府组织的活动裁定为犯罪），[1]在过去 20 年中，在撒哈拉以南的大部分非洲地区，民间团体登上政治舞台并在公共话语中有了一席之地。[2]在索马里及刚果共和 84
国等混乱的非洲国家中，民间团体即便存在，也面临巨大的危险。但在大部分非洲国家，民间团体组织的数量和权力均有明显增长。这些非政府组织业已成为国家、地区以及联合国层面的标准制定舞台上的重要角色。

非政府组织与人权议程

人权非政府组织本身就是国家与社会之间的软骨。作为群众的眼睛，他们试图在国家层面监督政府行为。毕竟，由于国家应按照人民意志行事，非政府组织成为政府与人民之间的壁垒，来降低政府以违反群众利益的方式行事的可能性。非政府组织竭力使政府避免“我行我素”。他们也同样尽量给过程和结果施加影响，其在标准制定方面的贡献可以追溯到几个世纪以前。例如，反奴隶制协会和红十字国际委员会（International Committee of the Red Cross，ICRC）就分别在制定反奴隶制和人道主义法律方面发挥了重要作用。[3]作为非政府组织，英国反奴隶制协会于 1823 年成立，它推动了 1833 年《废除奴隶制法案》的颁布，该法案旨在取缔英国在全世界范围内的奴隶制度。[4]而ICRC在国际关系方面的不懈努力则成就了今日的人道主义。非政府组织积极影响着《世界人权宣言》以及后来的《公民权利和政治权利国际公约》的起草。[5]同样地，曾经的联合国人权委员会苏联成员、著名的法律学者雷恩·穆勒森（Rein Mullerson）颇为满意地留意到，非政府组织在法律制定和人道主义法律中的影响力日益增强。[6]由于提供了简明建议并实地检测实践效果，非政府组织的意见颇受专家们的欢迎。他们的多数建议并非臆测，而是有切实证据；实际上，非政府组织往往拥有比联合国更丰富的专业知识。非政府组织在联合国的一些机构中大受欢迎，如"人权委员会"。这个机构的成员均为个人专家，并不代表任何政府。实际上，整个人权运动中都有非政府组织的身影，而不单单在规范制定一个层面。亨利·J.斯坦纳（Henry J. Steiner）和菲利普·阿尔斯通（Phillip Alston）对非政府组织有这样的评价：

> （非政府组织）还推动标准制定，并且有助于人权规范的改进、实
> 85 施和推行……这些非政府组织具有分散性和多样性，他们在官僚政治和饱受限制的政府间组织难以想象的层面展现出快速、果断且具有广泛关怀的特性。[7]

非政府组织代表了一大批非政府的行为者，其中大多数是良性的，比如，致力于反歧视并为美国有色人种争取更多福利的（美国）全

国有色人种协进会(National Association for the Advancement of Colored People,NAACP);但也有一些并非如此,比如,白人至上且有暴力仇恨特质的美国“三K党”(American Kuklux Klan,KKK)。用于形容这些团体的术语包括“民间组织”、“跨国倡议网络”或“社会运动”。与“三K党”不同,NAACP是一个人权组织。民间组织指的是非国家形式的非政府组织,即便其中有一些具有仇恨特征。也许其中一些与其国家有协作关系或是受政府启发和支持得以成立,但要成为一个非政府组织,他们必须完全独立于政府之外。最近,一些非政府组织或非政府组织联盟被称为“全球民间团体”,这个术语意味着可能参与反全球计划的团体联盟在逐渐增加,这种联盟也许会促进全球民主治理透明度和包容性的提高,或者促进人权保护。显然,非政府组织已成为国际治理的关键成员。

起初,尽管联合国并不知道非政府组织会随着时间的推移具有多强的影响力,但它还是意识到了非政府组织在国际事务中能够扮演的重要角色。为此,联合国还是给予其经济和社会理事会(Economic and Social Council,ECOSOC)赋予非政府组织咨询性地位的权力,以使之能够参与特定的联合国活动。[8]效仿联合国的做法,一些诸如非洲联盟、欧洲委员会以及美国国家联盟的区域间政府组织(IGOs)如今给了非政府组织一些观察员的位置以及其他参与权。世界贸易组织(World Trade Organization,WTO)已经在非政府组织的一些决策机构中有了干预措施。[9]就经社理事会而言,非政府组织的咨询地位只适用于该理事会下的联合国机构，如联合国人权理事会，而非联合国安理会、联合国大会或联合国下的各种条约机构。[10]在大多数区域系统中，参与度通常是受限制的，联合国也是如此，它的参与要受严格规则的管控。如今有超过 200 个人权团体在联合国享有咨询地位，这使他们得以“要求将某事项列入相关机构的议程，参与会议，提交书面意见以及作口头陈述”。[11]非政府组织的这一进步是地区以及联合国机构中的巨变，并且，正如克里斯汀·辛金（Christine
86 Chinkin）所说，非政府组织并非像最初预料的那样只在联合国内提供咨询，如今他们也在该机构中的许多论坛有所作为。他们是真正的参与者。

这一不起眼的出发点（第 71 条只做出了“咨询”方面的规定）使得非政府组织与联合国之间的关系得以发展，原本这一关系只在于“咨询”而非“代表”。然而，这一信任感使非政府组织得到了政府间组织的承认，他们得以进一步参与政府间组织事务，这是第 71 条的起草人万万没想到的。[12]

非政府组织在联合国及地方组织中普遍参与，这一普遍性比正式规定所体现得更明显。它与国家之间的实际互动暗示一个更为顺畅且互相融合的进程。非政府组织没有像一些人权条约机构那样正式的参与途径（比如，联合国人权委员会、消除对妇女歧视委员会以及消除种族歧视委员会)，但也已有了为其参与制定的一些非正式的机制。多数委员会如今已经意识到非政府组织参与的必要性，并已经采取各种正式或非正式的方法，使他们得以引入非政府组织拥有的丰富人才、信息和专业知识。而且，最近的一些条约机构还为非政府组织提供了正式地位。越来越多的民间团体成员成为联合国人权委员会的一员，他们在民间团体中有着深厚的根基，与前同事有着深切的联系。联合国的官员或专家提供了与非政府组织交流的便捷渠道。他们向非政府组织征求意见，甚至是与之共同商议最好的战略计划。如同雷切尔·布莱特(Rachel Brett)指出的，很明显，非政府组织如今是规范制定的一部分：

> 随着时间的推移，非政府组织的贡献的重要性已经得到认可并得到了正式承认，在这一方面，先是有《儿童权利条约》的通过(1989年)，随后就是1992年10月，条约机构主席会议敦促国家和国际非政府组织系统且及时地提供相关信息。不同委员会的具体情况各不相同，但令其他条约机构艳羡的是为《儿童权利条约》建立的制度，这个制度有一个拥有全职调解人员的非政府组织小组，其职能之一就是组织非政府组织对委员会做出投入。[13]

规范制定过程已成为愈加开放的管理平台。随着非政府组织与 87
联合国及其他标准制定平台关系的转变，如今条约机构时常要求非政府组织更多地参与进来。[14]他们意识到，拓展思维需要更大的思想家群体，而非政府组织则可以为他们带来有效资源。通常，非政府组织可以动员身居高位的学者带来一流的研究。这一渠道对疑虑重重的联合国机构免费开放，它由学院教授并开展研究的大学提供支持。更开明的联合国机构——以及联合国委员会中的国家官员——知道这种支持有多宝贵。[15]人权事务高级专员办事处也从世界各地雇用学者，负责具体项目和国家任务，或担任联合国特别项目负责人。即便如此，许多项目负责人更多的还是主流人权活动家和思想家。但尽管这样，条约机构越发将非政府组织视为其合作伙伴而非对手。这种广阔的包容性提高了标准的合法性，并为人权规范的更广泛共识开辟了道路。早该认识到，当国际机构作出波及全球的决策时，应尽可能地纳入更多利益，并提供有效参与。随着非政府组织正式进入上述机构，更多的论坛便能够接触并采纳更广阔、更多元的观点。

对任何运动来说，理论家和主要思想家都必不可少，因为没有任何一个运动能够在没有思想引导的情况下开展。思想与行动之间的关系和交流，也就是实践，是所有成功运动的基石。理论必须通过实践加以检测，以使之能借助实践得以传递。这也就是活动家与思想家之间没有隔阂的原因。活动家在采取行动时总在思考，而思想家，即便是在思考，他们也总是正在行动或观察他人行动。

人权运动中的主要参与者和理论家是那些对运动规范、发展、建构及规范推行有明显影响的个人和实体。其中包括联合国、地区政府间组织、人权非政府组织以及法庭等。在学术领域，早期的人权思想家和作家包括哥伦比亚的路易斯·亨金(Louis Henkin)、南非大学的沙德拉克·加托(Shadrack Gutto)、美国大学的托马斯·比尔根塔尔(Thomas Buergenthal)、纽约州立大学布法罗法学院的维吉利亚·利里(Virginia Leary)、原国际法院院长罗莎琳·希金斯(Rosalyn Higgins)、哈佛大学的路易斯·B. 索恩(Louis B. Sohn)、纽约大学的菲利普·阿尔斯通(Philip Alston)、埃默里大学的布杜拉·安纳伊姆(Abdullahi An-Na'im)、坦桑尼亚达累斯萨拉姆大学的伊萨·斯夫杰(Issa Shivji)以及中国香港大学的亚什·帕尔盖(Yash Pal Ghai)。 88
这些学者，以及欧洲、非洲、亚洲、拉丁美洲的其他学者一起为人权话语的塑造作出了贡献。

但在制定人权运动议程上，没有任何一个组织的影响力能够同国际非政府组织相媲美。[16]他们是运动的内部结构，为之提供最成熟且丰富的能动性。他们进一步开发知识、关系以及金钱资源，并与一些领域内最具影响力的学者及作家联系紧密，结成伙伴关系。除一些十分重要且显著的例外情况外，国际非政府组织与西方学者通常都有相同的文化、历史、哲学以及意识形态背景。他们构成了人权行动者与思想家中的重要部分。国际非政府组织确立的人权运动议程，主要是在联合国权力范围之外。宣传游说出现在各州首府，而知识层面的则在学术和专业会议等课堂上进行，最终的商榷则发生在联合国。但总体而言，人权运动的关键决策还是由世界上几个富裕国家中的少数非政府组织决定。

最具影响力的非政府组织位于西方，这一点毋庸置疑。他们能够用其第一世界国家的丰富资源——金钱、政治影响力、近似全球霸权的地位——来重新建构压迫性的全球等级。但国际非政府组织站在崇高的道德高地，声称要为人权事业奋斗，并将之视为自己与南方非政府组织的共同目标。当然，国际非政府组织会说自己要么提供了领导能力，要么就是与南方的非政府组织共同合作。比如，位于华盛顿的国际非政府组织全球权利组织就自封为“正义的伙伴”。这种做法可能会被误解，被看作掩盖其对南方非政府组织霸权欲望的面具，又或者被视为克服国际非政府组织霸权特性的真实尝试。若没有潜在资源和区位动态的转变，就难以克服这种力量差异。这些关系在一定程度上是态度层面的，但将问题搁置则会是对全球权力动态的严重误解。

国际非政府组织的位置和权力使他们保守、谨慎，且通常有亲建制派特征。笔者称为传统教条主义者的国际非政府组织以及人权运动概念创建者——西方学术界，这二者对人权标准应当建立的社会有着广泛的共同信念。[17]非政府组织的慈善捐赠者（包括诸如福特基金会在内的慈善机构）都对理想社会的远景有着一套共同的核心信念。[18]作为律师或金融领域的成功专业人士，这些捐赠者通常会赞同有开放政治体系的自由主义市场社会。通过在人权领域有选择地进
89 行强调，国际非政府组织向来自其赞助者的压力屈服。一方面，他们

监督、收集、宣传并力图消除对其赞助者支持的基本公民和政治权利的侵犯。他们也不会支持制定其赞助者不乐意看到的规范。另一方面,概念创建者是人权主体中的思想家和组织者。他们是运动的理论家。他们也与由自由主义联系在一起的、基本一致的共识和意识形态享有共同的社会愿景。对这 3 个利益相关者——国家非政府组织、学术界以及捐赠者——来说,人权规范的创建、推行以及应用最终应带来一种法律政治体系,这种体系通常被称为宪政。对西方的维权人士和思想家来说,自由主义(这是他们所支持的政治类型的表述)是一个文化、哲学以及经济问题。它形成了一个想象中的社会,这个社会中有着他们所希冀的自由。其信条和价值观很早就在西方根深蒂固。用专业术语来说,这种制度体系必须有以下 5 个关键特征:直接由人民意志诞生政府权力的人民主权;国家必须借助类似各党派可以自由进行权力竞争的真实的、定期的多党选举等措施来承担其责任;政府权力必须通过分权与制衡加以控制和限制,权力分支中不得有任何一个分支高于其他分支;司法机关必须独立,因为它是法治的捍卫者,是法律纠纷,甚至是政府权力分支之间分歧的仲裁者;公开宣布个人、公民以及政治权利必须是国家政府必不可少的一面。这一系列特征就形成了政治科学中所说的自由主义政治民主。在《世界人权宣言》《公民权利和政治权利国际公约》以及大部分普遍性的人权文书中,这些特性演变自西方自由主义国家的宪法法理。[19]诚然,它们可以在法律和实践中以不同的形式得到表达,但其规范性内容在很大程度上得到了一致认可。就国际非政府组织和主要西方理论学派而言，人权运动的目标就在于构建这样一个社会。这是国际非政府组织从未公开承认的事实，但它们欲在社会中实现的权利整体而言无疑会催生一个笼罩在自由主义之中的政治国家。

外在制度倾向于反映内在制度，而国际非政府组织的产生也不例外。人权国际非政府组织与传统西方民权组织极为相似。就理论和方法而言，国际非政府组织是对西方民权组织意识形态的模仿，例如，美国的美国民权同盟（American Civil Liberties Union，ACLU）以及全国有色人种协进会（National Association for the Advancement of
90 Colored People，NAACP）。这两种组织的发展历史相似，其任务（至少在表面上）也几乎完全相一致。它们专注于一小部分有选择的核心权利。最开始，“第一世界”非政府组织指的是那些致力于与人权运动起源有关的传统西方价值观念。它们位于西方主要文化和政治中心，并且只关注其国家内部的事务。ACLU 与 NAACP 鲜少处理越过美国海岸线的冲突。但渐渐地，这种“第一世界”非政府组织也逐渐涵盖了主要涉及南方问题的强大的国际非政府组织。大部分国际非政府组织处理的是美国或其欧洲原籍国家之外的人权侵犯问题。西方的国内人权律师和活动家建立了所有的主要国际非政府组织，包括大赦国际、人权观察、国际法学家协会、人权律师委员会（现为人权第一组织）以及国际人权法小组（现为全球权利组织）。自第二次世界大战以来，全球至少出现了 6 个明确有意促进全球自由主义价值(一般统称为人权)的国际非政府组织。[20]联合国是一个基于自由主义国家世界观的战后组织,而国际非政府组织认为这个机构是很好的合作伙伴。尽管并不常见,但有时国际非政府组织和地方非政府组织在国家和国际两个层面都有所努力。ACLU 就是其中的例子。

国际非政府组织历来更偏爱某些权利或对之存有偏见。其原因不一而足,但最有说服力的一个则与国际非政府组织对世俗的、以权利为基础的自由主义民主国家承担的责任有关。在这种偏见中,尽管它们所倡导的价值观与自由市场一致,但国际非政府组织还是避免直接处理或支持某一特定的经济理论,由此,就避免了许多看似与自由市场相抵触的维权斗争。在一般情况下,尽管《经济、社会及文化权利国际公约》一直在为这些权利寻求保护,可是国际非政府组织似乎不乐意推行经济、社会以及文化权利领域的标准制定。但它们将《经济、社会及文化权利国际公约》视为有效条约,并于 1993 年的"维也纳世界人权会议"认可了权利不可分割且有相关性的概念。然而,他们只是口头对该概念表示赞同,却并没有采取具体、严肃的措施来推行这一条约。只在过去 10 年里,人权观察和大赦国际才对经济和文化权利领域有所涉足。有迹象表明对这些权利的抗拒正在消逝。只有少数西方国际非政府组织致力于经济社会以及文化权利,最明显的是纽约的"经济及社会权利中心"(Center for Economic and Social Rights, CESR)、[21]纽约的"经济、社会和文化权利国际网络"、[22]

91 美国的“人权医师协会”、[23]波士顿的乐施会[24]以及关注食物权的国际食物权利组织(Food First Information and Action Netuork,FIAN)。[25]除了乐施会之外,其中的许多团体都很年轻。这说明它们均建立于冷战时期,此时,社会和经济权利开始摆脱其共产主义烙印。在冷战期间,国际非政府组织对待经济与社会权利的蔑视态度与西方政府如出一辙。

多年来,国际非政府组织承受着实现经济、社会及文化权利的压力。尽管这一压力大部分来自南方,但也不乏来自西方国家的有力声音。若国际非政府组织没能倡导经济和社会权利,它们就面临着失去在南方的一切联系的风险。但一些主要思想家也是压力的来源之一,他们指责国际非政府组织的虚伪,认为不支持某一系列权利就会弱化整个权利运动。在1990年,联合国经济、社会和文化权利委员会前主席菲利普·阿尔斯通指出,大赦国际只十分狭隘地关注少数公民和政治权利。[26]来自澳大利亚的阿尔斯通是全球人权主体的捍卫者,他成为早期向国际非政府组织施加压力,敦促其采取行动的主要西方学者之一。他就这一问题写了大量文章,并将其主席职位作为影响深远的平台向国际非政府组织施加压力。他指出,大赦国际不应同过去那样有选择地只支持少数“与西方自由主义传统紧密相关”的权利。[27]他的意见是来自西方同盟的有力批评,而不能被说成“第三世界国家”狂热的激进主义。阿尔斯通指出,大赦国际可以在赞同总体人权的同时,维持其关于“可管理性、法律特性以及运行潜力”的核心工作。[28]实际上，他是在给这个组织调节的空间从而使之得以喘息。如果大赦国际支持经济和社会权利，很可能其他国际非政府组织随后也会效仿。原因很简单——大赦国际向来被认为是人权的黄金标准，而其他人权组织则纷纷视之为榜样。他呼吁大赦国际拥护所有人权：

反对我观点的主要意见可能是，大赦国际像其他所有人权非政府组织一样，可以专门针对其重点，而其他组织能更好地填补它遗留的空缺。但这一观点忽视了这样一个事实，即大赦国际，不论它乐意与否，都是这个领域内的唯一主导力量。它比其他所有组织放在一起有更大的规模、更富有、组织得更好、更有代表性和影响力。因此，它不可能以必须被接受（尽管不情愿）的理由（这个理由来自更小的非政府组织）为借口逃避。正如强权者常常自我提醒的，与权力和影 92
响力随行的就是责任。尽管这其中许多责任并不必要，但也不能简单忽视。[29]

即便如此，直到10年后大赦国际才认可了经济和社会权力，并开始将贫困问题列为其主要关切之一。

可是，大赦国际的模式在世界占据主导地位。遗憾的是，南方国家的国内人权非政府组织照搬了大赦国际的模式，其中许多，尤其是早期的组织，几乎一成不变地加以模仿，如“尼日利亚公民自由组织”。[30]这就是这个组织的影响力的体现之一。尽管在过去10年间专门针对解决经济、社会和文化权利问题的南方组织开始出现，但南方大量组织仍旧集中关注公民和政治权利。[31]这些往往为了应对全球化的冲击而建立的组织所面临的未来仍不确定，因为它们缺乏良好的联系和资助。它们的资源仍远不及传统团体所拥有的。

一些更古老的非政府组织也在更改其任务以适应倡导更广泛人权的需要。实际上，处理经济和社会权利方面的胜利成果出现在那些最开始集中关注公民和政治权利，但随后扩大其任务范畴的组织。肯尼亚人权委员会就是其中的例子。这个肯尼亚的领先组织扩大了其任务范畴（并得到了资助），因为它历来十分高效，并具有高度专业性。但南方国家的国内非政府组织有精英化和城市化的倾向，这常常与它们所代表的人民利益相去甚远。也许这种精英主义延续自国际非政府组织模式，其中，资金来源决定权利大小。当然，这些南方的国内非政府组织受助于西方的基金会和慈善机构，还有诸如美国国际开发署的传统捐赠国的发展机构。这些非政府组织缺乏有效的地方资助，因而它们与其捐赠者紧密相连，而肯尼亚人权委员会前执行董事威利·穆通加（Willy Mutunga）称这些捐赠者为“我们的外国大师”。[32]肯尼亚人穆通加于2011年成为该国首席法官，也是首位领导东非基金会的肯尼亚人。[33]在这个职位上，他努力为经济和社会权利提供资金资助。早些年，这个职位一直由对非洲知之甚少的外籍人士（通常是美国人）担任。有理由认为，这些人会带有自己的偏见，并且只支持有限的少数权利。但穆通加了解实际现状并能够带来改变。尽管由当地人领导外国慈善机构并不会对资助者与被资助者之间的权力动态有实质性改变,但这还是会缩小二者之间的意识形态 93
差距。这个当地领导人的思想倾向有很强的决定性作用。一般来说,这种决定性关系确保了南方大部分非政府组织去追求与当地人权议程不冲突的捐赠者利益,这一事实使它们丧失了积极参与全球人权运动议程制定的自由和愿望。虽然这种资金捐助模式正在受到挑战,且这种现象在非洲要远比拉丁美洲更尖锐,但全球的人权组织资金来源主要还是西方。正如非洲活跃的人权思想家和活动家奇迪·安塞尔姆·奥廷卡卢(Chidi Anselm Odinkalu)所写,这种局面不可能谓之健康,也无法在基层开展这种运动:

> 目前,非洲的人权运动(除了妇女权利运动和基于信仰的社会正义举措可能是例外以外)似乎大部分都有意排除部分人员参与,而这些人的权利正是人权运动欲实现的对象。多数人权组织的模式模仿自北方的监管机构,这些机构坐落于城市地区,由非会员制的中心管理层领导(这与大赦国际不同),并且只依赖于海外资助。这些组织中最成功的也不过是取得与公共政策智库、研究机构或专业出版社同等的地位而已。随着媒体炒作的盛行及与之适应的行动方式,这些组织的领导人享受着其特权和舒适感,渐渐放弃了奋斗和挣扎。[34]

除了资金之外，南方的非政府组织还面临着其他不利，如缺乏接触强大国家及其媒体的渠道。新闻媒体，尤其是诸如美联社、CNN、BBC、《纽约时报》以及其他主流新闻出版社的所谓国际媒体构成了国际非政府组织蓬勃发展的政治和文化资本。新闻媒体的影响力最终转化为影响和接近强大国家政府的能力。新闻媒体能影响该国政策的制定或使其政府推进南方国家改变行为。南方的非政府组织并没有这种影响力。国际非政府组织在日内瓦或纽约的联合国论坛制定人权运动议程，但通常南方的非政府组织缺乏参加这些会议必需
94 的旅行费用和游说资源。这其中的大部分问题都是非政府组织在世界中边缘化权力失衡的重现。迫切需要的是国际非政府组织与非政府组织之间真正的跨界联盟，以废除和打破这种失衡。否则，国际非政府组织将会继续享有在人权议程制定过程中不成比例的影响力。

非政府组织与标准制定

政府间机构或联合国等政府间组织制定国际标准，并协调各国之间的竞争。但政府间组织具有双重性。事实上，政府间组织在本质上是一个集权机构，其目的在于使各国友好对话；从这一点来看，扮演着政治同盟角色的它们是国家友好型组织。但国家也是它们的

主要目标,即对各国进行管制和监察。虽然各国存于政府间组织之内,但政府间组织可以并常常是,不受任何一个国家限制的。实际上,政府间组织可以,也的确采取了行动针对某一国家。联合国或其任何一个关键机构(如安理会)授权对某一国家采取军事行动就是一个明显的例子。因此,从根本上来说,政府间组织的存在是为了促进各国利益,即便是在它们针对某些"异常"国家时也是如此。在这种情况下,被针对者就成了局外人,也就是一个"他者"。但政府间组织大概会针对其成员国,其目的在于维护秩序,也就是维护其国家体系的完整性和内在秩序。

另外,非政府组织——从其定义、意图以及目标来看——并非集权主义者。它们的存在是为了影响和改变官方意志。它们力图弱化、限制和遏制国家为了实现其特定目的和宗旨所具有的权力。它们将自己视为公民的良知,认为自己是保护公民利益不受官方侵害的捍卫者。非政府组织覆盖了从极端的左派到原教旨主义的所有意识形态范围,从无私到利己主义。[35]并非所有的非政府组织都具有道德上的正义感或支持人权或其他人文主义主张,但它们基本上都会努力推进一些公共利益。显然,它们的存在在自由、世俗以及民主国家中是最无限制的。国家越是闭塞或不自由,非政府组织运作甚至是存在的自由就会越少。95

国家政府与非政府组织的共存有实际的或者潜在的摩擦。尽管非政府组织享有来自国家的合法身份,但其职责主要还是监督政府或向其施压。几乎所有的非政府组织都承担着进行宣传的使命，而其中大部分正是为此目的而诞生。它们是要改革或改造社会，成为社会变革的推动者，为创建或影响标准制定及其实施方式而努力。为了使实践能依据其希望进行，它们意欲对规章制度、法律以及政策施加影响。尽管非政府组织最关心的是结果，但一般来说，它们也要求过程是透明、开放、包容且民主的。作为活动主义者和结果主义者，非政府组织并不认为自己是概念创建者，而是行动者以及实施者（尽管实际情况要复杂得多）。如果得出某一规范，它们就会希望这一规范得到实施。于它们而言，规范或标准的制定必须有基础或实施路径；一个缺乏基础的标准或规范是无用的，或者说是基本上毫无意义的胜利。正是非政府组织的这一行动主义精神使它们成为社会的潜在领袖。它们为了改革而发起行动与对话。不受公共权力的制约，在很大程度上也不需对政府或公众承担责任，这使非政府组织具有快速、果断且创新的特征。其中，许多组织采取高度分级的内部管理模式，这使其高级官员可以灵活行动而不受民主决策进程所带来的拖宕。这种民主的缺乏（通常也是它们对国家和政府间组织怨声载道的对象），对它们来说既是长处，也是短处。这使它们能够分散行动，这在人权危机中常常十分必要，但也使它们面临批评一件事时做另一事的指责。

为了公平起见，在缺乏内部民主的非政府组织中应有问责制和高透明度。诸如公司或律所的企业并不民主，但由于其内部结构、管理程序以及法律要求，它们也可以有问责制和高透明度。各国和政府间组织的决策往往需要协商一致或长时间的磋商。它们饱受僵局、官僚主义以及民主程序的制约。这些因素会带来怠惰，并使它们无法果断快速地采取行动。不受这些限制，并且在行动上不受保守主义的制约，非政府组织已经在人权标准的制定领域抢占先机。在非洲人权和人民权利委员会、[36]欧洲理事会、国际劳工组织和美洲国家组织等机构内，它们对标准制定的贡献和投入显而易见。[37]

一些证明非政府组织对标准制定的影响力的例子脱颖而出。尽管禁止公民遭受酷刑和虐待的标准制定的起源与推行归功于几个非 96
政府组织，[38]但《禁止酷刑公约》可以直接追溯到大赦国际。1972 年，大赦国际发起了为期 1 年的废除酷刑的运动，[39]其中包括发布一份酷刑报告以及发起国际会议。这些举措大大提高了公众意识，并提高了对酷刑问题的关注度。酷刑是一种十分丑恶的行为，在道德上也如此令人反感，以至于任何国家——即便是那些曾以之为手段之一的国家——都不能为其辩护。没有国家会承认酷刑是其政策之一。当酷刑与国家有关或被揭露时，政府往往将之归责于警察或安保机构内部的“恶劣”分子。在拉丁美洲、亚洲以及非洲发现的实施酷刑的野蛮政权进一步激发了制定相应标准防止酷刑的呼声。

在其 1975 年的酷刑报告中，大赦国际是首个提出为酷刑给出定义的组织。[40]奇怪的是，反对酷刑这种广泛的实践竟然没有一个确切的定义。但非政府组织（而非国家政府）给出一个定义也不足为奇。

国家——酷刑的实际实施者——并没有率先制定标准。它们何必这么做呢？同年，联合国通过了第一份关于酷刑的文件，并在制定有约束力的标准上取得了长足进步，即通过了《保护人人不受酷刑和其他残忍、不人道或有辱人格待遇或处罚宣言》。[41]随之而来的是1979年的《执法人员行为守则》[42]和1982年的《关于卫生人员，特别是医生在保护被监禁和拘留的人不受酷刑和其他残忍、不人道或有辱人格的待遇或处罚方面的医疗道德原则》。[43]上述文书涉及多方与酷刑有关的参与者和利益相关者，这对最终禁止酷刑来说至关重要。它们是1984年《禁止酷刑公约》的基础和先行者。对于非政府组织在上述文书和标准制定过程中发挥的中心作用，前联合国酷刑问题特派专员范搏文（Theo van Boven）予以肯定：

> 这些文书大多都是政府和非政府专家们不断且有效努力的成果。在政府层面，荷兰和瑞典等国家的贡献意义非凡。而在非政府层面，大赦国际和国际法学家协会为了强化保护力度这一持续性目
> 97 标而进行的宣传以及高超的文件起草工作应予以肯定。这些文书中的非政府意见有的包含了对文书的整体建议，有的则提出了具体的条款草案或修正条款，对这些贡献作出详细分析已经超出了本文的范围。1982年的《医学伦理原则》也是非政府汗水的结晶。它们得到了来自联合国大会的支持。[44]

即便各国达成了一致,通过了标准,非政府组织依然要保持警惕,因为标准是动态的,并且,会随着国家行为和文明价值的变化而变化。比如,公众和国际意识可能发生变化,寻求一个意料之外的更严格的标准。因此,非政府组织和其他利益相关者寻求机会以使标准更有效和全面。而增加、修订或强化义务的任择议定书则是非政府组织与政府间组织的可用手段。通常而言,对现有条约加以修订是不可能的,而任择议定书则是司空见惯的事。它们给国家增添了新的责任,并使原本的文书更加强大。例如,在对《禁止酷刑公约》进行修订的新标准的探讨过程中,非政府组织就是关键发起人。由于修订显得不太现实,故而非政府组织转而决定采取任择议定书的形式达到目的。

对《人权捍卫者宣言》的宣传工作是另一个证明非政府组织在新标准制定过程中的领导作用的例子。一些国家对这一文书兴致恹恹,认为它只会重申各国已经在其他条约或国际惯例法中承担的责任。为什么要在一个各国认为“多余”的文书上煞费苦心,白费功夫呢? 它们也矛盾地认为,关于人权捍卫者的文书具有敏感性和侵入性。[45]这种矛盾立场暴露了政府的担忧,揭示了其焦虑。实际上,许多国家并不希望人权非政府组织在一个指定各国承担责任的明确文书中受到保护。他们认为,有关人权捍卫者的文书会提高这些人的地位和知名度,并有可能削弱国家对这些人的控制力量和自由裁量权。他们的抵制是重申现有义务得到通过竟然需要 12 年之久的原因。

在这个(以及其他)进程中,单靠非政府组织的领导力量还远远不够。非政府组织与国家的合作关系也必不可少。非政府组织与各国紧密合作——尤其是那些于人权事业友好的国家——以克服阻力并劝说其他国家支持这一事业。

98 比如,作为促进土著民族权利的主要催化剂,非政府组织在将模糊的人权事业去边缘化的过程中起至关重要的作用。几十年来,土著民族在国际层面(包括联合国)并没有发言权,也无接触国际权利走廊的渠道,这是他们在国内被剥夺公民权利的直接后果,即便在国内,他们也没有权力或影响力。最后,在20世纪80年代早期,经过多年的排斥之后,终于有了一条通向国际议程的途径。1982年,联合国成立了一个"联合国防止歧视及保护少数民族委员会土著民族工作组"。这个工作组会成为土著民族事业中最重要的一大进步。它立马开始着手起草关于土著民族权利的宣言。宣言是人权工具中的明智之举,因为各国并不会接受一份条约。20世纪80年代后期,在"联合国防止歧视和保护少数民族委员会"特别报告员何塞·马丁内斯·科博(José Martinez Cobo)就土著民族的困境作出报告以前,他们在联合国基本上没有存在感。[46]直到那个时候,也还只有两个专门针对土著民族问题的有约束力的文书,且都只与劳工权利有关。[47]似乎在可预见的将来,并没有出现有效文书的可能性。

联合国的这个委员会成为宣传土著人口人权标准的焦点。令人难以置信的是135个非政府组织中,大多数都是土著民族组织,他们在联合国的这个工作组中都有代表，[48]这对一个长期被边缘化的群体来说是一个意义重大的转折点。这使土著民族第一次被看见，并且在工作组中有大量代表，实际上，他们是工作组中的主导力量。1993年工作组撰写了《联合国土著人民权利宣言草案》（以下简称《宣言草案》）。1994 年，工作委员会通过该草案并将之转呈于曾将这一议题搁置多年的联和国人权委员会。但这一宣言的起草是人权文书的受益人（以非政府组织的形式）能够裁决并起草某一文书以提升并确保己方利益的又一例证。值得注意的是，联合国小组委员会是联合国的一个传统机构，它由独立的专家而非政府代表组成，因而更能对人权问题具有同理心；而这个机构毫不犹豫地立刻通过了工作组的宣言草案。许多国家认为，这个草案是对其主权的威胁，是对其权威的挑战，他们对之持反对意见，因为这个草案试图赋予土著居民很大程度上的文化、经济以及政治自主性。有一点是毋庸置疑的，即若没有土著民族非政府组织的不懈努力，就不可能有这个宣言草案。这是由受害者制定其意向治理标准的事例之一。 99

联合国人权委员会并没有通过《宣言草案》，而是另成立了一个小组专门研究宣言中的条款。国家的担忧是显而易见的——他们怀疑这些条款会赋予土著居民自决权，并允许他们控制位于其传统领地内的自然资源。委员会没有通过这一草案，这就提出了关于该文书的规范性内容的问题以及土著民族非政府组织采用的制作该文书的策略问题。非政府组织之间是否没能联合起来，也没能与关键国家合作？是否没有愿意站在这个阵营的国家？《宣言草案》是否跟《发展权利宣言》一样，是强权国家和受威胁的个人利益的受害者？可不可以说国际法律秩序至今还没准备好用有效方式解决世界上最弱势的群体之一——土著民族的困境？想得见天日，《宣言草案》还有很长一段路要走。正如亨利·J. 斯坦纳和菲利普·阿尔斯通所说：

> 联合国委员会创立了一个开放的闭会期间工作组，其主要任务就是制定宣言草案。这一工作组曾多次会面探讨 1994 年草案的条款。但这个草案仍是所有宣言草案中的最后一个构想。对草案的讨论和修改仍继续在这个由国家代表而非独立专家组成的委员会（这一点要尤其记住）内继续进行。随着竞争力量日渐希望制定一种能为联合国大会通过的具有法律性质的宣言，潜在的经济、政治以及主权问题都会日益明晰。[49]

但目前并非一败涂地。在 11 年的艰苦努力之后，2006 年 6 月 29 日由 47 名成员构成的人权理事会（人权委员会的继任者）终于通过了修订后的《宣言草案》。[50]投票结果为 30 票赞成，2 票反对，12 票弃权，3 票缺席。[51]随后就是众望所归的时刻，即联合国大会通过这一宣言——2007 年 9 月 13 日联合国大会投票通过了该宣言。[52]投票结果呈压倒性态势：
100 果呈压倒性态势：143 票赞成，4 票反对，11 票弃权，34 票缺席。[53]虽然票数并不一致，但这是会议中的绝对多数票，仅有美国、加拿大、澳大利亚和新西兰投了反对票。[54]这 4 个国家都是曾经的英属殖民地，是由欧洲白人主导的“定居者国家”，在这些地区，土著居民人口由于多年来的暴力、疾病、驱逐以及边缘化而逐渐枯竭，这一点很有启发意义。但振奋人心的是，这 4 个反对者此后也逐一通过了这一宣言——澳大利亚于 2009 年 4 月 3 日通过，[55]加拿大 2010 年 11 月 12 日，[56]新西兰 2010 年 4 月 19 日。[57]2010 年 12 月 16 日奥巴马总统宣布美国将签署该宣言。[58]这对一个长期饱受各国嘲笑和反对的宣言来说，是一个幸运的惊天逆转。美国是最后一个持反对意见的国家，而它对这个宣言的通过则是一个具有历史意义的胜利。

妇女权益也是一个恼人的问题，一直以来都在挑战国际审查和进程；而非政府组织也是这个领域内的领导者。尽管过去 20 年里，国际法律秩序已经在对妇女权益的认可上取得了长足进步，但这一议题在人权运动中仍是一个盲点。在联合国、地方机构以及包含国际非政府组织在内的主要非政府组织内都是如此。这些所有层面上行动的欠缺——除了每个国家的最可怖的状况外——皆归因于侮辱性文化、传统以及男权主导的制度和国家。与在种族歧视问题上的坚持不懈相反，人权运动在妇女面临的来自男性、国家、文化以及社会的暴力时的相对沉默态度证明，人权中存在未被认可的等级制度。希拉里·查尔斯沃斯（Hilary Charlesworth）和克里斯汀·辛金曾就强制性法规（*jus cogens*）——这是一种无法减损的强制性的、普遍的、具有优越性的法律规范——作出极具说服力的论证，即这种规范具有男性性别偏见，这种偏见在人权层面对妇女有歧视。[59]由此来看，国际法本身就是性别偏见的受害者。针对女性的性别歧视必须成为所有文化中的共有缺陷，无论这种文化是传统的、现代的、西方的、非洲的、穆斯林的、亚洲的、印度的、基督教的，还是拉丁美洲的。人权运动自身最终会陷入这种明显且无法辩驳的现实中，这证明了性别歧视的力量。

但在过去几十年里，非政府组织使妇女权利问题在人权运动的标准制定议程中具有了更高的可见度。将妇女问题排除在人权滥用范围之外已经无法再被容忍。除了具有突破性的《消除对妇女一切形式歧视公约》之外，若干进步也将妇女问题进一步推至公众视野。妇女非政府组织如今如此成功，在非政府组织如何介入以提高自己欲解决的事宜方面，妇女非政府组织已经成为典范。也许，其中第一
101 个意义非凡的进步就是维也纳世界人权大会上对这一主题的肯定，即“妇女及女童的权利是普遍人权中不容侵犯、必需的、不可分割的一部分”。[60]在这次关键会议上承认妇女权利是人权之一，这是一个重要讯息。

随后，联合国迅速采取了行动：同年，联合国大会以协商一致的方式通过了《消除对妇女的暴力行为宣言》。[61]1994 年经社理事会决定设立有关针对妇女的暴力行为的特别报告员，斯里兰卡人权倡导者拉迪卡·库马拉斯瓦米(Radhika Coomarasawamy)是 1994 年这一

职位的首位受聘者。[62]其他的收获还包括在南斯拉夫和卢旺达的国际刑事法庭的法令中明确将针对女性的性侵犯纳入其中,[63]这是一个意义重大的进步,因为在面临冲突时十分普遍的性侵犯长期以来并没有成为国际刑法或国际人道主义法律的关注点。《国际刑事法院罗马规约》于1998年设立了第一个常设国际刑事法庭,其司法管辖区内的所有罪行中明确包含了性侵犯。[64]辛金指出,上述进步皆应归功于妇女非政府组织的倡导工作,他们完善了地方、国家以及国际层面的联系网络。[65]值得重申的是,女性一直是他们最热忱、最坚定的拥护者。与土著民族或种族群体一样,妇女非政府组织引导国际社会意识到妇女所遭受的虐待,使其建立标准和机制来保护妇女权利。

无论是在酷刑、妇女权益、禁止地雷运动、[66]劳工权利,还是在土著民族权利方面,非政府组织都给联合国内的标准制定带来勃勃生气。随着这些成功而来的是他们的越发成熟。多年的学习、成功和挫折教会了他们宝贵的一课,即什么是有效的,什么是不可取的。无论是寻求合作伙伴还是实行跨国合作,他们似乎都已经找到了积极应对法律制定过程中面临的压力的方式。人类的状况是动态发展的,每一个时代对人类无权现象的定义都各有不同。随着越来越多的无权状况出现(并不断发出声音,希望被认可为权利的一种),非政府组织将会在这些权利的标准制定过程中起关键(即便不是领导)作用。

非政府组织在标准制定中的战略和方法

按照基本原理和定义，非政府组织并非与国家针锋相对。正如辛金所说，非政府组织在一个强大但负责任、包容且民主的国家中能发挥最佳作用。[67]作为民间团体的一种，非政府组织并不是要剥夺政
102 府权力，而是力图影响其权力的使用。尽管这两者之间通常都存在一种紧张关系，且非政府组织一般都独立于国家而存在，但他们之间常以一种内在而谨慎（若是常常不信任彼此的话）的合作关系联系起来。正如非政府组织在国家层面需要国家政府一样，他们在国际层面也需要国际机构，如联合国。非政府组织也许不创建标准制定机构，但他们使类似机构更有效和完整地运作。尤其是由于非政府组织发挥的日益关键的作用，若没有非政府组织，过去60年里普遍标准的制定就不可能实现，更别说实施了。就规范制定和实施而言，强大且有效的国际治理对新兴的国际民间社会来说至关重要。政府间机构越发依赖于非政府组织的工作，而且实际上二者已经建立了一种互惠的关系。从更广泛的历史角度来看，非政府组织、政府间组织以及国家之间正在逐渐形成一种集合状态。

但非政府组织与国家之间的关系依旧疑惑满满、困难重重。根据有关标准对国家主权的影响不同，非政府组织对国家及政府间组

织的态度也是又爱又恨。但这种复杂情况或者这种态度的二元性并不特殊；它使非政府组织在标准制定中既扮演着政府间组织和国家的合作伙伴，又向他们施加压力。在部署这些策略时，非政府组织常常对一些特定国家采取分而治之的方法。例如，他们通常会以一个友好国家为目标，以之为工具实现自己的意图。他们也会借助这个友好国家而对那些持反对、抗拒或中立意见的国家的意图进行揣摩。比起非政府组织，各国更倾向于倾听国家意见，因此，一个非政府组织友好型国家会被用来战胜持反对意见的国家。非政府组织的这种合作方式在通过《〈禁止酷刑公约〉任择议定书》时就运行得十分顺畅。瑞士政府与地方非政府组织和知识分子就起草《禁止酷刑公约》的议定书进行合作，非政府组织要求瑞士政府将哥斯达黎加发展进来，[68]而这种利用其他国家代表议定书草案对持抗拒态度的国家进行游说的策略被多次重复使用。在联合国《人权捍卫者宣言》一事上，同样的伙伴关系策略再次出现。挪威赞成这一宣言，而它也就成为了非政府组织的关键合作伙伴，并在这一文书的最终成功中起了重要推动作用。[69]

而《儿童权利公约》的促成则有力诠释了非政府组织在采用恰当策略后能有多么成功。在这一事例中，非政府组织对伙伴关系模式进行了巧妙创新。虽然《儿童权利公约》（Convention on the Rights of the Child，CRC）的起草工作始于 1980 年，但实际上直到 1984 年，这 103
一工作才真正开始。非政府组织的插足突然启动了这项工作，这毫不奇怪。非政府组织长期关注儿童权利问题,故而对从童工到性虐待和性侵害的众多关键问题都了如指掌。一旦起草工作正式开始,整个进程就变得不那么政治化了,而是更有技术性,这一发展使非政府组织(很大程度上也是唯一一个有新想法的参与者)占了上风。[70] 1987 年通过资助非政府组织有关共同方针和策略的会议,联合国儿童基金会(United Nations Children's Fund,UNICEF)加入了 CRC 运动。[71]非政府组织与 UNICEF 这一联合国专门机构之间的合作具有开创性,并对促成 CRC 的成功具有关键作用。UNICEF 深知非政府组织有深厚的知识和实践经验,但它也知道一份儿童公约于其工作会有极大的帮助。它缺乏诸如条约之类的有效工具来支持其工作。非政府组织与 UNICEF 之间的合作关系——还有在促成 CRC 的通过过程中,非政府组织之间及其与各国之间异乎寻常的紧密关系——吸引了广泛注意。正如一位作者指出的,"国际社会普遍承认,非政府组织对这一条约有着直接或间接的影响,而这种影响在国际条约文书的起草历史中是史无前例的"。[72]

例如,非政府组织在寻求对这一条约的支持的活动方面取得了成功,而这无疑在促使许多国家更加严肃地对待草案制定上有着关键作用,同时也赋予工作组新的目标。这一点在 1987 年就更是如此,那时非政府组织团体与 UNICEF 合作,一起把联合国大会将在 1989 年通过的条约的目的何在公之于众。另外,在工作组会议期间，非政府组织的建议越来越多地由政府代表而不是非政府组织自身直接提出。[73]

但非政府组织并非总与政府间组织和谐相处。有时候，被讨论的利益问题根深蒂固，因而很容易被搁置，而这在关键战略国家的利益受到威胁或者某些商业问题会产生巨大政治影响的时候尤为明显。军事武器就是上述利益的典型代表之一。在《渥太华禁雷公约》（以前叫作《关于禁止使用、储存、生产和转让杀伤人员地雷及销毁此种武器的公约》）的起草和通过过程中，非政府组织对国家和政府间组织采取了包括负面宣传、施压、游说、最终合作在内的各种战略。 104
但非政府组织必须首先让各国注意到地雷对儿童、妇女还有毫无防备的无辜贫农带来的灾难，以此使之汗颜，从而说服这些国家。这个运动最初由红十字国际委员会发起，随后由西方国家非政府组织联盟接手，其中包括：人权医师协会以及美国越战退伍军人协会（美国）、国际助残组织（法国）、国际医疗组织（德国）以及矿井意识协会（英国）。这些国际非政府组织成为国际禁止地雷运动的核心力量，随后又有约1200个来自60个不同国家的非政府组织加入其中。[74]非政府组织的游说团体的扩张是一大妙举——这暗示了国际社会对这一条约的普遍支持。面对这样一个团体，各国不得不重新考虑各自的立场。

他们不可避免地要重新进行调整。虽然大多数国家一开始对这一运动兴致寡淡或持反对意见，但对施压、劝说、游说以及宣传地雷造成的可怕后果等策略的成熟运用使一些国家开始产生同情或相似心理，从而带头禁止地雷使用。[75]当然，对那些鲜少面临国际冲突的国家来说，这个立场转变并非难事。但各国统一立场的破裂对非政府组织来说是一个好机会。这表明，非政府组织会运用他们可用的所有战略方式来推动标准的通过。国际非政府组织也清楚，非政府组织的广泛联合对施压或推动公共关系运动意义重大。他们甚至发觉，国内的非政府组织可以向其政府施压，促使他们重新审视自己的立场。《渥太华禁雷公约》的成功实现充分表明，非政府组织能够战胜顽固的反对派国家，使之赞成被他们中许多人视为天方夜谭的条约。[76]即使拥有雄厚的财力，与政府军队有着广泛联系，国防工业也无法抵挡非政府组织对地雷的反对之声。不可思议的是，全世界都有赖于一个非公有的、非政府的志愿者组成的民间团体来挑战人类至今已知最强大的工业之一。

在面对国家时非政府组织所采用的合作或游说模式，在这些组织自己形成一个统一战线、统一意见的情况下最成功。这一策略需要原则，并且要压制非政府组织之间的竞争；想成功使用这一策略，非政府组织之间应在面对各国或政府间组织之前先形成统一战线。
105 他们意识到，团结、多元和多量会带来力量和信誉。在一个多元化的世界，取得成功还需要将所寻求标准影响最深的地区中的非政府组织包含进来。那些直接受到影响（或直面问题）的人的证言会增加可信度、提高紧迫性。简言之，非政府组织之间联盟的建立——其最广泛联系网的形成——是近期人权运动大获成功的原因。显然，有力的联盟促使 CRC 成功起草并通过。大型西方国际非政府组织有意与各国形成统一战线以向其兜售建议。各国采纳了大部分建议，并将之作为自己的方案在政府间组织提出。这种国家与非政府组织的联盟十分活跃且影响巨大，以至于一些原本有些抵触的国家也加入其中。这种广泛参与使各方都有了自主权，带来了 CRC 的巨大成功。[77]另外，一旦达成这种联盟，非政府组织就没必要再保持统一战线。其中一些组织可以联合起来争取另一个标准。他们是否要联合取决于各自的任务、资源、区域以及最重要的——所针对的标准的不同。

这些联盟和统一体在妇女权益标准制定中取得的进展令人刮目相看，这是这些组织联盟取得成功的最突出的证明。自 20 世纪 70 年代以来，由于被排除在标准制定机构之外，妇女团体在联合国内频频受挫。1985 年于内罗毕举行了第三次世界妇女大会，1995 年则于北京举行了第四次世界妇女大会，在这段时间里，女性学会了如何实现自我组织。在这 10 年间，她们极大地提高了自己的宣传技巧；她们通过核心会议组建联盟，参与联合国会议召开之前的战略部署会议，并加强与媒体和国家代表之间的联系。[78]几十年前妇女权利这个话题几乎没有任何国际关注，而如今它可以说渗透在国际事务的方方面面。妇女的关切不再是微乎其微的声音或继续被忽视——如今她们在每一项国际人权事务中都处于前沿和核心地位。这是非政府组织联合起来的力量，它甚至可以面临这个时代最棘手的问题。正如克里斯汀·辛金写到的：

> 通过直接或间接地将其代表纳入政府代表团；或间接借助增强意识的活动、深入且细致地进行草案的起草工作；也通过在国家、地区以及国际层面进行宣传工作并形成核心团体和国际联盟等手段，妇女非政府组织设法在最大限度上发挥其对外交谈判的影响。[79]

106 非政府组织与国家的捉迷藏游戏

无论是非政府组织与本国政府还是外国政府，处理非政府组织与国家的关系对双方而言都是一种平衡的艺术。任何单独一方都不可能独自在人权标准制定或实施领域取得很大的成就，也没有任何一方对另一方的意图抱有任何幻想。但双方都必须意识到彼此的依赖关系。话虽如此，这种依赖关系也不意味着这两个对手有共同的愿景，或者说其最终指向的目标一致。各国仍然代表着主权，仍然是政府间组织的主要参与者。他们认为自己是国内事务和国际法的主要行为人，有最大限度地在其司法管辖区内为人民利益行事的明确合法义务，认为自己是公民的机构。一个不能或不愿治理或保护其领土和人民的国家可能会丧失其国家地位。因此，正式制定国际人权法的是国家而非非政府组织。政府间组织传达各个国家的集体意志。他们代表国家，并决定哪个非政府机构能够与之接触。各国制定了政府间组织参与全球治理的规则和条件。因此，非政府的行为者被纳入政府间组织的审议过程，尽管这是经过各国同意的。作为一个正式组织，非政府组织只能在得到允许或根据有关条约下的权利规定参与政府间组织的审议过程。在政府间组织里，就国家与非政府参与者的关系而言，前者占上风。但毫无疑问的是，非政府组织在联合国人权标准制定中取得了前所未有的机遇和影响力。然而，尽管取得了这些成就，对政府间组织与非政府组织之间关系的进一步分析表明，这二者之间的现状更复杂——他们之间的共存关系并不稳定。他们之间像猫和老鼠，是两个互相质疑的民间敌对团体在斡旋的同时，又在寻求共同居所和一致协议。

非政府组织缺乏直接或稳定的国家访问渠道，其渠道可以在毫无预兆的情况下被封闭。在这方面，作为有治理义务的国家政府就掌握了大部分好牌。非政府组织既不是人民选出的代表，也非国际法中的关键行为者。实际上，他们有赖于国家授予其法人资格。即便是在二者最友好、温和的关系中，国家也并不乐于接受非政府组织的进步。从根本上来说，国家将非政府组织视为他们极不愿意接受的入侵者。他们认为非政府组织十分天真，并不理解治理的复杂性和必须作出的竞争抉择的艰难性。他们还认为非政府组织只沉迷于

107 单一问题。也就是说，非政府组织在不考虑其他竞争性问题的情况下只关注单一问题。非政府组织的这一目光短浅的特征被看作其短板，也是各国通常或拒绝其要求或建议的原因。但“主权”一直都是国家决策过程中的关键背景，因此，他们鲜少会接受对其主权造成极大损害的非政府组织标准。相反，他们会发现其中的漏洞或借口，通过这些来借助虚弱的执法机制以提供掩护或以搁置的方式获得宽慰。即便是在某条约存在规范或制度上的缺陷时（如《禁止酷刑公约》），各国也倾向于同意该条约的任择议定书，而非对该条约加以修订。[80]然而，各国仍然对非政府组织保持警惕，并会毫不犹豫地躲在主权的面纱下，借助他们对政府间组织的控制来限制非政府组织的影响力，反对最棘手的规范。非政府组织与国家或政府间组织的关系根据具体事宜而加强或弱化。根据标准或在讨论的规范所需成本不同，这种关系会产生摆动或保持不变。

各国保有决定非政府组织可采取的规范性文书类型的专有权利。若拟议标准威胁到国家政府，他们会通过该标准，但随后将之从“条约”改为“宣言”。实际上，他们屈服于非政府组织对某标准的要求，但又将之以宣言、决议或行动纲要的形式置于软法的位置。由于其软法的地位，各国最有可能同意《人权捍卫者宣言》和《发展权利宣言》。软法性的规范通常而言都缺乏明确的绩效目标、执行日期以及要求各国作出消耗资源的承诺。对主权和资源这两个因素的约束程度决定了国家对该规范的态度。各国都知道，通过一项条约等同于给自己的脖子套上套索。他们此后必须遵守条约，而死板的国家不会承担他们无意保留的责任。这些限制解释了为什么负责条约批准的立法机构、行政机构以及官僚会对接受某条约责任是否明智进行漫长的讨论。

在就某一标准向各国提出其统一战线之前，非政府组织也面临着许多挑战。非政府组织中的分部，尤其是地方或地缘政治部门，会有碍于标准的推进。有时候他们无法达成高度的一致，但在最重要的，甚至是意义非凡的少数非政府组织提出反对意见的情况下，拟议标准是不可能顺利实现的。国际非政府组织和地区非政府组织对此了然于心，并常常解决其中的差异和分歧。但是，由北方非政府组织负责联盟的这一阴霾一直存在。这一威胁在世界妇女大会上也有， 108
但其最大的弊端[81]也被这一历史性事件带来的欣喜和庆贺氛围所抵消。[82]这就好比人们在《人权捍卫者宣言》上产生的分歧，它也被抵消了。这个文书要求几乎所有非政府组织都保持一致，因为那些不情愿的国家会利用其中的任何分歧来破坏这一标准。必须指出，将非政府组织纳入民间团体阵营并不只是为了表面工作。非政府组织来自关注不同标准的各个领域，他们寻求的是真正的而非象征性的参与。不可否认的是，在条约起草方面，非政府组织无法保证最终成品能够反映全球民间团体的所有意见，因为在如此巨大的团体中，要满足所有要求是不可能的。但关键在于每一个组织都认为意见的采纳并不是想当然的，而是在于他们觉得自己的意见被听到了。非政府组织参与《国际刑事法院罗马规约》的谈判和起草过程就提供了深刻的经验。各非政府组织都安于自己的角色，但即便如此，各国还是收回了一些重要的条约规范。罗马当时有200个非政府组织在场，但这也没能阻止各国最终就《国际刑事法院罗马规约》进行让步妥协。[83]这说明，即便非政府组织联合起来，国家仍然能够削弱最终成果。第一，非政府组织最终会妥协是因为他们对已有结果感到心满意足，而且并不愿意将之一拖再拖。第二，他们作出让步是希望持抗拒态度的国家能够最终放弃反对意见。第三，尽管美国作出了最多的让步，但这个国家仍旧拒绝批准《国际刑事法院罗马规约》。[84]

为了提高在政府间组织里的地位，拓宽渠道，非政府组织要做的还很多。国家可以采取任何手段或计谋来限制或压制非政府组织参与标准制定。这些手段包括不将非政府组织的项目列入议程；不让他们参加某些会议；拒绝给予非政府组织代表在联合国大会上的认证资格；只给非政府组织与会人员极少的(若有)发言时间；不给他们提供参与会议的签证或旅行条件。由于国家操控着政府间组织，故而他们可以采取各种方式遏制或阻止非政府组织的参与。即便政府间组织允许非政府组织参与进来，他们也会以各种方式加以限制。他们可以将非政府组织人员安排在会议室的边缘地区，或给他们明确将之归为外部人员的通行证。近来，非政府组织能够将这些问题公之于众，但各国是否会改变还有待考察。上述行为看似微不足道，但它们的确能够挫败非政府组织，使他们

不得以采取有效运动来推进某一标准或促进某文书的通过。但非 109
政府组织也必须抵制住权力的诱惑，确保不会利用该渠道增添更
激进和变革性的议程。[85]幸运的是，联合国会议中的一些国家通常
乐于反击其他国家对议程提出的反对意见。非政府组织联盟越广
泛、越具包容性，其获得成功的机会就越大。非政府组织的成功联
合源于一个特殊现状：全球化。尽管全球化在许多地区（尤其是南
方国家）造成了破坏性后果，但它还是提高了非政府组织即时沟
通、制定策略以及组建大型的多元联盟的能力。尽管国家和政府
间组织做出了巨大努力，但它们似乎并不能扭转非政府组织在人
权标准制定领域的影响力日益上升的趋势。 110

第五章 “不足”问题

111 如今,人权运动无处不在。它跨越不同区域横向发展着,也在纵向层面上不断加深——低至最小的社会单位,高至最高级别的国际论坛。公司的会议室、城市中心或者偏远农村都有它的身影。新闻报纸的头版充斥着人权新闻。全球或地区冲突都带上了人权视角的影子。几乎所有问题都与人权层面或视角有关。没有任何一种现代语言能够像人权语言那样迷人和魅力四射。即便是那些旧的语言——如商务及文化语言——都在进行重构,以适应人权或展示其对人权的认可。[1]那么,人权这种难以抗击的力量从何而来呢?几乎所有造成人类无权的原因都可以通过人权表述清楚。与此同时,人权是一项持续进行的事业,因为人类尊严是一个不确定且不断变化的概念。尽管如此,规范(也就是标准)可算是人权运动中最重要的组成部分,因为他们是相关制度和程序的依据。由于规范在人权事业中的首要地位,其建构方式也就显得至关重要。参与者为谁?如何参与?谁不得参与?其原因为何?

规范制定中一个特有且长期存在的问题(这个问题仍然困扰着人权运动)是“不足”的问题,这种不足和差距会导致违法行为、缺陷性、无效性和排他性。在制定人权标准方面,最重要的两个缺陷存在于参与和民主方面。人权参与是否广泛且具有包容性?从实际意义上讲,在制定合法参与的理论方面存在什么可能?既然并非人人都可参与,那么问题就在于制定标准的可及性。参与者有哪些特质?他们是否代表了最广泛的兴趣、观点以及传统?参与过程是否透明、 112
民主?各国的话语权是否平等?若不是,那么原因为何?其中的差距如何才能缩小到合法水平?是否所有的非国家参与者都有机会民主参与?尤其是,有什么机制能够确保最小、最边缘化、最微弱的声音存在并能被听到?人权运动如何解决现代化、语言以及专业培训的障碍以使非西方化的基层利益相关者得以有效参与?

参与者的不足

人权运动最初的特点在于排他性,而非包容性。联合国人权运动的诞生与美国宪法草案别无二致。起草美国宪法时,一个由白人组成的排他性利益集团(其中许多成员是被奴役的非洲人的“主人”)写下了美国历史上名声赫赫的文件。为了修正严重的纰漏或者提供实质性的修改,美国宪法的修改次数多达27次,迄今为止,该宪法已经经受住了长达两个世纪的考验,而这些修正案则为它赋予了持久的合法性。人权运动中的“宪法”,即《世界人权宣言》,从其起源上来讲也同样排他。同样地,这也是基于《联合国宪章》和《世界人权宣言》基本原理的后续合约、条款和宣言,它确立了《世界人权宣言》的标志性地位。在上述情况中,初始文件的合法性都是由更多利益相关者通过补充“立法”而得以确立的。就《世界人权宣言》而言,非洲几乎没有参与度,因为几乎整个非洲大陆都被几个欧洲国家的殖民奴役所束缚。近年来,这种数量上的不足现象一直在稳步减少,联合国历次人权文件的制定工作至少已正式向其所有成员国开放。但数字只涉及数量上的缺陷,而不是实质性参与以及民主方面的差距。

这种数字在非国家参与者上的不足并不是人权运动发起时的严重问题。所谓的第三次政治自由化浪潮始于20世纪70年代末期,到20世纪末结束,它在精英阶层和基层一级释放出无数的公民能量。[2]而这一现象的结果则是民间团体在曾经忽视这一标签乃至将之定罪的国家中出现爆炸性增长。在诸如刚果共和国和捷克共和国等的多元化国家中,民间团体逐渐成为新的口号。在颇具经验的同行的指导下,新的非政府组织给“全球性民间团体”注入了新的活力和合法性。一些年轻的非政府组织在其宣传工作上已经颇为成熟。其中一些已经与南方以及北方的消费者和社会正义运动有了工作联 113
系。[3]然而，南方非政府组织数量的增加并不一定能直接给联合国带来其他有效的声音。国际宣传与合作需要耗费大量资源以进行组织、旅行以及交流，而大多数南方非政府组织都无力承担。即便他们前往日内瓦、纽约或其他规范制定处，这些非政府组织仍然属于文化上的外来者，而其中部分原因则在于联合国办事处从地理位置上来看就处于遥远的北方。

南方大部分国家的民间团体运动仍然不成熟、落后且缺乏与西方主流媒体机构或诸如联合国等国际论坛中的主要参与者的有效联系。它是否是一个属于城市的精英组织，与农村及城市贫民无过多联系，但由于其同意像扩大性取向权利等对西方资助者具有吸引力的条件而得以取得资金赞助？来自南方的非政府组织越来越善于在联合国内进行宣传游说，但他们的意见却鲜少得到注意——这并非因为他们毫无想法，而是在于他们需要掌握说客，也就是权力贩子的文化。随着南方非政府组织的日益强大，他们的声音也会更有分量。例如，印度的非政府组织就已经在参与国际论坛方面长袖善舞了，同样地，还有来自南非、肯尼亚、巴西以及其他南方更开放的国家的非政府组织。

但一些有代表性的非政府组织在更封闭的社会环境中无法发声；若允许非政府组织的存在并放任其发展，那么联合国人权论坛将会受到的影响有多大。尽管最近流行运动受到阻碍，但“阿拉伯之春”仍然发挥了阿拉伯世界的潜力，[4]而且未来几年民间团体在中东以及北非地区仍会有可预见的增长。阿拉伯世界中长期处于蛰伏状态或根本不存在的民间团体，可能会像20世纪90年代冷战结束后这些民间团体在非洲那样繁衍壮大，从而引发政权更迭的浪潮。[5]穆斯林的非政府组织（确切来说是阿拉伯的非政府组织）难以在国际人权论坛上发声，其原因在于压迫性的阿拉伯政府阻碍了阿拉伯人及穆斯林的发声渠道。但他们仍一意孤行地加以阻挠，这种倒退的行为令人难以想象。

话语权的缺失

从数量上看，南方国家在联合国大会中占据主导地位，却缺乏有效的发声，而这可以在标准制定中得到有效利用。南北方国家的划
114 分是经济意义上的，它将更工业化的国家与工业化程度稍低一些的国家区分开来。但由于超过世界人口3/4的人民都属于南方国家，自然南方在全球治理上比北方有更多的民主话语权。但是，北方国家仍然掌控着联合国人权规则制定机构以及其他国际关系指标。造成这种不平衡的首要原因是捐助国或资本输出国在国际组织中有不成比例的发言权。例如，北方国家尤其是美国和欧洲国家掌控着世

界银行、国际货币基金组织和WTO。没有一个主要的世界组织受控于南方或者南方国家。南方各国的确在联合国大会中占多数地位,但这个机构无权作出关键决定,它只具有道德权威,也就只能给南方各国提供一个被霸凌的平台。相反,独立的联合国安理会在全球舞台上掌权,其5个常任理事国包括美国、法国、英国、俄罗斯以及中国。安理会的决议具有约束力且能够授权对其他国家采取军事行动。总体而言,其前3名成员(美国、英国和法国)历来在安理会中占有一席之地,而中国和俄罗斯很少集结安理会主动采取行动。英国、美国和法国普遍借助该平台来推行自己的外交政策以获取利益,但它们对全球治理机构的影响和掌控并不局限于安理会。北方国家“占有”全球治理机构的意识渗入这些机构本身。英美两国对联合国安理会的主导作用在1991年及2002年对伊拉克的系列战争上体现得淋漓尽致。[6]2011年,当安理会作出看似保护利比亚人民不受其政府军影响的决议时,俄罗斯和中国表示同意,但最后却发现法国、美国、英国3国只将之视为政权更迭的平台。[7]他们的行为更像是该决议允许他们武装反叛分子并将矛头对准卡扎菲及其盟友。

拥有帝国历史的国家,如法国、英国及美国,均毫不犹豫地利用联合国作为其外衣,从而在世界范围内推行其政策。这3个国家的主导地位极大削弱了联合国的可靠性及道德特征。美国掌权的部分原因在于它一直是联合国的最大财政来源。联合国的会费是依据各国的国内生产总值来收取的,而美国,由于其国民生产总值最大,故而会支付最高的会费，这也就赋予美国在联合国中的潜在权力。总体而言，这种权力的不对称性使北方国家可将自己的意志施加给政府间组织。[8]《〈禁止酷刑公约〉任择议定书》就是这一事实的绝妙实例之一。许多南方国家自然会对这一议定书持反对意见，因为它主
115 要针对的就是各南方国家。但这一议定书（即便美国持反对意见）仍然被通过了，这仅仅是因为欧洲及拉丁美洲各国对之加以支持。[9]若非欧洲的支持，该议定书便不会面世。同样地，《人权捍卫者宣言》能够通过，以挪威为首的大部分欧洲国家功不可没。

南方国家还受其他复杂但有关联的问题的困扰。大部分南方国家的代表团在人权、国际法及相关领域缺乏足够的专业知识。这些因素一起导致代表团缺乏充足的准备，于是不能或者不愿有效陈述其立场。[10]它们的无能是其经济落后的直接后果，但同时也是治理不善、缺乏协调一致的外交政策等因素造成的。殖民剥削残留的影响以及不公正的国际经济秩序仍是这些国家发展的阻碍。相反，大部分南方国家的言辞高尚但空洞，无法进行认真的分析或者用法律语言将问题表述出来。[11]另外，许多南方国家对人权的非政府组织持怀疑态度，而且并不总是热忱地与之保持联系，这一点与它们的北方同行大相径庭。这种敌意同时延伸到国内以及国际的非政府组织。它们常常对非政府组织进行空洞且令人难以置信的攻击，这暗示出它们的伪善和不良意图。这些南方国家也不常向人权专家寻求建议。[12]因此，它们便鲜少从非政府组织提供的有效帮助以及专业知识中获

利，这就使它们与北方各国相比处于一个更不利的地位；因为后者的经验丰富的专家常常会促使非政府组织的渠道更加开放，以便更好地利用其提供的专业知识和建议。瑞士政府在支持《〈禁止酷刑公约〉任择议定书》时充分展示了政府、知识分子和非政府组织是如何成功地利用资源和技能来推动议程的。[13]像瑞士一样，北方团体在借助专业学者和智库方面也更得心应手，这使它们更具创新思维。

来自南方国家的参与不足是结构及其自身造成的缺陷共同带来的结果。尽管短期内这些国家无法改变国际秩序中根深蒂固的地缘政治扭曲，但他们仍可以采取一些措施以使自己在国际机构中成为更有效的参与者。为了创建更有责任的国家以便发挥其社会创造潜 116
力，它们可以改写其内部法律、政治以及社会秩序。这包含提供足够的自由空间和有利于民间团体发展运作的有利环境。[14]比如，在2010年8月，肯尼亚用历史性的公投方式通过了新的宪法。这部耗时20年的宪法是由民间团体启发、资助和领导的。[15]民间团体组织领导了反腐败运动，并成立了真相委员会来调查历史上的不公正现象。即使是过去历史上的腐败和无效司法也受到了民间团体的关注。威利·穆通加是肯尼亚人权委员会的创始人和前任执行委员，被视为肯尼亚人权运动之父，他击败经验老成的法官而被委任为首席大法官和最高法院院长，[16]于司法部门发起了意义深远的改革。随着改革的日益增多，非政府组织将在国内发挥更积极的作用，进一步帮助解决南方国家参与不足的问题。

为了发展、形成民主、公开和普适的治理办法，南方国家应让地方非政府组织与学者参与国家及其机构的建设。比起委派毫无经验的亲信或论坛专家，尽力发掘优秀的知识分子显得更适宜。南方的一些国家，如哥斯达黎加和塞内加尔，长期以来一直在与民间团体和各大学合作，从中寻求人员及工作上的帮助以提升其国际事务。[17]因此，上述两个国家成为有效的国际参与者就显得理所应当了。多年来，其国民在联合国及其他非政府组织中担任要职，其中包括联合国教科文组织、卢旺达国际刑事法庭和人权委员会等。

国际非政府组织善于宣传人权标准及推行其实施。尤其是大赦国际和人权观察，这两个机构已经成为政府间组织标准制定的主要领导者。一般而言，若无大赦国际及人权观察的支持或首肯，制定一项新标准的尝试很难在短时间内取得成功。没有任何一个来自南方的非政府组织有如此高的地位，但这一点有可能会发生变化；因为随着一些南方非政府组织的首脑与国际主要非政府组织有了合作——如大赦国际的前任秘书长艾琳·汗——他们会希望建立基于南方各国的国际非政府组织。随着全球经济重心南移，这种情况就越发有可能出现。[18]地区及国内非政府组织与国际非政府组织之间存在不合理的分工，其中后者负责国际人权事宜，即启发和领导非政府组织在政府间组织的工作，而前者则重点关注本土的人权问题或者只是一个向政府间组织提供信息的渠道。因此，即便南方的非政府组织在政府间组织中日益活跃,相对而言,他们仍然属于前者。这种分裂延续了南方非政府组织的不足,与此同时,它也进一步巩固了国际 117
非政府组织的特权地位。美国的人权倡导者拉里·考克斯谴责了南方非政府组织和西方国际非政府组织之间这种不平衡的关系。他指出:

> 问题在于……国际事务仍大部分掌握在位于北方的各团体手中。而南方的团体仍主要被视为国内合作伙伴或是受到国际工作者保护的“人权维护者”。西欧国家或美国以外的团体只能在很有限的程度上设立人权事务议程,甚至是鲜少可能作为平等伙伴去影响国际团体做出的策略。要改变这一点,就需要资助者或非政府组织在旅行、洽谈以及对旧的模式进行改革上耗费比目前更大的投入。[19]

国际非政府组织和地方及国内非政府组织之间的新动态在过去10年中一直在发展。由于南方各国的地方非政府组织已日趋成熟——并作为独立参与者实现了自身的价值——国际非政府组织开始重新调整自己的立场。北方的一些资助者和慈善家,如纽约福特基金会,已经开始向国际非政府组织施加压力,以促使其与地方非政府组织合作。这种施压现象的一个例子就是,当某地方非政府组织有能力解决某事务时,慈善机构便不愿资助国际非政府组织在南方地区独自进行该项工作。这对更依托大资助者的国际非政府组织而言损伤不小。但就更依靠私人捐赠者的组织而言，这种现象带来的影响甚微。出于这样或那样的原因，国际非政府组织近来加大了与南方非政府组织建立联盟和合作联系的力度，他们认为这种联盟为其工作提供了更多的合法性。这些联盟在有关全球化、地雷以及妇女权利问题的标准运动中得到了发展。[20]他们所具有的包容性并不是为了给南方的非政府组织赋权，而是为了强化非政府组织的话语权。正如一位评论家所说的，“这种联盟的形成可能会带来单一的、也因此更有力的非政府组织声音，但这也掩盖了这些联盟内部存在的深刻分歧”。[21]出于联盟的这个目标，其差异可能会缩小，或者南方非政府组织的不同意见可能会被压制，从而使一个看似一致的全球性民间团体得以形成，这对争取妇女权利而言是一个问题。南方非政府组织指出，北方在人权标准制定领域占据主要地位的同行们不愿意
118 处理南方相关问题，[22]这造成了北方女性问题得到解决而南方女性问题被忽视的普遍现象。

这种差异与北方女权运动中的分裂有所不同。比如，在美国，有色人种的女性长期以来坚称其特殊需求在白人女性主导的主流女权运动中被忽视了，或是被湮没了。一项关于国际非政府组织与地方非政府组织关系的研究恰好揭示了南北关系中的这种鸿沟：

> 这种观点出现在关于人们对非政府组织看法的调查中，其中70%的受访者对大型白人英语非政府组织的主导地位表示担忧。有

调查是这样总结的：尽管民间团体有着明显的开放结构……但“种族主义、性别歧视以及殖民主义的偏见仍然存在”。对先前权力不足的那些组织的潜在权利而言，增加其代表性是合乎情理的，但是必须明确此举的真正受益方是谁。[23]

除国家、国际和地方非政府组织外，世界上其他参与人权标准制定的还包括来自学界（如知名学者和法学家、政策智库）的个人和机构，以及媒体。同样地，南方国家的学界和媒体都缺乏有力的声音。一直以来，南方大学因资源问题、政府控制以及人才向北方流失而倍感压力。独立思想家和作家在人权运动中的影响力不容小觑，但大部分知名思想家都居于北方，即便他们的写作视角是基于南方的。南方很少有媒体公司拥有和北方同行相媲美的全球影响力。因此，对南方的报道很大程度上受到北方媒体的超常影响。例如，西方白人媒体对非洲的报道常常聚焦灾难和绝望。例如，西方媒体对非洲的报道带有偏见——他们将之描述为野蛮、不文明、不民主、残酷、悲惨和没有希望的地方。[24]鲜有关于南方诸多问题的复杂而准确的报道。无论有意或无意，西方的报道压制了南方权利，并剥夺了南方有效参与准则制定和实施的潜力。这些描述完全忽略了更广泛、更普遍且活力十足的发展现状，例如，最近的民主化浪潮或自 2000 年以来的巨大经济增长。[25]尽管媒体并不是准则制定的直接参与者，但某特定事件所拥有的关注度可能会使其受到优先考虑。故而，来自南

119 方的那些存在感极低的媒体就无法有效参与全球议程制定,亦不能激发更广泛的参与性。一个典型的例子就是媒体对 20 世纪 90 年代中期南斯拉夫和卢旺达的种族灭绝事件的报道,这是一个使大国蒙羞并推动他们建立战争罪法庭的焦点。尽管在两起案件中,媒体在鼓动国际愤慨和采取措施方面起着关键性作用,但卢旺达事件却被视为“可怕,但因为非洲部落间的敌意而难以避免”的事件。相反,由于这种暴行在“欧洲的心脏”是难以容忍的,故而南斯拉夫的事件得到了更迅速的解决。大部分资源都用于南斯拉夫问题国际刑事法庭,而卢旺达国际刑事法庭则是事后才设立的,并且还被归入“其他法庭”的地位。虽然这中间有不公存在,但这两起案件都打破了建立常设国际刑事法庭的惯例。

民主缺陷

在政府间组织中,参与不足与民主缺陷紧密相联,这一点在联合国中显得尤为明显。第二次世界大战后的秩序无疑是以战胜者的利益为前提的。但是,当《联合国宪章》将联合国安理会(联合国的关键权力机构)作为五大国的高档俱乐部时,它就模糊了主权平等的原则。根据《联合国宪章》,第二次世界大战后的新秩序承诺“重申对基本人权、个人尊严和价值、男女平等以及大小国家之间的平等权利的信念”。[26]但一谈及安理会问题，联合国宪章提出的主权平等就变得模棱两可起来。这是联合国关键的、最有权力的部门，但迄今为止都一直是五大强国的私家俱乐部，[27]第二次世界大战后的世界新秩序无疑是建立在维护胜利者利益的基础之上的。但更重要的是，它重启了欧洲统治全球的计划，只是这一次是以美国为主导的。由于战争摧残了欧洲，美国一跃而起成为全球领导者。尽管联合国比先前的任何一个国际组织更民主，它依然只是美国及西欧国家的“仆人”。这个由英美主导的全球秩序最终在 1991 年战胜了其唯一可能的挑战者——苏联。但是，作为同盟国力量的象征，最具联合国民主特征的联合国大会只拥有提议权，这实际上是将之变为橡皮印那样没有实质性权利的委员会。[28]如此一来，民主——这个看似促成联合国建成的高尚理想——也颇具讽刺意味地成了其首当其冲的牺牲品。

联合国创始人通过只赋予安理会实权（只有其 5 名成员享有的否决权）来调和国家间的司法平等与联合国大会权力的削弱之间存在的明显矛盾，这一做法成为当代最堂而皇之的虚伪做派之一。它 120
也面临着日益增多的质疑和攻击。[29]诚如何塞·阿尔瓦雷斯所写，联合国面临着彻底重组以解决其内部民主不足问题的压力。[30]但目前为止，除了一些报告和建议以外，联合国尚没有实质性的变革。联合国的内部结构放在如今已经过时了。

安理会是由美国、英国和法国这 3 个西方国家主导的。[31]各国在联合国谈判中的有效权力根据其财富、军事力量、国家规模和地理位置来度量。这些因素决定了各国的影响力，各国可以将之加以配置以推行其在联合国内的利益。如此一来，美国与欧盟各国主导了联合国，尽管一些大的政治力量诸如中国、印度、南非以及巴西等国也在寻求，有时候也取得了更大的影响力。但是，近来的提议只是力图给更具地区代表性的全球性力量赋予否决权，而不是对这种陈旧的等级秩序进行根本性变革。还有一些提议将安理会规模加以扩大，而不是将之废弃——它应将印度、德国、巴西、日本以及1～2个南非国家、尼日利亚或者埃及纳入其中。这些国家的战略重要性将成为衡量他们能否成为新成员的标准。有说法声称这种规模上的扩大能够使安理会重新具有合法性。但是，这种逻辑只能说明联合国内部各国之间的不平等，也说明在联合国中，其决策权并非倚仗于民主原则，而是在于经济实力、军事力量以及全球影响力。这种理由有违民主原则并废除了国际法的基本原则。[32]

一直以来，许多非洲、中东以及亚洲国家都被认为是对人权兴致寡淡，甚至是对侵入性人权标准和机制持反对态度的。人们认为他们在标准制定机构中的意见——尤以在公民权利和政治权利领域为代表——通常是无益或有碍的。虽然刻板印象仍旧存在，但南方国家的形象正在发生改变。南方的许多国家，如哥斯达黎加、塞内加尔、南非、加勒比地区的国家以及几乎所有的中南美洲国家，如今更倾向于支持或启动新的人权标准。在南撒哈拉地区，这样的国家也在逐渐增多。这种转变是许多国家更开放和民主的政策带来的直接结果。在非洲,比如,南非作为人权准则的倡导者,就发挥了领导作用。2011 年 6 月,人权理事会通过一项有关同性恋权利的决议,该决议禁止因性取向不同而针对个人的歧视和暴力行为;这应是其领导力的最好证明。它是世界上首个对性取向加以保护的国家之一,早在 1996 年的《南非共和国宪法》中就已加以规定;2006 年的《民事结 121
合法》使它成为非洲首个同性婚姻合法化的国家。2005 年,由南非宪法法院裁决的“内政部部长及其他诉傅立叶及其他”一案,[33]使立法机关有一年的时间使同性婚姻合法化。但是,这其中也有相反的事例。比如,2013 年乌干达议会通过的《反同性恋法案》。该法案于 2009 年首次提出,旨在扩大对同性恋者的刑罚,其中包括对同性恋行为处以终身监禁。[34]

然而,结构上的差异很难得到弥合。北方和南方国家的联盟各自都有其局限性。意识形态上的限制以及历史的畸形都使其饱受困扰。只有当南方国家支持或发起符合北方国家利益及其法律传统的人权标准时,他们似乎才会在政府间组织有更大的民主空间。这或许可以解释为什么南非在处理性倾向问题时受到如此广泛的欢迎。针对全球秩序上经济不平等而作的标准并没有取得同等的成功。由于北方诸国的强烈反对,诸如“新国际经济秩序”的努力纷纷告终。同样地,始于 2001 年的 WTO 多哈回合谈判也被叫停,其原因在于北方各国认为这种方式剥夺了他们在全球经济中的优势。其要点包括发达国家对农业补贴的坚持。南方国家也缺乏资助。有些国家仍然不具有民主特性，也不具有社会代表性，故而他们难以在政府间组织中推进或传达其人民的民主愿望。这加剧了民主缺陷，使传统上被边缘化的南方国家难以成为政府间组织中更有效的参与者。在民主时代，不屈服于人民普遍意愿的国家在国际上的影响力减弱。

非政府行为者，尤其是非政府组织，其在政府间组织工作的背景下也陷入了与民主缺陷有关的难题。非政府组织的性质是这个问题的核心，因为由他们参与政府间组织的标准制定并不一定能够解决民主问题带来的挑战，或者确保透明、民主以及具有普遍代表性的决策制定。非政府组织常常推翻民主，甚至是故意为之；因为从本质上来说，非政府组织并不具有普遍代表性。他们是自封的，由只决定组织议程和事项的个人或精英团体领导。同样，他们通常并不是通过选举产生的，也不会实行内部或机构民主或提高透明度。[35] 即便那些像大赦国际一样看似以会员制为基础的非政府组织，实际上也十分不民主。他们的不透明源于其内部管理结构的问题，他们更支持拥
122 有大量会员的国家，如美国以及一些欧洲国家。大赦国际的最高决策机构——国际理事会和国际执行委员会——均由大型政治力量主导，也就是美国、英国、荷兰、加拿大、法国、德国以及其他几个欧洲国家。其投票权根据成员大小分配。毋庸置疑，人口数量最大的国家拥有最大的会员资格，进而也就掌握了投票权。实际上，这个机构并不是像它宣称的那样是一个民主的组织，因为其投票权是和财富挂

钩的。这种情况短时间内不会有大的改变,因为这是与北方各国一致的部分,改变它意味着对系统的改变。人权观察不是一个民主的组织,但它也没有自称民主。其董事会依据各自的专业知识和潜力选出,他们很大程度上能够执行董事命令而又不提供任何有意义的监督。因此,人权观察在很大程度上是自我监督,仅受其大型资助者和对人权应有的忠诚约束。

这一问题并不只限于国际非政府组织中。国内的非政府组织往往自称为国内民众意见的发声者。[36]他们口中的正义热情掩盖了其缺乏合法性的事实,因为基本上所有的非政府组织都无权享有代表权。其主张的合法性的唯一依据应当是其自述的声明、使命以及目标,甚至其书面授权和章程都不能有任何民主代表性。此外,许多非政府组织由私人运营;其他的则是由家族掌舵。另一些则是为了国家或其他利益而运行的。但非政府组织却将自己包装成国民良心的代表。在许多情况下,尤其是政府法令难以提供有效服务或保护时,非政府组织则广受欢迎,因为他们的存在填补了这一空白。故而,在政府不能或不愿履行国家职能的国家中,非政府组织是不可或缺的。这时,非政府组织就更像是一个服务提供者,而不是一个游说组织了。其服务涵盖经济或社会权利或者是赋予公民权利。国家和政府间组织已经向非政府组织作出让步,增加其并不现实的宣言——它们是人民的发声者——的可信度。与国内非政府组织一样,国际非政府组织也填补了国家无法或不愿意有效参与标准制定和规范实施的空白。即便是那些在标准制定舞台上拥有至高无上地位的国家，实际上也通过将非政府组织视为国际治理事务上的伙伴而赋予其合法性。一位加拿大官员在谈到《渥太华禁雷公约》时指出，国际非政府组织“一直以来都坚称政府属于人民，且必须对人民的希冀、要求
123 和理想作出回应”，这一观点就恰恰证实了这一点。[37]他的观点确认了非政府组织的存在对提醒并推进国家履行对公民的义务有很大的必要性。

一些活跃在政府间组织舞台上的国际非政府组织十分乐意被贴上“国际民间团体”或者“全球民间团体”的标签；这些术语意味着一个更有代表性、多样性以及更有基层意义的国内非政府组织。这些标签具有误导性，而这种误导则正是他们的交易对象。比起关注他们自身的不足，他们更愿意人们去关注这个国家的不足。他们从来没有成为指责的对象，相反，国家和政府间组织则往往是众矢之的。但所谓的国际民间团体对国际非政府组织来说并不是一个可取的术语，因为诚如肯尼斯·安德森所言，国际非政府组织只是“国际精英之间谈论他们所在意的至关重要的事宜时使用的一个工具而已”。[38]这种对话是横向的，而非纵向的。安德森强调，这种横向对话是国际非政府组织与政府间组织的一种浪漫关系，它“至少在使世界变得更好上面有着至关重要的作用，但它并不能减少民主上的缺陷”。[39]但这是否太过愤世嫉俗？如果人们意识到真正强大的国际非政府组织与其所掌握的巨大力量相比有多么狭隘和偏颇，那这就不是愤世嫉

俗。“国际民间团体”可谓是与“国际社区”无异的空心环。后者在某种程度上意味着北方最强大的国家，它们随时随地决定着什么是重要事宜，而这些国家主要以美国为首。打着“国际社区”的幌子从而使西方国家的利益合法化。跟这些国家一样，国际非政府组织也在“国际民间团体”的遮羞布下玩着同样的把戏。大赦国际和人权观察尤其想将自己包装成诠释国际民间团体含义的组织。其底线在于，国际非政府组织是缺乏合法民主的有效团体。这一限制并没有减弱国际非政府组织所做工作的重要性，甚至是合法性，但其工作的合法性并不能确立该组织本身的合法性。安德森进一步指出了这一合法性的不足：

> 这种政府间组织意欲寻求其支持的更为典型的非政府组织与“人权观察”的模式更为相似，这类组织相对较小，具有很强的专业性，完全由精英掌控并且由西方民主国家的基金会富有人士资助，且其基础完全建立在国际精英之上。这并不是要诋毁人权观察及其所
> 做的重要工作，而是说明其合法性并不是建立在民众之间的民主基 124
> 础上，而是在于其对自认为国际人权概念的忠诚上的。[40]

这种忠诚度能够产生什么合法性？谁能十分肯定地说某国际非政府组织，如人权观察，是真正忠实于人权主体的？如果的确如此，这样的说法也已经因为人权观察拒绝接受经济和社会权利而受到质

疑。他们对人权的选择性宣传是否会剥夺其对人权主题的忠实性，并由此削弱其合法性？为什么国际非政府组织惧怕更高的民主度？这种抗拒意义重大因为他们对南方广大民众有着深远的影响。在没有任何问责制(尤其是来自“受益人”的问责)的情况下他们也能“做得很好”，这一点能够让人接受吗？换句话说，国际非政府组织，如人权观察，只对自己及其北方资助者负责是否就足够了？现代废奴主义，尤其是在存有如此多可以用来弥补不足的民主手段的情况下，是否可取？还是说，对民主的沉湎会弱化其有效性？大赦国际有着与人权观察相似的问题：其“成员主要来自富裕国家，而且即便是在这些国家中，其成员也应受过教育、至少应是中产阶级”。[41] 比起贫穷、相对欠缺经验的南方非政府组织，政府间组织更支持像人权观察那样富有、专家主导、高度专业化且权力更大的国际非政府组织；但是，前者与人民的联系更紧密。

语言：风格、内容与实施

标准(其制定与实施)都与语言有关。法律是社会具有约束力的规则的最高表现形式，它依词汇的选择和意义而定。因此，关于人权标准的协商实际上为法律意义上的争论。一旦某人权准则被采用，其利益相关者便知道，自此以后不遵从该准则的可能性就会大大减少，也不太有可能对该准则加以修改，即便有，也只是一种可能性而已。这种颇具戏剧性的断层解释了为何人们广泛支持人权中的约束性规范。[42]与立法机构定期修改、废除或反复提供补充立法的国内法不同，国际人权准则一旦被采用，就是板上钉钉、难以改变的了。理想的做法是寻找一种国家可以接受、觉得有义务实行的，同时还能将各国主权成本降到最低的手段。否则洽谈的风险很高，因为对非政府组织、国家、受害者以及其他利益相关者来说，其成本通常较高。

由于人权观念的道德力量，对标准语言的争夺很激烈。这种竞 125
争如此激烈，以至于国家对标准的反对通常是借助法律外衣作出的。比如，各国可能会认为执行人权标准的资源不足，或者他们可能声称国内法已经解决了这一问题。有时候，一些国家会直接提出主权问题，认为某特定条款因其侵入性而于其主权有害。但要预测出哪些国家会提出反对意见也并不困难。[43]而美国的反对意见通常很有技巧性，往往是基于其联邦及宪法制度的“复杂性”。但是，要看穿美国的这些借口也十分容易。美国曾试图以费用问题为其反对《〈禁止酷刑公约〉任择议定书（草案）》的幌子，但没有人被其蒙蔽。如果美国这个世界上最富裕的国家都无法调集足够的资源来推行《〈禁止酷刑公约〉任择议定书》，那还有谁能做到？当公然拒绝人权标准已经是一种政治错误的时候，许多不民主、专制但贫困的国家则以缺乏资源和训练有素的人员来实施人权措施为其借口。一边是国家以及政府间组织，另一边是非政府组织，这两者通常有相互交叉的目的。前者更乐于接纳软法、约束力不强的规定，而后者则希望通过确立明确、有约束力且有效的手段来使人权标准的影响力最大化。非政府组织渴求更多的问责，而国家则不然。

措辞的力量以及它被用来提升或消除某规范的不同方式在发展权的斗争上体现得淋漓尽致。其命运强调了各国和政府间组织不愿意为强制性规范制定明确、有力和清晰的语言。《世界人权宣言》指的是一种能够实现其所指权利的国际秩序。[44]发展权的支持者们依赖于这些总则，将之视为其道德和法律基础。尽管有人提出了在解决经济和社会问题上国际团结的必要，但《联合国宪章》或《世界人权宣言》中并没有明确指出发展权的特殊性和发展方向。[45]也许一种可能的解释是，《世界人权宣言》中的所有权利、《联合国宪章》中的条款（包括其序言及其项下涉及的人权）暗示着一种“发展权利”。在这种权利缺席的情况下，这些措施企图达到的崇高和人文目标能够实现吗？一个充满悲惨、瘟疫和无知的世界（这是发展不足的表现）的存在是对《联合国宪章》及其后的人权条款的嘲讽。

1977 年联合国人权委员会承认了发展权，此后，许多大国、政府间组织、国际金融机构、学术界，甚至是许多人权活动家均对此提出
126 质疑。有说服力的、明确并可信的语言的缺乏使有关这一权利的探讨被边缘化。[46]除了政府间组织作出的许多报告之外，关于这一权利的含义及其实际后果并未达成一致。尽管存在这些缺陷，联合国依旧在 1986 年通过了《发展权利宣言》，并在 1993 年的世界人权会议

上予以进一步确认。但是,这一宣言的用语十分夸张且含混不清,这对那些希望将发展权变为现实的倡导者来说毫无裨益。除非将规范明确分解为不同部分、明确其中的义务和权利,并在国家层面确定实施路径,否则规范就无法奏效。正是这些因素使发展权的效力微乎其微。[47]发展权缺乏简明的法律语言并不是智慧的失败,相反,这是各国拒绝接受影响深远的义务的后果。

若是使用得当,不致使各国认为是在创建新的义务或法律,语言就可以是标准制定者们的有效盟友。《指导原则》是对语言精妙之处的最好诠释。国家和政府间组织纷纷接受这一指导原则意味着它是用这些国家和组织可以接受的语言写成的。值得重申的是,这一指导原则不是一个公告或某一决议,从技术上讲,它并不构成软法(尽管如今这些原则由于广泛为利益相关者所接受而具有了同等的地位),很大程度上其原因在于,该原则既不是国家协商的结果,也并非源于某政府间组织,故而缺乏由共识或采纳得来的权威。[48]但是,由于情况趋同,这种权威可以事后获得。在某种意义上,该指导原则是多余的,故而并不会对国家造成真正意义上的威胁。有些人将之视为现行法律的一个适用指导。[49]沃尔特·卡林对该文件持矛盾态度,并对《指导原则》是否有效的问题兴趣更甚。他认为,重要的不是其形式(考虑到其诞生的具体情况),而是它是否能够推进人权运动的发展,减少困苦。如我们所见,他对人权文本持结果导向观,即他是一个结果主义者。关键问题是,这一措施是否真的能有作用?对卡林来说，一项措施是否采用法律语言、法律形式，还是套上了别的形式，都无关紧要：

> 对待流离失所者的规范性框架是否是或是否成为现实更多的取
> 127 决于对这一指导原则的接纳度和采用情况，而不是“法律形式”。当这一原则取得权威地位时，即便它并非硬法，它也已经成为一项硬性标准。[50]

语言能在某条约的协商和起草过程中制造障碍，这一点在《人权捍卫者宣言》中很明显。对于那些受困于来自华盛顿、伦敦以及其他强大首都的西方领导者的威胁中的南方国家来说，这一宣言可视为消除其主权的另一武器。该宣言的措辞表明，人权维护者——个人和非政府组织——不受领土边界或其他国家障碍的限制。与其他人权文书一样，这个宣言有着普遍的野心，但正如一些南方国家所见，这种野心承载着帝国的蓝图。一些国家认为，该宣言赋予人权活动家在任何地点、任何时间、与任何个人或组织联合起来插手人权事务的权力，只要他们意在“提升”或“保护”人权。其中的一些担忧可能听起来有些空洞，那些由存在腐败以及虐待现象的国家提出的担忧显得尤其如此。但是，对新殖民主义控制以及对南方国家主权侵犯的担忧并非空穴来风。

不难看出这一宣言在一些国家引起如此巨大的恐慌的原因。在

过去的100年里,各国一直在避开超越其控制的力量。其中一些来
自直接对国家权力有所裨益(但也会有所压缩)的部门。此处有两个
显著的例子。首先就是政府间组织的文书。政府间组织是国际法的
最新发展成果,而联合国则是其中代表性最强的一个。但是,一些政
府间组织变得更强大。欧盟在过去几十年里极大地侵犯了欧洲各国
的主权,它极大地剥夺了这些国家的自由裁量权。即使是欧洲的一
些国内法律程序现在也受到欧洲人权法院等泛欧机构的监督或撤
销。例如,欧洲理事会的成员国均不得作出死刑的判决。WTO这一
最新的政府间组织,也许业已成为世界上最有影响力的主体。它推
行促进由自由市场竞争支配的单一全球性市场的原则,通过这一原
则,它极大地削弱了各国自主管理其经济的主权。相反,WTO使每
一个国家都面向全球资本。私营企业对国家的影响巨大,它可以要
求有利待遇来换取投资,而这正是国家迫切需要的。这种杠杆常常
导致各国将其主权的某些方面归于或者让步于大型跨国公司。也许
就是在这种情况下,对一些入侵性的人权准则(如《人权捍卫者宣 128
言》)的抵制应予以重视。尽管各国认为用其主权的重要部分换取商
业机会能带来直接的利益,但他们还是并不认为让非政府组织插手
自己长久以来管理的事务有什么相应的益处。就各国而言,其区别
在于非政府组织不能创造财富或促进经济增长。相反,各国将地方
非政府组织,尤其是国际非政府组织与负面宣传相联系。对他们来
说,来自地方或国际非政府组织的负面关注会使外来投资对本国望

而却步，使该国被描述成十分贫贱的所在。

《〈禁止酷刑公约〉任择议定书》的起草阐明了各国对强加新责任以及建立极具侵入性和高度监察性的机制的反感。起初，该议定书的起草是为了弥补酷刑委员会遗留的漏洞并对委员会成立之时未能预料到的问题作出回应，尤其是在其责任强化方面。该议定书明确指出，各国有义务采取清晰、明确以及可查的措施以杜绝酷刑，这一义务是难以规避的。联合国大会于 2002 年通过该议定书，2006 年开始生效。尽管它并非强制性法令，2013 年 2 月 22 日仍旧有 72 个国家签署该文书并在 67 个国家中得到批准。[51]签署和批准该文书的国家如此之多，表明许多国家认为自己能够遵守该条约，尽管它具有一定的侵入性。但是，在该议定书的谈判上所花费的时间，未能协商一致而使之得以实施以及大量国家在投票时选择反对或者弃权的事实，均暗示着议定书的措辞对一些国家来说是个问题。

一项文书的措辞是一个国家意图的最好说明。对标准制定语言的分析表明，即便某文书得到国家或政府间组织的有力支持，其措辞与该文书的履行或推行方式仍存有某种联系。无论文书的主题为何，每个国家关于措辞的本质并无异议。其中一个典型例子就是《消除对妇女一切形式歧视公约》及其委员会，这个雄心勃勃的文书却与一个软弱的条约机构捆绑在一起。作为一个条约，人们通常认为《消除对妇女一切形式歧视公约》具有潜在的变革性，它直面根深蒂固的禁忌、传统和习俗,而这些往往是歧视、边缘化妇女以及将她们从公共事务中排斥在外的因素。从这个公约来看,对性别不平等进行辩护是不可能的。它对国家和社会的要求再简单不过——采取一切必要模式消除对妇女的不平等待遇。在此工作中,该公约并没有置私人领域于不顾。社会中的每一个机构(无论是公共的,还是私人的)都必须消除对女性的厌恶与歧视。该公约力图寻找解决两性不平等问题的规范和方案。然而,这项有力公约却没有一个强有力的监督机构。各国要么惧怕这种对根深蒂固的践踏妇女权益的传统进行的激进改革会对国内政治或文化造成冲击,要么就是虚伪地予以支持,并以一个无实权的委员会将其削弱。但他们有其他选择。条约机构中相对的或潜在的强大功能或许可以为避免对国家的深入渗透提供选择。这种惯例的唯一例外是《儿童权利公约》,它有一个有效、创新、激进且开放的委员会对之加以监督。[52]委员会和这项文书的双重配对使《儿童权利公约》的成功远超其赞助国的期望。[53]也许它突破了陈规,因为它是唯一由非政府组织经手完成的人权文书。也许是因为除了教育、营养和医疗保健的额外费用之外,儿童并不会对国家造成严重威胁。否则,国家几乎总是会选择空洞的、高度夸张的且没有实质性措施的人权文书。 129

了解联合国机构及规则制定

学术界普遍认为,联合国中负责监督和执行人权标准的机构大部分(若非完全无能的话)都是无效的,[54]这些机构也常常受到受害者及其倡导者的指控。事实上,一些思想家几乎完全否定国家法律的有效性。[55]可以理解的是,受害者寻求正义,而对处境艰难的村民、农民或者困难重重的人权倡导者来说,联合国甚至有可能都不存在。这些受害者中的大部分并没有直接访问或参与联合国机制的渠道。出于程序上的阻碍以及无休止的拖延,即便他们去尝试了,其作用也微乎其微。

但是,尽管存在诸多令人失望的地方,这个世界如今仍然有推行人权的坚实框架。在 60 年前,人权标准以及依附于它的联合国机构的普及度是无法想象的。如今,不将规范的人权制度在《联合国宪章》及各大条约机构中制度化也同样难以想象。这些机构的缺席会使国家政府自行监督并决定如何推行人权标准。从理论上来看,有人会说国家可以一试,但是实际上,这些国家很可能会违背承诺并放弃执行。[56]故而,国家层面的民间组织和国内非政府组织以及国际层
130 面的政府间组织和非政府组织的存在是必要的,它们能推进、监督、劝导并鼓励各国履行各自的人权义务。简言之,人权规范只有依附

于组织机构才有意义。在法律上,规范适用于法院或法律体制环境下的事实,而这种适用则在国内法庭中确立了罪责或责任。联合国人权机构曾试图在规范和事实之间重建这种关系。这些机构可以是审议性的、司法的或具有部分司法权的。但由于联合国涉及的是全球事务,其人权机构不可能听取每一个人权诉求。相反,它们旨在发展法理学,指导国家。正是这些明显的限制使受害人沮丧不已。

规范与机构之间的固有联系意味着,人权标准所依附的联合国机构本身就是标准制定的一部分。这些标准并非是在没有考虑到如何实施、推行和实行的抽象情况下设立的。与编写国内法的同行们类似,对于人权标准的起草,人们考虑了相应的解释和执行机构。而普遍标准的制定者面临的情况更复杂,因为它们必须考虑到不同国家、不同法律传统及文化会对所制定标准进行不同诠释并推行的情况。显然,一般人权标准必须在国家层面进行审视,并在国家层面发挥作用。对标准制定过程的研究必须采取“法律现实主义”的方式,将该过程产生的成果与实施方式加以联系,否则就不可能衡量规范的有效性。[57]正是在这种规范与机构交叉时才出现了涉及人权体系的领域、深度以及权威的争论,而这也意味着持不同意见的利益相关人有必要进行商榷以解决其中的差异。这些不同意见有助于充实这些规范并揭露其中隐藏的担忧与借口,还能推动建立针对地区特殊情况的相应规范。

联合国内的两种机构对标准的设定与实施提出了不同问题。

《联合国宪章》对每个国家都提出了要求，并且拥有凌驾于所有成员国之上的权威。一方面，其具有普遍性，因为其权威性直接来自《联合国宪章》特定条款，且毫无例外地实施于每个成员国；另一方面，条约机构却没有针对非条约一方的法律条例。联合国人权委员会等基于《联合国宪章》的机构，以及消除对妇女一切歧视委员会等条约机构面临着不同挑战。这两种机构设立或发展了规范，然后监督其实施或推行。因此，一个条约机构并不仅仅是条约实行的无言监督者，
131 它通过诠释条约来确定法律。一些诸如联合国经济、社会及文化权利委员会的机构，由于《经济、社会及文化权利国际公约》本身的模糊性和空洞特征，更大程度上成了一个"司法积极分子"，而自这一公约在 1966 年颁布以来，各国的责任感就发生了变化。起草《经济、社会及文化权利国际公约》时各国的抵制十分强烈，以至于它并没有一个监督委员会，这与《公民权利和政治权利国际公约》十分不同。直到后来，《经济、社会及文化权利国际公约》才在 1987 年设立了联合国经济、社会及文化权利委员会以对此条约进行监督。另外，像人权理事会这样的宪章机构是典型的政府间组织，因为其建立过程具有政治特性，其 47 个成员国都是通过集体谈判和精细交易选出的。在联合国人权委员会时期，成员的选举情况更不堪入目，某些公然违法者也会被选入其中。对人权的忠诚度应当予以重视，但是，即便是在人权理事会中，一些人权记录极为恶劣的国家也能设法使自己当选。

联合国宪章机构的成员仅限于各国,且在人权问题上存在矛盾(若非敌意的话)倾向。像之前的组织一样,人权理事会由政府代表组成,他们一般来说都是职业外交官而不是人权专家。它并非一个独立的机构,从这个意义上说,从委员会到理事会没有太多变化。这种安排的一些支持者认为,如果国家被排除在外,那么各国就不大可能赞成其规范及其实施。即便理事会由独立专家组成,像是条约机构一样,情况还是不会有太多变化。但是,相较于理事会的全面授权(包括对成员国的定期审查),条约机构的控制范围更为狭窄。作为联合国人权体系的顶峰,理事会在措辞和行为上都是受监督程度最深的人权机构。尽管它在工作上与联合国人权高专办公室紧密联系,但它并非一个专业的秘书机构。它属于各个国家,他们才是这个组织的掌控者。这个理事会的作用至关重要,可以说,联合国人权问题的严重性能通过这个机构的有效性来衡量。另外,条约机构由一些独立专家组成,他们不会,也不应当,代表其原籍国。出于上述原因,条约机构往往比宪章机构更能在人权问题上产生同理心。

宪章机构是联合国国家利益的捍卫者。通过它们,各州和政府间组织在人权标准的性质和执行方式上施加影响力。从形式上来说,标准制定是在政府间组织内而不是通过条约机构进行的,尽管现实情况更复杂。条约机构通过其诠释能力,给人权发展作出了巨大贡献。多数条约要么过于宽泛,要么就是太模糊。出于这个原因,条 132
约机构就要更明确地界定其含义以及国家义务的范围,以此来阐释、说明和解释这些条约。毫无疑问，这些不仅是解释性义务。实际上，这些行为具有标准制定功能，但这在很大程度上取决于一个条约机构成员的专长和野心。在这种情况下，就像是在条约机构掌权的时代一样，领导力显得至关重要。例如，在冷战时期，联合国人权委员会对《公民权利和政治权利国际公约》进行诠释的勇气和自由就比苏联集团土崩瓦解之后要欠缺。委员会的“独立专家”往往似乎不太独立，其原因可能在于，在世界意识形态僵化的时代，许多人都是前任官员或其原籍国的官员。其中，大部分都是建制派人物——他们曾在国有企业任职或在国立大学任教。在其他情况下，来自某些特定国家，尤其是更压抑或更专制的国家的成员，怯于在委员会中表达与本国官方政策相悖的观点。

几篇文书不会当即组成一个实施主体。例如，《指导原则》并未提出具体的实施方法，直到 2004 年，联合国才给国内流离失所者人权问题特别报告员下达了任务。《人权捍卫者宣言》也没能为其实施和监督成立一个机构，尽管这一问题在后来得到了解决。一般而言，规范会考虑实施手段。否则，若国家设立规范而拒绝监督机构，这一切看起来就只是空洞的言辞而已。《禁止酷刑委员会任择议定书》与禁止酷刑委员会挂钩。国际刑事法院、儿童权利委员会和其他许多准则制定机构都有执法机构。衡量国家严肃性的一种方法是看这个国家是否有监督机构，若有，它是否具有实权。缺乏规范的推行机制实际上会阻碍其全部目标的实现。这就是各国在未能为《经济、社会及文化权利国际公约》提供一个理事会时表现出的征兆。

实践中的标准制定和实施

联合国的首份人权文书，即《世界人权宣言》，并没有执行机制。其力量在于提供启迪以及将诸多规范诠释或发展成有约束力的条约或习惯性义务。人们将这个宣言视为后来具有约束力的条约中更详细的人权义务的先行者。联合国人权委员会当即意识到很难使各国 133
接受《世界人权宣言》，但他们相信仍然有可能说服各国，使他们就后来的条约文书达成一致，这些文书在很大程度上继承和发展了《世界人权宣言》中的权利和精神。但他们错了。随之而来的却是关于国际人权法案的性质、范畴及内容的艰难、冗长且充满争议的商谈。这其中必然会困难重重，因为所涉及的是各国并不熟知的领域。美国及西方国家与苏联及社会主义阵营的冷战阴谋与冲突使这些崇高期望戛然而止。人权委员会成了自由市场资本主义与中央计划社会主义两种意识形态竞争的焦点。在政治社会模式、经济哲学以及主权问题上的分歧使主要大国关于人权项目的承诺陷入危机。双方玩着各种把戏，但同时也都在担忧最后形成的文书会给自己造成智力层面上的削弱。实际上，到 20 世纪 80 年代苏联解体之前，这种全球性的政治分歧是不会消解的。

自此，标准制定将成为涉及意识形态、哲学、文化以及主权的斗争。这些协议中第一个牺牲品是为某一项人权条约所做的努力，这个项目始于1949年，但已于1951年被废除，显然，当时西方国家主导的人权委员会只赞成两项人权条约，一个关乎公民权利和政治权利，另一个则与经济、社会及文化权利有关。[58]这一僵局昭示着将人权项目“去政治化”意图的失败。它将标准制定过程——在《世界人权宣言》这一特殊成功实现之后——置于意识形态的控制下。规范及其推行的性质是委员会在起草这两个条约时面临的关键问题。西方各国认为，公民权利及政治权利是其作为自由主义国家的主体，有可强制执行性、可诉性，具有绝对性特征，故而这两项权力可当即适用。[59]他们认为，公民政治权利是针对国家的个人权利主张，是对国家非法行为的禁令，因而并不需要任何积极行动。在他们看来，这些“消极权利”的施行并不需要（如果需要的话）太多资源。但出于其自由主义传统，西方国家难以赞成社会经济权力的推行。他们认为，经济、社会和文化权利是国家的权利要求，只能逐步实施，需要国家层面采取积极行动。[60]西方国家认为，经济、社会和文化权利的实施离
134 不了大量的国家资本输出，而这又反过来需要扩大国家的作用，压制个人自由和个人选择，重新进行财产分配。

这种极端观点——令人遗憾的是，一直以来都存在于人权主体中——掩盖了西方国家对人权标准及义务的分配会危及自由主义经济结构及政策的恐惧。《公民权利和政治权利国际公约》责令人权委

员会监督其实行情况,这是相对可靠的条约机构之一。尽管西方国家对公约强大的条约机构感到不安,但这个条约机构的威胁似乎相对较小。即便如此,美国于1992年——也就是该条约颁布后26年——才通过这一条约。但《经济、社会及文化权利国际公约》并没有一个相应的条约机构;相反,它只有一个毫无意义的监督职能,即定期向联合国秘书长和联合国经社理事会提交报告。《经济、社会及文化权利国际公约》最终于1987年成立了一个委员会——联合国经济、社会及文化权利委员会。[61]南方非政府组织多年来都在推进这样一个条约机构的建立,并且,最初就有将经济及社会权利与社会主义对世界的掌控相联系的恐惧,但随着苏联及其他社会主义经济体的暗淡表现和逐渐解体,这种恐惧得到了消解。正如联合国经济、社会及文化权利委员会所表现的,外界对该条约大胆的财富分配方式及其对资本主义造成的破坏有着深切担忧,并且,这种担忧被极大地夸大了。该委员会力图阐明各国的义务并重点关注诸如住房、教育以及具有争议性的可诉问题等多项权利的最低标准。

由于其中的规范性差异,这两个公约在实施和监督方面的差异变得更明显。这些文书都由有力的语言写成,它们力图强调各自为国家设定的义务具有明显不同的性质。《公民权利和政治权利国际公约》中的语言通常是限定、无歧义且明确的。其条款读起来像一部自由主义宪章,并且,任何具有自由主义理论知识的人都能理解。自由主义法律体系中的正当程序保护以及对个人权利的特别强调就是

典型。自自由主义国家出现以来，它们构成了西方各国法律和政治系统的核心。另外，《经济、社会及文化权利国际公约》的语言则宽
135 泛，有时甚至具有鼓动性，它有意采取这种语言形式，使其责任义务的性质变得模棱两可。比如，《公民权利和政治权利国际公约》的措辞明确赋予个人反对国家的权利；它使用“任何人都不得”或“任何人”一类的词汇。这与《经济、社会及文化权利国际公约》形成了鲜明对比，在这一条约中，对各国的责任规定往往使用诸如“当事国认可每个人的权利”或“当前条约的当事国同意”等术语。这种区别即为传统法律学者口中的“积极”和“消极”权利。

二者中的另一个关键区别，在于《经济、社会及文化权利国际公约》对含糊语的包容态度，这种语言往往避实就虚、模棱两可。这个公约的责任义务是开放性的，并没有指标要求。根据《经济、社会及文化权利国际公约》，一个国家只需“尽其最大的资源可能，履行其义务，以期逐步推进权利的全面实现”。[62]正如其措辞所说的，一个国家的违反行为能否被发现是十分值得怀疑的。迄今为止，这些空洞的措辞在很大程度上延缓了经济、社会以及文化权利的实现进程。

人权团体对《公民权利和政治权利国际公约》有更大的兴趣并且采取行动推进实行，但《经济、社会及文化权利国际公约》的情况就不一样了。尽管联合国人权理事会于 2008 年设立了“外债效应独立专家”及其他相关国际金融义务，其中包括对人权的充分享有，尤其是经济、社会及文化权利，[63]这一指令仍然面临着将最贫困国家从债务

负担中解除的巨大压力。此外，联合国还设立了关于人权事宜与跨国公司及其他问题的秘书处特别代表。[64]这些软法措施强调了服从经济及社会权利的必要性。最后，这两个条约中任择议定书的增改说明了对《经济、社会及文化权利国际公约》接受度的滞后性。《公民权利和政治权利国际公约》中包含两项任择议定书——其一规定了个人投诉程序，其二旨在废除死刑——这两项都已生效。《公民权利和政治权利国际公约》的第二项议定书于1989年12月15日在联合国大会通过，并于1991年7月11日生效。截至2013年2月22日，该议定书已获得75个国家认可。[65]相反，《经济、社会及文化权利国际公约》的任择议定书——与《公民权利和政治权利国际公约》的议定书一样，它授权受害人向社会及文化权利委员会提起申诉——直到2008年12月10日才得以通过。[66]而直到2013年2月22日，只有42个国家签署这一议定书，只在10个国家得到批准。[67]

尽管东西方意识形态的差异造成了这些条约的分离，但双方的距离其实比最初看起来的要近。《经济、社会及文化权利国际公约》中弱化性质的语言于东西方都适用。毫无疑问，西方国家不会赞成更严格、具有强制性的措辞——他们已经有了一个强有力的监督机构——这会要求对经济进行根本性的重组。另外，重新分配在涉及经济和社会权利的重要文书中是难以避免的，而这方面的措辞便会要求资本主义社会有新的哲学理念。他们无疑会对社会及大企业中的富有阶层提出了更高的税收要求。至少，一个有效的《经济、社会

136 及文化权利国际公约》需要更丰富的社会方案和强大的福利国家来支撑社会中最边缘化的群体。这种文书在美国永远不可能被接受。作为巨大商业利益以及最富有的美国阶层的代表，共和党会对之提出反对，因为它会增加为穷人作出的社会方案。向来提倡为工人、贫困人口及其他弱势群体提供更完备的社会福利和社会投资（这些往往以商业团体和富有阶层缴纳的税款为资金基础）的民主党是否会赞同这样一个强大的《经济、社会及文化权利国际公约》，仍然是一个未知数。[68]对苏联及其他地区的社会主义国家来说，出于资本支出的缘故，严格的经济和社会权利公约也并不是那么讨喜。因此，这个条约中类似“逐步推进”和“可用资源”等的措辞为各国的不遵守行为提供了借口，也使这个条约对东西两方阵营都更容易接受。最后，未能建立一个监督委员会是使各国纷纷加入的另一个因素，因为这样一来，他们的“义务”就因缺乏推行途径而被大大减少。

《公民权利和政治权利国际公约》具有很强的规范性，它与《消除一切形式种族歧视公约》是最早具有普遍概括性从而建立条约机构来监督其实行的人权文书。它所提倡的建立人权委员会是当时意义非凡的成就，也是信仰的飞跃。在此之前，各国从未授权某机构对其就国际人权标准的实施进行监督。它之所以得到认可，其原因之一在于各国赋予它的权力很小。该公约赋予人权委员会审议各国人权标准施行报告以及对该条约作出解释的权力。因此，委员会具有两项基本职能：(1)通过审阅各国报告，作出评估；(2)发表一般性评论从而对《公民权利和政治权利国际公约》作出司法解释。[69]该公约于 1966 年通过且直到 1976 年才生效的议定书为之增添了第三个职能,同时也是最重要的职能——它授权委员会接收个人受害人的请愿书并就之发表主张,也就是“意见”。[70]尽管这不是真正的准司法程序,但这种个人申诉程序使受害人得以通过国际裁决论坛对其国家提出控告。它提升了个人地位,并让自然人有史以来第一次可以站在政府间组织面前。但是,各方否认委员会有权对国家作出具有约束力的裁决、判决或决定。这些“意见”(这一没有威胁性的术语实际上指的是“主张”)并不具有法律意义,它只是一种没有司法权威的“观察”。尽管有比较研究表明人权委员会仍然是各条约机构中最 137
活跃的机构之一,[71]但其结构和权力表明各国并不想将具有很强规范性的文书与具有侵入性的执行机构结合起来。通过设立条约机构,各国使人权委员会的成员国成为独立专家,但他们不认为该机构具有准司法性质,并且使个人申诉成为一个非强制的程序,这就使该机构只剩下一个必要作用——研究各国报告并作出一般评论。[72]虽然有 167 个国家承认《公民权利和政治权利国际公约》,但只有 114 个国家承认其议定书,这一比例表明各国并不愿意服从人权委员会的个人申诉程序,尽管这一程序并没有什么害处。

自 1966 年以来,大部分人权问题的标准都已经制定,当时通过了两项人权条约;这使后来 50 年里出现了为人类脆弱领域制定标准的狂潮。但是,标准制定的过程在当时——并且如今依然是——争议不断、冗长且艰辛。当今社会无疑是权利的时代，国家主权也与以往大相径庭，但人权标准制定仍然是一项艰巨的任务。有迹象显示，过去10年里推行新的标准变得越发艰难，至少以条约形式推行并不容易。尽管不像1966年以前那样毫无遮掩，国家和政府间组织对主权、文化、意识形态以及权力的担忧如今仍然存在。自那以后，人权文书的起草普遍遵循《公民权利和政治权利国际公约》和《经济、社会及文化权利国际公约》的起草方式，并作出细微改动，因为各国及非政府组织认为他们已经在上述两个条约的起草过程中穷尽一切人权问题。这些艰难的协商过程对未来具有借鉴意义，但其负面影响至今仍然存在。如今，国家和政府间组织仍继续借助措辞的力量来
138 削弱、缓和或者逃避有效的人权标准。

第六章　新标准

尽管一个缺乏人权话语的社会令人难以想象，但这种话语也不是历来都存在于政府或公民的语言体系中。虽然人权所依附的规范和哲学基础与人类本身一样古老，但直到60年前，关于人权的讨论才在世界舞台上登场。政府间组织、非政府组织和各国花费大量时间为人权运动制定了一个规范框架——其中大部分是合法的。该规范性框架确定了人权的内容和范围，为其改进和保护制定了流程与机构。人权应当是弱者发声的新语言，但那些最有效地使用这一语言的利益相关者却并非弱者。换句话说，这一语言的使用权并不在最需要它的人们手中。即便如此，在大部分情况下，人权语言并不由受害者们享有，也并非由他们定义。早些时候，这一语言掌控在其历史与其理想相矛盾的国家手中。第二次世界大战后，也许与纳粹及其他一些最显著的种族主义相关的表达得以明晰，但在战后最强大的国家——美国，自由女神像的故乡——非裔公民仍被排除在社会之外，这在很多情况下还是受法律保护的。实际上，美国的这种种族隔离与其南美同伴别无二致。其他西方国家——这些“人权之父”（尤其是法国和英国）——在非洲、亚种以及太平洋的殖民地推行残酷、剥削、不人道的政策。具有讽刺意味的是，这些国家声称自己是人权语言的“最初拥有者”；但在过去60年里，被压迫者正逐步从压迫者手中夺取人权语言的控制权，在本书中这一概念被称为“来自下
140 层的人权”。全球来自南方的不发达国家和社区以及北方被边缘化的同伴正逐渐成为自己命运的代理人。在这一过程中，很多国家都主张了自己享有人权语言的权利。他们试图将人权语言与其他论域融合来将之改变。其中一个类似话题就是人格，比起人权，它从一个更全面的角度考虑人类无权的问题。与人权不同，人格不仅是合法权利的语言，还是一个包含同情感、友好态度以及人类内在价值的概念。这与“乌班图”（*ubuntu*）的哲学类似，这个术语源自非洲的班图语言，其含义是“人性”。[1]在这种情况下，涌现了争取新权利的新的社会运动。但一些西方的权利学者，如撒缪尔·莫恩，仍然坚持对人权的二元看法，并否认人权运动悠长的历史可以追溯到反奴隶制和反殖民主义运动。[2]换句话说，也就是人权历史长于第二次世界大战。全球范围内，南方的人权斗争早于1948年联合国成立所昭示的人权运动的正式启动。但是，正是西方学者的这种观点阻碍了人权主体

朝超越个人主义的更完善的方向发展，甚至是像莫恩这样广受尊重的西方学者也将个人主义置于其他竞争性叙述和视角之上。

新的以及传统的人权倡导者仍然认为，国家应当承担责任。他们认为，国家是当今社会比任何机构都能影响人民生活的中央机构。人权准则、程序及制度在公众意识中已经如此根深蒂固，成为全球文明的重要组成部分。政府和国家再也不能无视国际监督和问责，忽视或不善待其人民。民间团体、政府间组织以及非政府组织将国家事务视为己任。越来越多的国家向这些机构部门寻求帮助与合作，以期明确和处理侵犯人权的问题，也出于这个原因，权力语言的魅力和力量为相关事业添砖加瓦。尽管大多数学者一致同意大部分人权标准都已经得以制定，但人们还在探寻和商讨更多的相关标准。这一现象出现的原因部分在于人类社会充满活力，也在于人们越来越认识到人类的无力。

人权标准制定的前景如何？

即便将过去人权运动的历史性、理论性以及体制性突破全部考虑进来，确保人类尊严这个任务仍旧任重而道远，这主要集中在两个 141
领域。第一个是规范性缺陷，第二个则体现在强制执行、监督以及实施方面。严肃的思想家都不会轻视这两个不足。虽然人权标准制定几乎已经涉及了人格的方方面面，但许多领域中仍然存在规范性差异和不足。某些领域亟须新的规范框架，其他领域则需要对已有框架加以改进和强化。标准制定是一个动态过程，它必须对不断改变的世界和伴随新的环境及问题产生的挑战作出快速反应。一些评论家认为，在权力语言的已有语境中增添更多的规范只会夸大权利的范畴而削弱权力语言的力量。[3]但这种观点会被抨击为精英主义，这些精英并不会亲历需要保护的人们所经历的困苦。随着以前“未知的”或“未得以报道的”人类状况被发掘，自然会有人要求有额外的规范。

人权标准制定并非一个静止或一成不变的过程，而它所试图守护和改善的人类状况也是一个不断演变的过程。新的压迫和弱势力状况一直在涌现，新的挑战也从未间断。比如，同性恋权利的运动放在几十年前就是难以想象的。残疾人的权利保护问题，无论是在国内，还是在国际，一直都被忽视，但这是亟须保护的新状况之一。另外，自“基地组织”袭击美国之后，由乔治·布什发起的反恐战争为已有规范制造了新的阻碍。为规避酷刑等违规行为以及否定正当程序保护所提出的新观点需要重新考虑人权主体。上述及其他有关问题需要规范性的回应，要将普遍性规范进行分析、分解、阐释、修改，甚至是否定并用新的不同标准进行替换。其领域、范围和内容必须在受益人及负有实施责任的人方面都能得到理解。空洞、华丽、模糊的标准作用寥寥。人们所追求的不是为应对紧迫情况而设立的含混不清的规范；相反，未来应朝着更明智的方向努力，应追求一种能够对违规行为作出有意义的回应的人权议程。

这些标准必须有明确的推行和实施方法以使之生效，这在过去正是其缺陷所在。非政府组织和利益相关人的困境一直以来都在于说服各国同时接受强有力的文书和有效的监督机构。另外，虽然国际法(以规则和制度的形式)不能也无意取代各国或国内法，但在非政府组织看来，国家政府和政府间组织等有义务促进和保护人权标 142
准的机构在很大程度上并不愿意、不能或无法有效参与其中。国际监督不可或缺，但单靠这一点远远不够。问题在于，如何让各国相信并极大地内化已有标准。利益相关人如何让各国和政府间组织充分相信人权？如今，人们认为这两个关键角色旨在缓解人权争端以捍卫其国家主权。由于人权需要在国家层面进行转换，故而保障基本权利的国内机构对人权执行而言也至关重要。将人权标准在国家层面内化是杜绝相关违规行为的最终解决办法。在这一过程中，政府的行政部门有重要责任。司法机关、国家人权机构、律师协会、非政府组织、警方和安全机构以及立法机构必须在一线巩固、深化、促进和保护人权。但在这些机构中，只有人权非政府组织是可信赖的、会充分且确实地推进人权进程的机构。当一般机构及市政参与者与国家层面的进程之间的矛盾得到缓解或消除时，人权标准就会取得最大的成果。哥斯达黎加、日本、南非、博茨瓦纳、荷兰等国都是很好的例子，在这些国家，地方和全球之间的矛盾已经被最小化了。在这些国家中，不存在对人权标准的官方敌意，只有一些关于国内系统如何能够适应普遍价值，甚至是通过实施过程如何改进这些价值观的有益讨论，这些对话对消除摩擦、提高人权标准接受度都大有裨益。

一方面，一般性规范与政府间组织的关系并不明确；另一方面，国家规范和执行机构之间的关系必须加以精简和协调，以促进其相互渗透。国际和国家进程之间的这种纵向关系对人权标准的国内化至关重要，没有它就无法营造人权文化。执行经验使国家机构、非政府组织、政府间组织和政府能够确定需要解决的规范性差距和必须纠正的体制弱点。通常，一些联合国机构，特别是人权事务高级专员，会向各国提供有关培训、能力建设和通用系统使用方面的技术援助。换句话说，国家范围是人权规范得以形成的铁砧，在这个铁砧上，非政府组织应该对公众进行教育、对官方机构进行宣传游说、向政府施压。国家非政府组织应培育、激励并支持关注高度特殊化和地区化的乡镇范围内的小型非政府机构。这是使人权成为
143 人民时代精神的方式之一。最微小的论坛恰恰是产生最持久的人权文化的培养皿。从地方性、国家性以及一般性这三个层面相互渗透所得出的经验必然会为未来的标准制定以及实施过程中制度缺陷的修正提供线索。

对经济和社会权利的追求

一些有影响力的学者和大型国际非政府组织反对制定新的人权标准,除非这些标准与他们的任务一致。这些个人和集体反对在人权语言的催化下不断泛滥的诉求。他们历来都对所谓的第二代和第三代权利持怀疑态度,这些权利包括经济、社会和文化权利以及集体和人民的权利,如发展权。他们认为这会增加权利类别,进而弱化人权语言的力量,淡化人权运动的潜力。他们觉得,人权运动应该更集中于具体的任务上,一般而言是指公民和政治权利。但他们的观点是意识形态、文化以及专业的偏见。一方面,律师群体一直在国际非政府组织中占据主导地位,这部分原因在于人权运动往往以权力语言和法律语言的形式表达出来,以及人权运动源于西方国内的人权组织;另一方面,该运动的爆发最初集中于遏制国家暴政,这样一来,它就将反对暴政与尊重人权等同起来。冷战无疑将这一运动的传统意图复杂化,并且,由于西方各国支持者们权利和影响力的不均衡,它还导致了经济及社会权利问题的盲点。鉴于上述原因,人权运动(尤其是在西方)难以充分重视贫困、社会混乱以及经济困难等问题。

尽管有所变化,但大赦国际和人权观察这两个最大的国际非政府组织的任务长期以来都反映着这种世界观。[4]1996 年人权观察通过了一项有关经济、社会及文化权利的政策，但前提在于这些违规行为会涉及中心任务，即保护公民权利和社会权利。[5]人权观察的这一妥协，在其信誉和效力受到来自南方各国尖锐批评的威胁后才得到扩大。该组织最初的决议将经济和社会权利包含在内，这一做法是自卫性质的，也遭受了强烈谴责。然而，这一政策仍被视为对过去几年状况的一个积极改变；在之前几年，该组织的前执行董事阿里耶·内尔（Aryeh Neier）认为，经济和社会权利根本不应被视为“权利”，而
144 应由社会其他组织提倡。他没有意识到人权在推进经济和社会权利方面发挥的作用。[6]但如今参与一系列经济、社会及文化权利的宣传工作。其仍由公民和政治权利主导的任务包括在商业和人权领域、环境、社会及文化正当权利和健康保障领域进行宣传。其就这些权利作出了一系列报告，但当其与传统公民和政治权利有关联时，它似乎才会作用于经济、社会及文化权利。任何人都不应误认为人权观察有意将经济和社会权力视为其中心任务。罗斯业已有力指出，人权观察的核心任务在于公民和政治权利，而非社会和经济权利。在一次重要辩论中，罗斯与人权医师的执行董事伦纳德·鲁宾斯坦（Leonard Rubenstein）争论不休，他坚持传统观点，认为诸如人权观察一类的国际人权非政府组织的专业性并不在于捍卫和改善经济及社会权利。[7]有两位重要的人权代表在这场辩论中站在鲁宾斯坦的阵营，他们坚决支持经济、社会和文化权利：其中一位是玛丽·罗宾森（Mary Robinson），她是爱尔兰前总统，并于 1997 ~ 2002 年担任联合

国人权事务高级专员；另一位则是卡塔琳娜·托马瑟夫斯基（Katarina Tomasevski），前联合国教育权特别报告员。[8]

与人权观察一样，大赦国际在经济、社会和文化权利方面的工作也直到最近才开始着手。这个组织对经济和社会权利兴致寥寥，这是由于它长期以来根植于政治及公民权利工作，尤其是它的任务领域的狭窄性。由于其规模、范围、合法性和影响力，没有任何其他组织比大赦国际在将经济和社会权利合法化一事上可以做得更多。若是它能早些接纳这些权利，人权事业的现状就会大有不同。但由于潜在的矛盾和对这些权利的忽视，再加上人权观察的忽视，《经济、社会及文化权利国际公约》的状况并不乐观。然而，大赦国际将会逐渐承受要求改变这一政策的压力，这一压力主要来自南方国家，也来自逐渐达成的国际共识，即将经济、社会及文化权利排除在外是十分虚伪的，也不具有客观合理性。大赦国际于 1992 年开始放松对经济、 145
社会和文化权利的顽固反对，该组织的时任秘书长是塞内加尔人皮埃尔·塞恩（Pierre Sane），他也是首位非欧洲裔的领导人。这个组织毫不避讳地承认自己在西方国家反对经济和社会权力的进程中所起的作用：

> 大赦国际的对象主要是公民和政治权利，这也是不平衡的一部分。该组织极其成功地吸纳了世界性成员并引起广泛关注，这也是他们持续关注公民和政治权利的原因之一。大赦国际目前正逐渐参

与更为广泛的人权讨论，并试图在其宣传和人权教育活动中推进人权的全面发展……1997年国际理事会作出的决议表明，有必要探讨如何进一步提高对全民人权的意识；并在大赦国际的报告中增添更多经济和社会内容以及做出更多努力来改善和保护经济与社会权利的国际标准与机制。[9]

在艾琳·汗任期内——这位来自孟加拉国的人权活动家于2001年接任塞恩成为大赦国际的秘书长——这个组织在经济、社会和文化权利方面有了更高的参与度。[10]根据其祖国孟加拉国穷苦人民的贫困现状，她坦诚地指出，经济和社会权力与公民和政治权利一样重要，而试图将这两种权利割裂的行为严重损害了大赦国际在南方国家的地位。她试图扩大大赦国际的事务范围以涵盖更多权利，尽管这一举动遭受了来自该组织成员及领导层的反对（这两者都由西方主导）。2009年她发起了“尊严声讨运动”，这是她在大赦国际最大胆的倡议之一，该运动旨在反对那些使人们贫穷并让他们无法摆脱贫穷的侵犯人权行为。[11]汗的继任者是萨利尔·谢迪，他来自印度，这个国家存在极严重的不平等现象，情况十分复杂；谢迪预计会增强大赦国际在经济、社会和文化权利方面的工作。[12]

如今，大赦国际承认，考虑到全球化的影响，经济和社会权利无法与其他人权割裂开来。该组织指出，非政府组织对经济和社会权利的保护十分重要（尤其是在政府无法保护其公民免受全球化负面影响的损害时)；[13]另外，它还为《经济、社会及文化权利国际公约任择议定书》的通过发起了一场十分高调的运动。尽管以上所述均是 146 人权运动中极具影响力的参与者带来的重要发展，但这仍不能消除至今仍在世界范围内泛滥的对《经济、社会及文化权利国际公约》的漠视和忽略。为了扭转对经济和社会权利的遗留问题的忽视状况，大赦国际和人权观察都需要采取更多措施——更有力地发表意见，采取更鲜明的姿态进行经济、社会和文化权利的宣传工作。

在可预见的未来一段时间内，人权的层次结构将保持不变。公民和政治权利将继续享有规范优势，这是经济和社会权利倡导者们羡慕不已的。多数国家在经济和社会权利方面鲜少建立完善的国内法学体系，也少有义务性政策或强制性措施。以南非为首的一些国家在过去一段时间正逐步建立经济和社会权利方面的法学体系。为了解决经济和社会权利方面最复杂的问题，南非宪法法院作出了一系列可作为先例的判决，为此提供依据。国家义务的范围有多大？如何解决资源约束问题并使之成为合理的司法原则以推行经济和社会权利？南非和一些其他国家将这些权利的发展和实施视为其国家责任，但更多国家和政府间组织认为这些是可取目标，而非某种权利。即使这些国家将它们视为责任或权利，他们也会将之视为更低层次的需求而忽视它们。1993 年经济、社会和文化权利委员会指出，“各国和整个国际社会持续对侵害经济、社会和文化权利的行为持容忍态度”，并将这种忽视现象归因于“（他们）不愿意承认这是对经济、社会和文化权利一种严重且普遍的否定”。[14]比如，令人难以置信的是，对经济、社会和文化权利的普遍侵害——大规模的饥荒和饥饿、四处散播的疾病、住所的匮乏和教育的欠缺——无法在公民和政治权利中引起呼声和反响。试想一下种族屠杀、大规模的虐待或者在缺乏正当程序的情况下对数百万人进行多年监禁：这些暴行会立即受到谴责，相应措施或者彻底干预也会随之而来。这种接受和忽视既是政治问题，也是意识形态问题，其中部分原因也在于《经济、社会及文化权利国际公约》本身，它并没有明确国家义务的性质。尽管该委员会试图对其条约规定和国家义务加以澄清、分解、定义以及指
147 导，他的工作很大程度上并没有得到关注，也未能激发国际非政府组织的积极行为和有影响力的学者们极具洞察力的评论。

非政府组织，尤其是国际非政府组织，对经济和社会权利的积极态度和关注于其规范性发展和说明是十分必要的。全球化的消极影响给了这些权利一种紧迫感，它们不应再出于这样或那样的借口而妥协。非政府组织必须以推进公民和政治权利的热情来推进经济和社会权利的发展。前者已经取得了实质性的规范胜利，这一点是事实，而非政府组织也能够轻易将其部分精力、资源和技巧用于推进后者的发展。由于非政府组织在南方的作用对推进经济、社会和文化权利的阐释于澄清至关重要，它的活力将会扭转政府间组织在这些权力上的一贯惰性。但它们的工作应如何开始呢？国际非政府组织

是否应按照漏洞百出的《经济、社会及文化权利国际公约》开展工作？还是应寻求一个更完善的文书？另添一份任择议定书是否必要且有利？非政府组织如何收紧各国的规范性绳索？其中的部分问题在于联合国经济、社会及文化权利委员会。例如，该委员会认为申诉应该是秘密进行的——议定书用了“秘密会议”这一措辞。然后，该委员会就此发表“观点”并将之传达给当事国。当事国应“适当考虑”该“观点”并在6个月内“提交”任何信息或采取措施以对之作出回应，但没有任何有效机制以确保当事国严格遵守委员会的“意见”。规范与体制执行方面的差距只能通过附加标准和监督机构来弥补。[15]

若没有进一步对经济和社会权利领域内的标准加以说明，那么《发展权利宣言》或《经济、社会及文化权利国际公约》的实现根本没有希望可言。推行变革以加强这一规范是复杂的工程。全球化、市场化和经济欠发达现象所带来的问题和挑战中都包含了与经济和社会权利相关的法学及规范性因素。出于上述原因，该公约和《发展权利宣言》应被视为姊妹文书，它们的相关制定和实施应被看作本质上相关的工作。《发展权利宣言》力图解决的关键问题——经济困难、欠发达和剥削——可以与《经济、社会及文化权利国际公约》的问题一并解决。

有关残疾人的规范性框架

所有人权文书都以平等保护和非歧视原则为基础，这是人权运
148 动的伟大准则。在诸如《公民权利和政治权利国际公约》一类的人权文书中，人人都会受到保护，但这种文书的存在并不排除建立针对某一特定人群或特定问题的文书的必要。这就是为什么即便妇女的所有权利已经在《公民权利和政治权利国际公约》中得到保证，但她们仍然需要特定的规范性框架来解决由其群体特殊性所带来的问题。有观点指出，作为一般领域内的条约，《公民权利和政治权利国际公约》并不能解决由性别问题引起的对妇女和女童复杂且广泛的侵权行为。虽然所有群体都因作为人类而属于一个统一体，但他们之间也因为各自特定的社会地位和身份而有所不同。因而，各群体的存在方式是多维且交融的，故而像《公民权利和政治权利国际公约》一样的统一条约无法预见某一群体或个体所涉及的其他维度。

对于种族群体、少数民族、土著民族、工人、儿童以及其他有着共同历史、种族、宗教、社会、语言、文化或其他特征的阶级和群体来说，这种多维性是毋庸置疑的。只有承认并正确处理这些差异，社会才能保证个人及群体受到平等的保护和救助。根据这个逻辑，残障群

体一直试图寻求一个规范性框架以解决自己的困境，而他们的努力却常常陷入困境。[16]在大多数国家，推进对残疾人的权利保护是近期才有的。几千年来，残疾人忍受了包括谋杀、驱逐、排斥以及歧视在内的最恶毒的对待。在许多社会中，残疾人受到侮辱和轻蔑。残疾儿童被隐藏在公众视野之外，被看作于社会毫无裨益。一些父母有时会抛弃或遗弃残疾孩童。通常，针对侮辱虐待残疾人的具体且有针对性的法律或政策并不存在，而大多数社会要么对残疾人心怀愧疚，要么则为他们所厌恶。[17]1990 年美国颁布了一项针对残疾人的法律。[18]南非则于 1996 年在其宪法中确立了对残疾人的保护。[19]另外，从事反对歧视残障人士工作的非政府组织也在多数国家中涌现出来。这些措施暗示了这样一种日益增强的国际意识：国家和机构应通过法律并制定政策来保护残疾人群体。

在过去几十年间，联合国采取了一些恰当措施，使有关事业得到更多关注。最初这些措施实际上是停滞不前的，直到联合国将 1981 年定为“国际残疾人年”。[20]1982 年联合国通过了《关于残疾人的世界行动纲领》。[21]这些举措不仅是一种对行动的呼吁，也是联合国寻求残障人士人权标准的第一个具体表现。5 年后，在一次专家会议上， 149
人们认为上述措施并不完善，并建议联合国就此事宜通过一项条约。其中的问题如此严重，残疾人面临的困境如此普遍而深刻，以至于专家们认为，除了一个完善条约以外，不存在任何其他可能的应对措施。此后不久，联合国大会就通过了《残疾人机会均等标准规则》，[22]

并于1年后委任前瑞典内阁大臣本特·林克韦斯特(Bengt Lindqvist)为残疾问题特别报告员。2001年9月墨西哥总统维森特·福克斯(Vicente Fox)就残疾人国际非政府组织的呼吁作出官方声明,他提议,联合国应拟定并通过一项残疾人权利公约。[23]福克斯的行动对残疾人权利运动来说意义重大,其原因在于,作为一个与显著人权运动记录并无明显关系的国家的领导人,他正向推动残疾人权利施加自己的压力。对相关条约的反对意见大多来自相对贫困的国家(如墨西哥),就这些国家而言,要履行条约中的相关规定是对其资源的一大挑战。但作为对福克斯在这一问题上的领导力的回应,联合国大会设立了一个特设委员会以处理相关条约问题。2002年6月,墨西哥在联合国的协助下主办了一个区域间专家协会以讨论建立一项残疾人权利公约。这一会议无疑确立了墨西哥在残疾人权利公约问题上的政治义务。

残疾人权利公约的支持者(包括墨西哥)坚信,只有一个具有约束力的条约才能建立一个有效体系以保护残疾人权利。他们正确指出,联合国所采取的软法措施(包括委任特别报告员)除了提高残疾人问题的可见度以外,收效甚微。林克韦斯特(他直到2002年12月一直在担任特别报告员)希望所提公约能够以已有人权文书以及经济、社会和文化权利委员会于1994年提出的原则为基础。[24]考虑到这个委员会的相关缺陷,他的提议尽管能够强化《公民权利和政治权利国际公约》,但也许并不具有战略意义。2002年10月这位报告员赞扬了墨西哥在推进条约建立过程中的启发性作用和领导力，但同时也发出了会有大量国家持反对意见的警告。[25]他列举了可用来让持反对意见的国家参与进来的3条原因。

首先，是现有人权文书并没有解决残疾人的困境，而所提议的新条约会解决这个问题。这一建议意义重大，因为多数国家都希望以现有条约义务为借口进行斡旋以反对新的具体条约。其次，则在于，针对性条约能赋予残疾人权利相关地位和可见度，这是其他专题条约早已做过的事情。没有独立条约，残疾人问题就会被放在次要位 150
置，一直得不到应有的改善。最后，只有具体条约才能对残疾人权利的实施进行有效监督。[26]考虑到条约机构的重要性，即便这些机构十分无能或只是部分有效，不设立监督机构的做法都是不明智的。即便一个常设机构无所事事，它也会迫使各国和国际社会专注于这个问题。此外，未来，倡导者们可以在这个基础上建立更有效的监督机构。

确立残疾人权利公约的潮流势不可挡。[27]国内和国际非政府组织以及国际残疾人联盟(一个非政府联盟)同心协力加快残疾人权利公约的建立。[28]墨西哥的有力领导有助于消解缺乏有效资源以解决残疾人困境的国家对公约所持有的反对意见或反抗情绪。几年内，《残疾人权利公约草案》[29]便得以完成，并于2006年12月13日[30]由联合国大会通过，在2007年3月30日开放签署。2008年5月3日《残疾人权利公约》开始生效，[31]截至2013年2月，已有155个国家签署该公约,129 个国家认可该公约。[32]

而《〈残疾人权利公约〉任择议定书》则设立了残疾人权利委员会这一监督机构。[33]议定书要求各国定期向委员会呈交有关报告,这些报告应涉及公约推行的进程和实施过程中所存在的问题。与人权委员会或其他条约机构一样,残疾人权利委员会有权接收并审查权利被限制的个人针对国家不遵守公约的行为提起的申诉。《〈残疾人权利公约〉任择议定书》于 2006 年 12 月 13 日通过,并于 2008 年 5 月 3 日生效;2013 年 2 月已有 91 个国家签署该文件并在 74 个国家中得到批准。[34]

该公约采取了对“残疾”的广泛定义,不仅包括与生理层面相关的残疾;它还涉及广泛的保护。它要求非歧视和平等保护,强调并规定平等机会和可及性,同时也为两性提供无差别的平等保护。它还保护残疾儿童,规定他们有权获得尊重并保持其身份。它呼吁人们尊重差异,尊重残疾人并将他们视为人类多样性和人性的一部分。
151 它要求包容残疾人,将他们纳入充分有效的社会参与中来。简言之,该公约明确阐明,残疾人有权享有个人自主权、保持自己的固有尊严的权利、独立性和作出个人选择的权利。《残疾人权利公约》是国际社会通过的最后一项主要人权条约。

性取向问题

目前,国际标准亟待解决的一个突出问题就是性取向问题。父权制和异性恋是所有主流法律、宗教、社会、政治、经济和文化传统中的主导性认知。国家和国际法律秩序均有赖于此。对同性恋群体的歧视、驱逐、忽视和虐待在大多数国家都是司空见惯的事;而“反同”态度与措施有着深厚的历史沿革,几乎在所有国家的法律中都有所体现。但是,在过去几十年里,寻求保护、反对歧视的同性恋权利运动在国家和国际层面骤增。一些国家要么已经废除反同性恋的法律,要么则颁布新的法律以保护同性恋群体免受歧视。[35]过去 10 年间,一些国家、地区和国际组织似乎乐于考虑对同性恋群体采取某种形式的保护。欧洲比任何国家都愿意保护同性恋权利。欧洲人权法院的一些案件已经裁定,《欧洲人权公约》禁止歧视同性恋者。[36]联合国人权委员会在一份意见书中表示,《公民权利和政治权利国际公约》下的第 2 条第 1 款以及第 26 条分别提及了“性别”和“其他情形”,这二者必须包含禁止基于性取向的歧视行为。[37]人权委员会的这一解读具有重要的法律价值,但由于同性恋权利在国际人权法律中并不明确,故而这并没有解决同性恋权利在人权及国际法律中的地位问题。但世界政治及规范性的趋势表明,尽管存在反对将性取向视为一种人权的团体，如美国共和党附属的富有的原教旨主义保守基督教团体，国际范围内仍然存在支持同性恋群体的势头。1994年当大赦国际决定将只因同性恋而被监禁的人视为良心犯时，同性恋权利获得了极大的推动。[38]1996年《南非宪法》在其权利法案中明确保护性取向的权利，这是同性恋权利的一大胜利。[39]2012年美国的
152 奥巴马总统宣布支持包括婚姻平等在内的同性恋权利；[40]2013年美国最高法院裁定，授权各州禁止同性恋婚姻的《婚姻保护法》属违宪行为。[41]

与其复杂性一样，性取向问题十分尖锐，其原因在于全球范围内根深蒂固的保守社会政治现状以及基督教和伊斯兰教这两个普遍的弥撒亚信仰的主导性地位。笔者也在其他地方说明过，即便是在非洲，"恐同现象也并非自始就有的"，因为"大部分对同性恋的反感情绪都可以追溯到基督教和伊斯兰教上来，这两个传统宗教在其教义中陈述了对同性恋现象的恐惧和憎恶"。[42]非洲基督徒和穆斯林在攻击同性恋为"外来、异类"的同时又转而拥抱基督教和伊斯兰教这两个"外来"信仰，这一行为显得前后矛盾，而原因就在于此。然而，且不论其起源为何，"恐同"心理已经深深植根于全球大部分社会结构中了。问题在于，如何认识"恐同"心理的恢复力；引发有关这个话题的公众讨论；鼓励将对性取向的承认与保护视为一项基本人权；这是一项需要深思熟虑的分析、大胆提倡和基础改革的重大挑战。民间团体，尤其是人权组织的规范性义务在于领导此次挑战；但其起点应

该是使人们意识到“恐同”心理是一种用来否定基本权利的非理性恐惧,一种全社会有义务加以克服的恐惧。

尽管笔者批评了人权中的文化和规范性偏见,[43]但人权项目的核心在于一种任性冲动,一种对人类(无论是作为个人还是作为所属群体中的一员)共同人性的信念重申的冲动。[44]某些权利的去边缘化过程暗示着对人类现状复杂性越来越高的接受度。即便如此,基于某些特征的权利主张仍然面临着顽固的阻力;有时甚至是彻底的拒绝。没有任何其他的身份问题比性取向问题更真实。在某种程度上,性取向主张有可能是最后一个难以逾越的边界。

因此,任何有关性取向的探讨都必须意识到“恐同”心理的存在以及有关这一主题的各种禁忌。但这些禁忌不应成为被动或偏见的理由。若非要有什么作用,它们应当成为采取行动的动力。毋庸置疑的是,有关性取向问题的探讨在大多数社会环境中都是困难重重的,但这种探讨还是必须要进行。这对每个社会都必不可少,因为它涉及所有人权中最基础的部分。这一问题以何种方式得到探讨以及争论者们彼此对待的方式如何,极大地暗示出这个社会是什么样的以及它认为应该是什么样的。比如,是否可以在文明的氛围中进行探讨,还是双方只向对方表示出自己的轻视、不屑和刻薄态度?在大 153
多数情况下,有关同性恋权利的探讨很刻薄且恶毒,这反映了一种未知的恐惧,也反映出一种赤裸裸的偏见。

性取向指的是对男性、女性、两性或无性对象拥有的涉及情感、性和浪漫吸引力的状态与行为。性取向是一种人类状况，是个人和社会认同问题。[45]性取向主要的三大类别是异性恋、同性恋和双性恋；这三者都存在于从绝对异性恋到绝对同性恋的一个连续中，其间有各种双性恋。但这种分类只是对性认同的简化，因为它将无性恋排除在外，这本来也是一种性取向。应当指出，上述各种性取向并没有正常与不正常之分，因为它们都是客观存在的状况。

并不存在一种"自然"的性取向，因为每一种性取向对拥有它的人来说都是自然的；也不应当有一种社会偏好的取向，因为"偏好"具有个体化差异。例如，询问一名天主教牧师的性取向是毫无意义的；这个问题没有实际价值，因为他们的信仰要求他们拒绝一切性行为。这种问题对那些禁欲者、性无能的人或出于其他原因无法有性行为的人也无意义可言。关键在于，当谈到性取向时，你的脑海中不应只想到一种性取向，无论是异性恋、同性恋还是双性恋。社会主要观点将异性恋视为"自然的"性取向；但我们必须抛开将任何一种取向凌驾于其他取向之上的观点而思考更多的可能性。

一直以来，法律对异性恋和异性恋主义进行了保护，以巩固西方或者欧洲的家庭观念。在许多社会中，异性恋是一个核心家庭中的"田园式"图景，一个被社会立法保护的"理想"。问题在于，法律是否应该保护异性恋以外的其他性取向。有关性取向的讨论无论在哪里都是至关重要的，这也包括肯尼亚和乌干达两个新战场；由于害怕新宪法会被用来保护同性恋群体的权利，肯尼亚的新宪法几乎难以立足；[46]而在乌干达，极具争议的《反同性恋法案》正在酝酿。[47]“乌干达法案”，也被称为“巴哈提法案”，该法案由多尔瓦议会议员大卫·巴哈提(David Bahati)于 2009 年 10 月 14 日提交；这一提案搅起了一场国际风暴。[48]该法案要求对同性恋者判处死刑，[49]这使美国总统奥巴马等人直言此法案“令人作呕”，并要求撤回该法案。[50]这个严酷的法案最终于 2013 年 12 月得到通过，但其中取消了死刑条款。[51] 154
2014 年 8 月乌干达宪法法院以技术性而非实质性的理由废除了该法律。[52]这个惩罚性的法律使西方与其坚定的盟友——总统穆塞维尼之间的关系剑拔弩张。这个法律是否会再次回到其法律系统中，穆塞维尼是否会支持这种行为仍然难以得知。

尽管乌干达国内关于这份反同性恋法案的态度各有不同，但国际社会对这份法案的反对意见是毋庸置疑的，部分原因在于国际认知正越发倾向于将性取向作为一种人权来看待了。国际人权主题及条约正试图保护同性恋者权利，毫无疑问，他们禁止基于性取向的歧视。比如，诠释《公民权利和政治权利国际公约》这一重要人权文书的条约机构——国际人权委员会就对澳大利亚塔斯马尼亚州将同性恋视为刑事犯罪的反同性恋法案作出裁决，提出反对意见。[53]在包括“诺里斯诉爱尔兰”在内的一些案件中，欧洲人权法院驳回了将同性恋视为刑事犯罪的爱尔兰法律的裁决。[54]

在州一级，各州逐渐开始保护同性恋者权利，一些州扩大了他们的权利，允许他们结婚、组建家庭。在非洲，南非又一次身先士卒。

1996年南非的《后种族隔离宪法》中包含了隐私权和人格权。它明确表示，“国家不得以一种或多种理由（包括性取向在内）直接或间接地歧视任何人”。[55]这一平等保护条款是世界上首提保障同性恋者权利的条款之一。南非宪法法院随后又颁布了一项普通法，规定对男性之间的鸡奸和类似的法定罪行进行惩罚是违宪的。[56]尽管同性恋运动正克服种种困难不断上演，但南非的这一做法并没有在南方其他国家得到如法炮制。[57]2010年5月马拉维法庭判定两名男子举行订婚仪式为“非自然行为和严重猥亵行为”。[58]但对乌干达反同性恋法案的一致谴责表明，那些最严厉的反同法案以后的路不可能一帆风顺。[59]

同性恋权利的一个重要支持者是神职人员。教皇弗朗西斯扭转了梵蒂冈对同性恋权利的敌对态度，他以开放的心态拥抱同性恋者，这使全世界都大为震惊。[60]在南非，英国国教中的进步派（其中又以大主教德斯蒙德·图图最为突出）强烈支持同性恋权利。全球许多国家已经任命了一些同性恋部长和牧师。截至2015年1月，美国已有36个州以及哥伦比亚特区（这些地方居住着超过美国70%的人
155 口）将同性恋婚姻合法化。[61]希特勒的支持者、牧师马丁·内莫勒在纳粹迫害少数群体时冷眼旁观，在希特勒后来将魔爪伸向教会时，马丁才幡然悔悟。他的故事对那些在面对迫害同性恋者时默不作声的沉默的大多数人，应有着警醒作用。[62]

想知道如何克服“恐同”心理，我们就必须了解其起源。对“恐

同”心理的最恰当定义是“针对同性恋的一系列看法和偏见”。这些消极感受也许是冷漠、蔑视、偏见、非理性的恐惧或者厌恶；有时候也会表现为歧视、暴力，甚至是愤怒。这种仇视的首要、也最长久的原因在于对基于亚伯拉罕信仰的基督教、伊斯兰教和犹太教的阐释。在将同性关系界定为有罪的这一基础上，对宗教教义的解释被用来推进歧视和偏见。宗教作为非理性仇恨的事实有史为证。荷兰的改革宗试图利用《圣经》将含(Ham)描述为黑人的祖先，从而为种族隔离辩护。《旧约》、《律法书》和《古兰经》中均有鼓吹“恐同”心理的经文。问题在于，如何用历史的眼光来诠释这些经文，如何将宗教教义与根植于其上的文化区别开来。另一个问题是，在如今人类知识和科学取得进步的情况下，这些篇章是否应从字面上来解释。就算从字面意义将这些经文加以解读，它们又是否能作为确立针对重要少数群体法律的立法依据？世俗国家为何要顺从宗教法律的指令呢？与此同时，重要的一点是，宗教之间关于同性恋问题并没有达成一致。并不是所有宗教都认为上帝厌恶同性恋。一些美国本土传统崇尚同性恋。[63]在英国，印度教理事会并不谴责同性恋。[64]其关键在于，虽然宗教是导致“恐同”心理的重要推手，但并不是所有宗教和传统都将同性恋视为罪大恶极。

在一些情况下，反同性恋已被种族化。许多非洲人会毫不费力地说某非非洲人是同性恋。[65]但经验表明事实完全相反。这一说法不仅在历史上是错误的，而且似乎是非洲成员自己声称非洲没有同性恋，因为同性恋一直以来都是社会结构的一部分。[66]证据表明，在前殖民时期的非洲，性取向问题并不会饱受争议。事实上，如今所体现出的对同性恋群体的憎恶和“恐同”心理在非洲文化中几乎没有依据。跟在其他国家一样，同性恋和相关性行为首次在乌干达被殖民国家裁定为犯罪。非洲的语言中并没有专指同性恋的丰富词汇。在斯瓦
156 西里语中有相关形容，但它们很有可能来源于阿拉伯语。似乎在前殖民、前基督教、前伊斯兰教时期的非洲，一种类似于“不问不说”的政策占了上风。我还记得小时候一直在疑惑为什么自己肯尼亚家附近一户住着两位男性的邻居没有孩子。母亲说他们“就是没有孩子”。[67]直到长大以后，我才意识到母亲是以这种方式告诉自己这两个人是同性恋者。[68]

非洲憎恶同性恋的人往往表里不一，前后矛盾。[69]他们自相矛盾地将同性恋视为异类，而将基督教视为真实。津巴布韦总统罗伯特·穆加贝（Robert Mugabe）认为同性恋者是有罪的，但他却没能指出他们有违“非洲上帝”的意志。他所指的是这些同性恋者犯下的是有违“基督教上帝”意志的罪名，而基督教却是作为殖民扩展的一部分被强加给非洲的。[70]这个上帝来到非洲，为殖民主义统治铺平道路，并平定非洲人使之屈从于非洲殖民主义势力。人们一定在疑惑，当穆加贝说着外来语言（英语），用外来宗教（基督教）宣称同性恋者不属于非洲时，他是否正在以己之矛攻己之盾。

同性恋反对者认为同性恋会威胁家庭构成，以此作为反对同性

恋者的理由。这种说法既没有经验性证据,也没有合理推论。即便如此,“恐同”者们将从自然灾害到人为灾难的一切都归咎于同性恋。实际上,家庭所面临的威胁并非来自同性恋,而是受政府政策及其腐败行为没能在教育、就业机会、公共工程和犯罪控制进行足够投资的影响。[71]家庭往往受困于父权制社会,或者就是由残暴、常对其妻子和子女采取家庭暴力的男性掌控。家庭的关键问题是贫困而非同性恋。但找一个替罪羊远比解决深深根植于人类弱点中的社会遗留问题要容易得多。“恐同”者试图将婚姻严格限制在男性和女性的结合上。但他们忽略了一点,即包括非洲在内,同性恋婚姻在类似肯尼亚、坦桑尼亚、尼日利亚和苏丹等不同国家屡见不鲜。[72]历史证据表明,在乌干达这个曾发生过最严酷的“反同”事件的国度,其一些王室成员(乌干达的统治者)也是同性恋者。[73]总之,由于婚姻的形式多种多样——一夫一妻制、一夫多妻制、一妻多夫制、异性成婚——似乎没有正当理由阻止两名同性在两相情愿关系的情况下结合。

任何反对使同性恋群体及其他弱势群体的成功斗争都必然从三个角度进行——交叉角度、多维的角度和反隶属的角度。交叉性是指这些歧视既是纵向的,又是横向的,它存在于不同身份的不同层次 157
中。故而种族主义者常常是反同性恋者或者性别主义者。多维性表明压迫存在于各个层面。一个人可能因为是女性而被压迫,同时也会因为是一个女同性恋者而被压迫。反隶属的含义是,在反对一种形式的压迫时却又支持另一种形式的压迫的做法是徒劳无益且十分虚伪的。因此，在反对性别主义的同时却支持"反同"行为是一种伪善。真正的自由要求对所有压迫的反抗在各条战线同时进行，这是那些人权和人类尊严的坚定拥护者们必须接受的规范性义务。最后，对一个社会的判断来自它对待弱者和少数群体的方式如何，而不是看这个社会如何对待强者和富有阶层。将同性恋权利排除在法律保护之外或将这个群体置之死地的野蛮做法没有理智上的可取性。死刑在任何文明社会都没有一席之地。

在国际和国内层面，越来越多的证据表明性取向——尤其是同性恋——应当被视为一种人权。[74]主要的国际非政府组织和国内非政府组织，近年来一直在努力保护同性恋者免受歧视和伤害。越来越多的国家认可了同性恋权利，包括他们缔结婚姻的权利。国际条约机构（比如，人权委员会和经济、社会和文化权力委员会）在对人权法律的阐释中认为同性恋是受到保护的。其相关陈述宣称，"禁止以性别认同为由进行歧视；比如，跨性别者、变性人或双性人常常面临严重的人权侵犯行为，诸如学校或工作场所中的性骚扰一类"。[75]消除对妇女歧视委员会的一般性建议第28条禁止基于性取向的歧视行为。[76]欧盟也有保护同性恋权利的迹象。它保护性别认同，包括LGBTI群体（lesbian, gay, bixesual, transgender, and intersex；女同性恋、男同性恋、双性恋、变性人和双性人）的权利。经济、社会和文化权利委员会的一般性评论第20条明确指出，该条约第2条第2款所指"其他情况"包含有性取向。于2009年生效的《里斯本条约》被视为欧盟的“新宪法”，该条约禁止出于性取向的歧视。[77]《欧盟基本权利宪章》于2009年生效，也反对基于性取向的歧视。[78]

经济、社会和文化权利委员会一般性评论第20条引用了“将国际人权法应用于性倾向和性别认同的日惹原则”，[79]这是与性取向普遍标准最接近的了。“日惹原则”旨在全面且一致地使各国认可并保护无论性别和性取向的所有人的权利。笔者留意到，至少有7个国 158
家将公开的同性恋行为判处死刑，并有超过80个国家将同性恋定为刑事犯罪。所幸“日惹原则”正越来越得到国家、政府间组织（比如联合国）以及民间团体的认可。经济、社会及文化权利委员会对“日惹原则”的引用——为委员会提供了法理基础——具有不可低估的意义。问题在于，民间团体及其他利益相关者是否会同意倡导确立一个一般性文本（如有约束力的条约或宣言）将性取向确立为人权之一。

同性恋权利运动的某些部分，传统上并没有为人权方面的平等和非歧视而斗争。许多同性恋权利的倡导者最初使用的是美国国内的民权（而非人权）话语，因为他们认为，争取种族和性别平等的运动在没有借助人权话语的前提下也已经得到了认可，而人权话语对美国来说十分陌生。[80]但这一现象正在发生改变。如今美国最大的同性恋组织是“人权运动基金会”，这一名称已经表明人权话语的中心地位。[81]但其他地区有借助人权语言的趋势，并利用联合国机构推动同性恋权利。联合国人权理事会于2011年6月通过了《关于人权、性取向和性别认同的决议》，这个决议禁止基于性取向的歧视和暴力行为，理事会这一举措也许预示着性取向方面的普遍（也许是有约束力的）人权标准。[82]

更多标准的可能性

未来无疑会有更多的标准，但很难明确预测会需要哪些人权标准。但是，毋庸置疑的是，对新标准的追求或拓展、重新定义以及对现有标准的阐释不会终止。新运动也不会借助监督、实施和推行机制与进程而对现有标准加以改进。会有来自四面八方的推动力，其中也包括地区和国际机构。[83]至今唯一存在的问题在于，将采取这些标准的领域以及它们将采用的规范性框架的性质。不过，任何新的标准都会引发同样的政治、规范性和文化问题：谁在探究这些问题？原因又是什么？如何对它们进行商谈？谁该对这些问题负责？新标准将如何使人权运动在全球范围内更具包容性和合法性？不合理的
159 过去曾扭曲规范制定，这种病态现象是否仍会对未来造成影响？

现有标准和施行机制中另一个需要多加注意的领域关乎妇女权利。虽然妇女权利方面已经取得诸多成果，但仍有进步空间。就规范与监督机构而言，其间还是存在诸多差距。只在过去 20 年人权运动才揭开了妇女权利的面纱，而只在过去 10 年里，许多社会才开始

认识到并着手解决那些根深蒂固的法律、行为、观念、习俗和使妇女受害颇深的社会结构。所有宗教(无论大小)的教义和做法都在很大程度上支持于妇女不利的观点和行为;也正是在这一点上,人权运动,包括妇女权利运动,产生了巨大动荡并竭力寻求有效且可接受的改变途径。《消除对妇女一切形式歧视公约》这一有关妇女权益的重要文书、其委员会、针对妇女的暴力行为联合国特别报告员以及1995年的《北京行动纲要》均是在争取妇女尊严和发展的斗争中意义非凡的规范性和体制性成就——但这些还只是一个开始。妇女的人权问题仍旧是许多国家中涉及生活的方方面面的问题。[84]

已经有一些普遍性和区域性措施被用以推进妇女权利。除了允许受害人个人提出申诉的任择议定书以外,[85]联合国还针对妇女权利采取了以下措施:设立针对暴力侵害妇女行为及其因果问题的特别报告员;[86]设立人口贩卖(尤其是妇女和儿童)问题特别报告员;[87]就法律及实施中有关歧视妇女的事宜设立工作组。[88]在地区层面,以《非洲人权和人民权利宪章》[89]为基础的非洲人权体系通过了有关妇女权益的议定书:非洲联盟于2003年通过了《非洲人权和人民权利委员会关于非洲妇女权利的议定书》,并于2005年生效。[90]早些时候,《非洲人权和人民权利宪章》的执行机构——非洲委员会——于1999年5月委任了首位关于非洲妇女权利的特别报告员,[91]其有效性可追溯至1998年。[92]2011年5月欧洲委员会通过了《欧洲委员会防止和反对针对妇女的暴力和家庭暴力公约》,[93]该公约保护妇女免遭包括基于性取向的各种形式的暴力的侵害。[94]早在1928年,美洲国家组织就已经成立了美洲妇女委员会,这是一个更早的区域性例子。
160 1994年美洲妇女委员会设立了一个“妇女权利特别报告员办公室”。[95]虽然上述措施给予了妇女权利标准有力支持,但妇女和女童面临的困境依然严峻。

必须对现有的妇女权利标准——以及相应国家义务——加以明确,并制定更多指导性绩效目标以确保这些标准得以推行。这些标准在国家内区域一级的诠释必须得到更多的资源支持。也许,需要对一般的监督和执行机构(如消除对妇女歧视委员会)进行改革以使之更为有效。[96]在规范层面,宗教信仰与实践和妇女权利之间的复杂关系必须得到解决。亚伯拉罕信仰中,尤其是伊斯兰教和基督教,必须在其教义上对妇女的歧视问题负责。宗教教义加剧了大众文化对妇女的歧视和暴力问题。宗教或明示或暗示地指出,女性与男性并不平等,前者应屈从于后者。一般人权机构和利益相关方必须与既定宗教作斗争,并要求终结对女性有厌恶、仇恨和歧视的各种教义、教条和做法,包括禁止妇女担任牧师、教皇或伊玛目。各国尤其应该拒绝承认那些基于性别和性取向而存在歧视行为的宗教机构的合法地位及税收减免。在设立新的或改革现有的人权标准方面,伊斯兰教和人权研究者阿布杜拉·安纳伊姆(Abdullahi An-Na'im)所做的研究不可或缺,他力图对神圣文本和伊斯兰教教法重新进行规范性解读,以此推进和保护妇女权利。[97]这种类似的学术研究应该成为政府间组织和各国内的非政府组织更有根据的规范性行为主义的基础。对过去几十年所取得的规范性和制度性成果(包括《北京行动纲要》)进行诠释将需要对标准进行改革或设立新的标准以解决一些根深蒂固的问题,使个别国家更有效地接受和施行拟议标准。

恐怖主义是另一个长期存在的国际问题,最近又重新出现并给人权问题带来不小的压力。自2001年9月11日的自杀式袭击以及美国作出相关回应之后,人权标准制定领域的空间和地位似乎有所减弱。袭击事件发生之后,尤其是在乔治·W. 布什时期美国作出的暴力应对措施之后,有观点认为,人权时代已经结束。[98]大众观点和学术评论认为,对安全问题和恐怖主义的担忧已经将人权问题推下了国际关注的阶梯。[99]政府的一些激进措施表明,它们只是以恐怖和安全问题为借口,从而侵犯人权或严格限制对人权事业的支持。[100]各国 161
有义务保护其境内人民免受暴力侵袭的伤害,但所谓的反恐战争不得成为践踏人权的借口。但这正是目前一些国家的做法,尤其是非自由主义的专制政权或者占领区。他们,还有一些其他国家,借助美国在国内外对恐怖主义的军事反应,打着安全事由的幌子击败自己的对手。

布什对恐怖嫌犯的抓捕和酷刑是公然违反人权标准的。他的政府允许并授权实施“非常规引渡”,也就是“非法移交”,这种措施在不经法院许可的情况下将恐怖主义嫌犯移送至确有酷刑制度的国家加以审问。[101]被“移交”的嫌疑人将会“被代理方严刑拷打”以使美国获得证词。[102]在这次引渡中，美国中央情报局在欧盟成员国的协助下，将超过3000人转移，他们被抓捕、关押在被称为“黑监狱”的秘密拘留处，并被转移到有酷刑制度的国家。欧洲议会调查发现，美国中央情报局为了这一引渡项目进行了超过1245次飞行。[103]2009年新任美国总统奥巴马颁布行政命令13491－93号，以确保对被扣押者进行合法审判，并复审拘留政策选择，同时复审仍被拘留在关塔那摩的个人囚犯的案件及可能已有的裁决意见。[104]上述命令取消了布什政府对《日内瓦公约》第3条有所限制的第13440号行政命令。但是，奥巴马的行政命令并不禁止非常规引渡。[105]对美国来说，在不同的地方（主要是关塔那摩、伊拉克和阿富汗等）对嫌疑人实施包括水刑在内的酷刑只是司空见惯的事。[106]

对恐怖势力和暴力的担忧不得成为中止或废除宪法保障、正当程序保护和已有人权标准的理由；也不得因此而采取与非政府势力别无二致的行为策略的理由，这些策略往往会给社会带来恐慌。人权与安全问题之间的恰当平衡不可或缺，此外，一个由国家、政府间组织、人权非政府组织以及智囊团组成的团体必须带头努力建立人权和国家义务之间的规范性、政策性关系，以此在不损害人权的前提下保护公民不受暴力侵袭。[107]联合国现有的涉及恐怖主义及相关问题的文件旨在预防和惩治恐怖主义，其规定并不能解决与人权的关系问题。[108]非政府组织和政府间组织应重新审视这一复杂现状，并提出一个规范性框架对此加以解决。应当对联合国提高、保护人权并打击恐怖主义的特别报告员的工作加以鼓励，同时促进其目的实现。[109]要制定新的标准以解决这两个关键且明显冲突的问题，这一点 162
是一目了然的。[110]

新战略是否必要？

如今人权运动所取得的巨大成功对《世界人权宣言》的起草者们来说是难以预料的。但即便如此，要做的还有很多：人权标准制定的参与者们制定标准的方式应具有合作性、协商性以及参与性。同时，应广泛包含国际非政府组织、地区非政府组织、南方国家、北方国家以及社会各界人士的参与。应当摒弃过去的猜忌和排斥，从而团结关键参与者。由于具有推进新标准的足够精力、兴趣、专业知识以及良好信用，非政府组织在此进程中将会承担关键角色。无论是保护现有标准、对其进行修改还是彻底建立新标准，都应采用同样的方式。但标准制定者们要跳出固有的思维模式，也就是说，不将“条约”视为标准制定的唯一可取的办法。《指导原则》就说明了这种灵活性的必要性。但是对人权范围和深度的扩大与加深（还有随之而来的机构与进程）并不仅仅意味着对现状的简化。推进霸权主义的人权规范必定会被打破并被取代。整个人权系统需要得到重新审视和建构。人权话语本身就应该成为多元的、包容的、多维的体系。

人权项目，尤其是作为一种思想成果，不应是孤立的。南方的新思想成果（如《第三世界国际法方法》）也应被纳入其中。笔者已在其他地方提过，《第三世界国际法方法》力图以非霸权的方式重新解读和建构这个世界。[111]这一成果的思想渊源可追溯到第二次世界大战后在非洲、亚洲以及拉丁美洲的去殖民化运动。上述方法与西方的帝国霸权狭路相逢。它是对贪婪的政治和经济体系下的统治与压迫等情况和异常行为的反映；一直以来，它都用国际法来应对不公平的国际秩序。笔者在别处业已指出：《第三世界国际法方法》取决于三个基本的、相关的且有目的的目标。

163 国际法是形成并延续“非欧洲人从属于欧洲人”这一国际等级规则的媒介，而《第三世界国际法方法》的第一个目标就在于对这种国际法进行理解、解构和拆分。第二个目标则在于，它试图为国际治理建立一个新的规范性框架。最后，《第三世界国际法方法》力图借助学术研究、政治和政策来消除第三世界的不发达现状。[112]

《第三世界国际法方法》对拯救人权项目不可或缺。在这一实践中，对标准制定的投资仍然是个关键问题。由于浮现出许多新的需要，似乎明确的实质性投资仍然十分有必要，其中包括在残疾人、性取向、全球化、债务、经济和社会权力以及妇女权利领域内的工作。对实施过程加大资源投入会造成对标准制定的放弃；如若不然，国际刑事法庭就根本不会出现。但即便如此，国际刑事法庭也不应成为西方针对南方国家，尤其是非洲国家的工具。一直以来，人权运动的失败之处在于制定反霸权主义规范、实施措施和执法方式。好消息是，人权运动如今业已成为人类良知不可或缺的一部分。但坏消息是新建立的标准以及对现有标准的诠释都是十分复杂且颇具争议的。[113]在公民和政治权利这一块，人权标准得到了极大发展且十分成熟，但在其他领域，如经济权利，人权标准的发展即便没有停止，其进程也十分缓慢。

所有团体或集体权利都面临着严峻的挑战。涉及恐怖主义与人权、性取向、战时和强奸受害者、农村贫困人口、农民、城市移民、失业工人、农民工以及妇女权益方面的标准都对其带来了各种各样的挑战。非政府组织是在国际政府间组织内推进人权标准制定的引擎，它必须吸取过去成功与失败的经验教训，为解决目标领域的问题制定有效方法。在这些领域中，最顽固的当属经济和社会权利，还有由此引申出来的发展权。许多国家、政府间组织以及非政府组织（尤其是国际非政府组织）对上述权利的标准制定普遍有抵触情绪。勇气、新的方法和新的赞助者对克服死气沉沉和兴致寡淡的现状至关重要。

尽管一些标准中的现存差距需要用新的策略来加以解决，但历史经验表明，国际非政府组织和区域非政府组织形成的大型联盟应当成为未来的活动中心。另外，具有同理心的国家和联合国专门机构会成为这些活动的重要盟友和催化剂，有时也是重要领导者。墨西哥与残疾人权利；哥斯达黎加与《〈禁止酷刑公约〉任择议定书》；还有挪威与《人权捍卫者宣言》；这些都是国家在特定标准制定领域内起领导作用的典范。像南非在性取向及性别权利中所起的作用一样，更多的南方国家应该参与到活动领导中。《渥太华禁雷公约》和
164 《儿童权利公约》就是类似合作的典范。为了填补人权体系中的规范性空白，人权倡导者应当树立这种模式，取得不同程度的承诺。如若不然，这些缺陷将会威胁人权运动的成功和权威，同时有损其成效。人权运动必须不断超越新的界限以保持其相关性并保护运动成果。但这样做的话，它就必须进一步对人权运动（包括其主体和话语）进行再定位，一直以来，人权运动都受困于市场主义、自由主义理论和哲学以及欧洲中心主义。

第七章　人权的规范性批判

对变革型人权思想家和倡导者而言，挂靠于联合国的官方人权项目是自相矛盾的怪事。深受自由主义影响的官方传统人权观念似乎旨在维持现状，这种思想很难成为促成解放的媒介。在全球秩序体系中，国家居于世界治理的中心，而掌管国家的精英最终也就成了决定设立何种标准以及如何将之实施的人。政府间组织位于这种秩序的顶峰，它们由最强大的国家掌控并致力于追求国际自由主义。首当其冲的就是美国及其同盟——英国、法国以及德国。自乌克兰及克里米亚危机爆发以来，长期与西方抗衡的俄罗斯打破了对政治自由化的最后希望。[1]世界主要政府间组织包括联合国、布雷顿森林体系以及 WTO。这些政府间组织力图以各种不同方式维护第二次世界大战后国际秩序的基本政治和经济原则。战后秩序的道德基础是人权原则，而前者有赖于西方监督下的自由市场和政治多元化哲学。所有其他反霸权团体或哲学要么内部分裂了，要么被否定了。关键问题在于，变革型人权思想家和倡导者是否必须将人权
166 视为变革的唯一可能途径。如果是，那么这些思想家如何重新建构人权运动，从而使之不仅是为自由市场以及全球自由主义政治霸权背书？

来自第三世界国家的思想家们尝试大量借鉴各种理论，如依赖理论。[2]尽管类似哲学观点具有洞察力和重构性，但它们并没有为第三世界国家提供摆脱贫困和西方霸权的方法和蓝图。最近一段时间，更多思想家已经退而将人权视为推进解放运动的方法。人权的力量及其利用业已解放的第三世界国家和西方其他进步话语进行重构的潜力正是思想界作出上述决策的原因。葡萄牙变革型思想家博阿文图拉·桑托斯（Boaventura Santos）的成果就试图实现这种综合。[3]许多学者意识到，在过去60年里，没有任何道德理念像人权一样给一个国家的内在特征带来如此深远的影响。它们是否成功重塑了人权话语？路易斯·亨金（Louis Henkin）似乎对此表示同意。

“我们的时代是一个权利的时代。”[4]他写道，而为了强调这一点，他毫无保留地指出“人权是我们这个时代的概念，也是唯一一个被普遍接受的政治—道德观念”。[5]我们必须对这种来自德高望重的思想家的明确表述予以重视。但人权的概念在过去半个世纪里对许多社

会和传统的吸引力已经得到了证实。但亨金所说的“普遍接受”[6]是否得到了世界不同文化的认可却是另一回事。必须将国家对人权条约的批准与这些国家所处的文化环境对人权话语规范的内化加以区分。即便有人承认这一点，其中的紧张局势也不能解决有关人权政治的问题。这也同样不能消解标准制定的复杂过程，或者消除有关规范性标准意识形态的争论。

笔者的观点是，诞生于冷战时期的现代人权运动不可避免地扭曲了人权主体的身份。当然，主流人权学者和活动家（尤其是西方及其南方同盟）一直以来都反感提出有关人权运动的哲学理论和政治目标方面的问题。这些类似问题被看作对人权运动的不忠表现，或者是试图为违反相应规范的国家提供掩护和借口。

遗憾的是，只有少数批判型思想家严肃投身于这场辩论。其结 167
果就是缺乏对现代最强大的意识形态之一的有效批评。至少对思想家们来说，对这个话题避而不谈是十分不负责任的，因为人权规范已经成为帝国政府手中的钝器。[7]在国际法的所有分支中，人权法学似乎面临着狂热的鼓吹而非批判性分析。作为理应免受改宗主义影响的思想家，学者们已明显成为模糊思想与行为界限的倡导者。一些主要人权思想家，如菲利普·奥尔斯顿（Philip Alston）和已故的路易·亨金（Louis Henkin）为人权作出辩解，认为它是一个学术主题，并积极倡导人权项目，但并没有对这二者作出区分。

笔者认为，缺乏批判性分析并非事出偶然。许多思想家和人权活动家都对人权章程的救赎力量深信不疑。尽管这种现象并不具有阴谋性特征，但这种情况是人权章程内在逻辑之历史的、战略的和不可避免的结果。人权运动的创始人——主要是《世界人权宣言》的起草人[8]——只是成功地将人权观念诠释为普遍的、无党派的、无关文化、无关历史以及非意识形态的概念。[9]玛丽·安·葛兰登(Mary Ann Glendon)指出，这些创始人曾经为普遍性这一特征所困扰。最后他们得出结论：《宣言》草案的基本原则，虽然并非总是以权利的形式加以表达，但都潜藏于诸多文化和宗教传统中。[10]普遍性的这种走后门式的合法化方式并不光彩，尤其是因为许多由人权"创始人"代表的文化被排除在《世界人权宣言》起草进程之外。然而，他们决定将这一文本置身于西方权利语言习惯之中——这是最能说明民主政治的语言——已成事实。奇怪的是，他们并没有探讨《世界人权宣言》指导下产生的社会是何种性质，而这种疏忽也没有引起任何争议；也许这是说明他们偏见的无可辩驳的证据。由于当时东方与西方、资本主义与社会主义二分法的意识形态鸿沟，《世界人权宣言》或另外两个主要人权条约中的任何一个都没有进一步为其指导下的社会给出哲学主张或意识形态的辩护，[11]这是一种十分令人困惑的疏忽。上述几点都是明显的疏漏，尤其是在推行普遍信条的情况下。这是否仅仅是西方在全球秩序上的胜利？这个问题就留给历史学家吧。

人权资料库缺乏一个由明确政治意识形态、政治类型学或者经济哲学给出的界定，其中缘由复杂多样。尽管如此，这种界定失声并不意味着没有界定。对这一主体的批判性研究将其置于自由主义传统和政治民主的国家类型中。但在这种基本政治民主应有的最低限 168
度的反复中，一个成熟的福利国家才是最高形式的政治社会。换句话说，在满足这一类型政府的基本规范和机构要求之后，政治民主才算通过人权测试。基本上，它的特点就是纯粹的共和主义，而事实也正是如此。一些新诞生的东欧和非洲民主政权以及最近随着 2011 年“阿拉伯之春”在北非和阿拉伯世界涌现的民主政权就是活生生的例子。在最成熟的社会中，政治民主受社会民主或富裕福利国家的推崇，[12]大多数斯堪的纳维亚半岛的国家就是如此。不管怎样，贫穷也好，富裕也罢，它们都超出了人权文本设定的最低规范性标准。

人权理论的制定者们试图有意无意地维护催生政治民主的价值观和规范；考虑到形成《世界人权宣言》这一概念的制定者们的身份，这一事实并不令人惊讶。他们基本上都受自由主义传统的影响和浸淫。[13]尽管葛兰登指出拉丁美洲为《世界人权宣言》做出了巨大贡献，但她所指的并不是拉丁美洲本土或非欧洲成员的贡献。[14]在 20 世纪 40 年代后期，《世界人权宣言》形成之时，在谈及拉丁美洲官员时显然还是以欧洲为中心的。但即使作为西方最具影响力的学者和人权实践者之一，安东尼奥 · 卡赛斯（Antonio Cassese）也坦然承认，西方能够将其人权哲学“施加”于世界其他国家，因为它主导形成了 1945 年以后的国际秩序且主宰着联合国。[15]由于南半球国家加入联合国，后来的人权文本，尤其是自 20 世纪 60 年代去殖民化之后的人权文本，具有了更高的参与度。然而，将包容性与人权文本基本特征中发生的巨大规范性改变混为一谈是不可取的，因为后来相继出现的文本仍建立在创始者的规范性脚本上。

奇怪的是，人权运动最初的一些文件刻意避开——甚至从不提及——过去几百年里政治上最重要的一些词汇和术语。这些词汇至今仍旧缺失。诸如资本、市场、殖民、帝国、政治民主、自由主义或任何其他类似衍生术语均没有出现在《世界人权宣言》、《公民权利和政治权利国际公约》以及《经济、社会及文化权利公约》之中，这一点难道不令人疑惑吗？《世界人权宣言》中隐约暧昧地提及了“民主”一词，这是一个例外。[16]虽然并未明确陈述或者作出解释，但《世界人权宣言》似乎推定政治民主是人权的既定选择。另一处如此提及“民主”的是《公民权利和政治权利国际公约》。[17]出现这些纰漏和混淆可
169 能是因为不愿意用某种特定规范性传统、哲学或意识形态来确定人权运动，但缺乏对人权主体的拓展理论和哲学辩解使这一学说易受攻击。重要的是，它模糊了人权文本中规范与文化的差距。

笔者认为，人权文本是政治民主中的一个道德方面，而且最初的创建者们没能将人权学说明确建立在这一无可辩驳的基础上，其造成的结果是弊大于利。第一，它错误地将人权话语描述为没有历史、文化以及意识形态基础的东西。若你是一个批判者，那么这种含混不清就站不住脚；但若你是个坚定的信徒，它就变得十分有力。作为批判者，人们会从否定某个反面的缺陷开始。但作为信徒，人们所做

的只是对反面也加以肯定。第二,对人权主体真实身份的扭曲掩盖了其不足,也难以对其进行公开讨论。这跟练太极拳有相似之处:目标捉摸不定,而所耗费的能量又没能得到有效运用。第三,由于政治民主与人权之间缺乏联系,故而对前者的批评并不必然就是对后者的揭露。但是不久后,问题就变得显而易见了:人权主体有着像水银一样难以捉摸的特点。此处的观点是,将政治民主与人权等同,将为思想家们提供一个坚实的基础,能用来探讨、阐明以及形成一个能更好地服务无权人士、应对人权受辱以及市场和全球化带来的挑战的意识形态。

政治民主与人权

不论其迭代如何,政治民主是对自由主义传统最关键的实现。自由主义和政治最基础的阐释或许存在于约翰·洛克(John Locke)的开创性作品之中。[18]正式自治和抽象平等是其两大支柱,它们构成纯粹共和国家、人民主权,最后构成有限的立宪政府的基石。[19]洛克认为,个人存在于社会中,但个人却仍然是道德的中心。[20]这种强调个人是社会独立个体的观点框定了西方政治社会的发展,并催生了促成人权主体的规范性项目。正如在别处已经论述过的,"在历史的长河中,自由主义孕育了民主,而后者如今又试图在国际上将自己确立为人权的意识形态”。[21]政治民主的理论和实践并非一成不变、风平浪静，它们也不可能如此。但即使如此，它们还是都基于两个基础的原
170 则和假设。第一，这种政治系统表面上是为了个人而存在的，而这些个体被赋予了某种抽象、不可侵犯的（有时也称不可剥夺的）权利。这些权利在历史上是从文化、宗教、传统、公民身份以积极经济生产方式等层面形成的。这些权利并无自然之处，但它们被规范地表述为“人类尊严的精髓所在”，这又是一个令人匪夷所思、充满文化和政治偏见的术语。第二，政治社会必须以保护和培育这种理想个体的方式来构建。

政治民主是如何成为或者说它为何是人权的道德表达？按如今的理解来看，政治民主属于政府类型学中以特定程序属性为特征的一种方式。虽然它是一个制度体系，但实质上，政治民主并非是结果论的或者以结果为导向的。相反，一些著名理论家和支持者将之定义为纯粹的程序语言。[22]民主在某种程度上是产生一种特定制度的方法。

人民的命运是否就此注定了？民主这种极简的定义与自由主义的主要意图和承诺十分相似，即正式自治和司法平等。斯坦纳很好地理解了这种承诺：

> 171 在对自由主义民主理论的传统理解中，政府的相关责任并不包括为政治辩论和政治行为创建制度框架，或者确保各群体可以平等

地表达自己的意见。相反,这种传统认知要求政府保护公民的政治组织和活动,例如,组建政党、动员利益集团、募集竞选资金、上访和示威、竞争选票、建立机构以监督地方政府、游说等。[23]

因此,对自由主义或政治民主的传统理解并不关心公民之间权力的不对称,也不关心既得利益集团能否维持对社会的政治控制。这种市场化的政治民主方式阻碍了实际民主,并限制了个人自主性。斯坦纳又一次对这个问题作出了界定:

政府提供许多可能路径,但要开拓并追求这些道路的是公民。有关参与的方式和程度取决于公民的经济资源和社会地位。但政府的职责不在于缓解这种依赖性,或者为易被缺乏资金、教育或地位所困的政治参与开辟途径。[24]

斯坦纳指出,《世界人权宣言》和《公民权利和政治权利国际公约》都规定了与政治民主并无二致的政治参与制度。[25]这两份文件都起源于西方的多元化理论和实践,并且均规定了公民和政治权利,如正当程序保护、司法独立,还有政治民主不可或缺的平等和非歧视准则。其支柱是人民主权,这种理念将人民意志作为政府基础,以基于多党制的定期选举、独立司法机构之间形成制衡以及对个人权利的保障为基石。[26]1945 年以后确立的宪法中的许多权利法案对这种模式的传播至关重要。威廉·P. 奥尔福德已正确指出，冷战结束后，美国就开始了其政治民主的输出，尽管这种输出有限。[27]欧洲的政治民
172 主国家也随之而来。在这种文明狂欢中，人权往往与政治民主交替使用。

人权、意识形态与政治

诸如路易斯·亨金（Luis Henkin）和杰克·唐纳利（Jack Donnelly）[28]的人权学者和倡导者常常将这一运动表述为上述政治行为。尽管其基本文件预设了一种政治和社会组织，但他们认为，人权文献与话语脱离了个人利益、意识形态、物质主义以及党派偏见。相反，运动学者和活动家则将之描述为由高尚品德和更高人类智慧驱动的普遍行为准则。他们的描述充满了修辞，其语言暗示着人类历史的永恒和顶峰；另外，他们认为基本的人权文书与工具主义、功利主义、实验性或便捷性无关，而是觉得自己掌握着最终真相。他们的语言是永恒的，甚至是神圣的，在其弥撒亚式的愿景中，这种语言甚至令人望而生畏。这是一种捉摸不清但崇高的理想主义，它意味着对其理念的质疑十分无礼且不受欢迎。这种对人权的推崇，还有随后试图消除党派偏见的尝试都需要经受密切而严格的审查。为什么不在一开始的时候就承认，人权显然是一个政治项目呢？而事实是，

人权准则和标准触及人类的日常和世俗生活,并且属于常规政治范畴。

要了解为何这些支持者们对维护人权主体的意识形态及其历史起源犹豫不决,最直接的就是考察欧洲这一发源地。不可否认,人权中的许多观点在其他文化和传统中都有类似之处,但这种特定的人权主体有其产生某社会类型的特殊性。正如大卫·肯尼迪恰当指出的:“人权运动是特定时间、特定地点的产物。”[29]他将人权运动描述为“后启蒙的、理性主义的、世俗的、西方的、现代的、资本主义的”。[30]他认为,这些渊源会给这项运动带来多方面的问题,其中包括在其他文化中取得合法性、由此运动催生的社会类型以及与这一希冀相关的社会和其他成本等方面。[31]与大多数西方法律学者的论述不同,肯尼迪似乎在用现代的、自由主义的、资本主义的西方政治或政治民主来界定此运动的问题上并没有什么疑惑。如他自己暗示的一样,他对这一运动理念持矛盾的,甚至是反对态度的原因在于,他并没有全身心投入人权项目。他看到了一个危机四伏的运动:

> 确立人权运动的那一代的关注点在于,如何将邪恶社会中的恶人加以区分和控制。如今更为要紧的是,良好社会中的好人们会走 173
> 上歧途,会去支持、助长那些他们曾被教导要谴责的行为。[32]

但是即便如此，肯尼迪还是陷入了关于人权运动非此即彼的二元对立观点，即“善的”世俗西方社会教化“恶的”或“他者的”野蛮南方社会。[33]否则，他所说的“良好社会中的善意人士”又意指为何呢？这难道不是在没有将人权运动的政治议程分开的情况下，为其找借口、使其合法化、非政治化的用语吗？也许肯尼迪说这话是在开玩笑。不管这里面是否具有讽刺意味，这一用语显示出人权运动的确有着政治议程。毕竟，“良好社会”本身就是一个规范性项目，而“善意人士”则由这个社会中的准则界定。这些准则具体是什么则构成了人权运动的政治项目。即使这样，肯尼迪也许还是会对人权观察执行主任肯尼斯·罗斯（Kenneth Roth）在 1998 年哈佛大学肯尼迪政府学院卡尔人权政策中心举办的会议上所作的发言提出异议。[34]有评论将人权视为以欧洲为中心的项目，作为对这一评论的回应，罗斯将人权规范比作病人必需的抗生素；在这种情况下全球南方（即便不愿意合作）也要接受治疗。罗斯的傲慢是对早期欧洲中心主义的倒退，这种观点普遍将南方人民视为西方的“客体”。[35]

并非所有的人权活动家都拒不接受人权运动的政治纲领。伊恩·马丁（Ian Martin），大赦国际（这个组织的名称与人权同义）的前领导人，呼吁将人权运动扎根于“《世界人权宣言》以及另外两个有关公民政治权利和社会经济文化权利的主要条约”中。[36]此处，他是在强调上述两种权利具有同样的普遍性和同等重要性，并且，反对那些认为前者优于后者的偏见言论。但他也警示人们，不要将人权与

"民主、人权以及自由主义市场经济"等新的西方说辞等同。[37]尽管马丁的训诫并非基于人权准则、民主以及自由市场的原则或对这三者关系的完备分析,但它似乎仍具有战略性(如果不是策略性的)。他指出,人权运动不应该与西方国家的说辞相联系,这并不是说类似言辞不具有合理性、哲学基础或者死板。相反,他反对人权运动与西方外交政策目标之间的公开联合。但是,他将人权准则与民主直接联系起来了:

> 人权运动的目的无疑在于保障民主。普遍的人权原则包含民 174
> 主。但是它们为权利提供了一个更为精确的定义,而不是从"促进民主"这一模糊概念中对之加以定义;民主本身就会过度包容选举产生的政府侵犯人权的行为,不论这种选举是在什么情况下进行的。[38]

马丁的言论对一个西方人权斗士来说是超乎寻常的,还有待进一步考察。比如,马丁如何推断什么是政治民主?他所认为的民主与人权之间的分歧(若有的话)存在于何处?从民主是人权的一部分来说,除政治民主外,他是否还能设想出能为人权准则所接纳的其他政治制度?有趣的是,作为大赦国际的秘书长,他并没有采取很多措施来改变这个组织的任务和理念,或者是强调经济和社会权利。路易斯·亨金似乎认为,民主与人权之间存在某种联系,在一份明显的反驳意见中，他指出人权准则指向的虽然不是形式，却是一个特定的政治社会。

文书中所反映的权利观念、被认可的特定权利以及政治社会随之而来应承担的责任都意味着特定的政治观念和道德理念。国际人权并不指向任何社会契约理论，但它仍然致力于人民主权。“人民意志是政府权威的基础”，并且“应体现于普遍且平等的定期选举中”。(《世界人权宣言》第21条)。这种以人民意志为基础的政府应采取何种形式并没有固定要求。[39]

亨金此处所说的“形式”意义为何尚不明确。也许他是指政治民主的不同形式，如总统制或议会制；或者是指不同的选举制度，如与多数票获胜制度相对的比例代表制。如亨利·J. 斯坦纳(Henry J. Steiner)指出的，关于公开的政治独裁统治、虚假的民主制度、领导权继承制、君主制和一党专政会危及人权和政治民主的核心组织权利这一点，亨金似乎并不否认。[40]一旦人权的政治目的得到公开认可，就能进行更公开和坦诚的对话。这样一来，对人权运动的价值、不足之处，最后还有为使运动合法化必须采取的改革项目的讨论就会容易得多。究竟改革项目(作为一个实际问题)是否有实现的可能，又另
175 当别论。

在人权运动的历史中，现阶段重要的并不是人权准则是否需要

建立政治民主。运动学者和活动家应承认这种固有的概念和哲学联系,以使这种联系的意义得到更多关注。比如,是否存在由这种关联引起的规范性问题?这些问题是否不认为人权运动(或政治民主)是弥补其缺陷的机会?这些缺陷是什么?它们能否得到纠正,或者是否有必要对人权制度进行根本变革?若人权运动的捍卫者们没有充分披露这些问题,那么,要解决上述紧迫的疑惑(即便不是不可能)也是十分困难的。

选择与实质的病态

人权主体呈现多种病态,既有选择上的,也有实质上的,即基于偏见的以及基于人权主体本身固有的(有限或被限制的)病态。这些反常病态不仅源于人权主体内部逻辑存在的问题,也源于过去 60 年里人权倡导者们所做的战术和战略性选择。其中之一就是遏制国家专制与实现人的尊严之间的关系。不必讨论有关权利的不确定性、灵活性以及两面性,只要留意到人权项目基本上只在于监察政府与个人而不是个人之间的关系即可。正如卡尔·克拉尔(Karl Klare)所写的,对人权项目的主要认识是"在个人和政府之间建立隔阂,以此保护个人的自主权和自决权不受政府权力的侵犯或压制"。[41]然而,没有什么人类的固有特征只要求来自政府的保护,而不需要从权利的不对称获得保障的。

从人权角度来理解的人类尊严在很大程度上源于自由主义和政治民主理论，这种理解弱化了政府角色。不容否认的是，完善的福利国家是在试图强调一种更强烈的自由主义。在人权理论中，这种对自由主义更完善的强调看似在《经济、社会及文化权利国际公约》中有所表现，但该文件的软弱、无能以及模糊性证明该主体范围实际上更有限。[42]跟政治民主一样，人权机制似乎更倾向于关注特定形式的
176 人类无权现象而非其他，这种做法在最具影响力的人权非政府组织和机构中尤为明显（也就是说，因为西方没有重要的人权非政府组织关注经济、社会及文化权利）。这并不单单是一个方向的问题；相反，这是运动学者和活动家在一种规范性阐释的基础上维护“核心”政治和公民权利的基本哲学允诺，这种规范性阐释会破坏既得阶级利益，并要求形成政府与公民、公民与公民之间的不同关系。冷战时期，人权非政府组织十分便捷地就避开了经济衰弱的问题，其原因在于慈善机构和西方政府对他们存在不满意见，而这远超策略层面的意识形态偏见。少数几个例外包括人权医师组织和类似“乐施会”的机构，尽管后者本身并未被定义为人权组织。如今，一些机构专注于经济和社会权利，如“国家人权行动计划”[43]和早先的“经济与社会权利中心”。[44]

人权文本中一个更有意思的反常现象在于，它们都避免或者拒绝用特定词汇来描述无权状态。《世界人权宣言》是最重要的人权文

书,并自称为“所有民族和国家成就的普遍标准”;[45]若它不承认在其形成时期,全球南方的大部分地区都受控于欧洲的殖民统治,遭受恶劣的经济剥削,那么这个文书的合理性就值得怀疑。鉴于几个强大国家和参与方均在社会主义与资本主义之间的划时代对战中有所参与,很难相信上述缺陷是一个疏忽。实际上,该文书似乎通过保证促成这些制度下社会的形成而暗中认可了世俗主义、资本主义以及政治民主。

最初,这个运动及其创始者并不认为自己有责任解决经济上的无权和弱势。经济、社会以及文化权利仅在《世界人权宣言》中的6条中出现,且是位于最末尾的位置。这些条款并没有直接针对无权和剥削。比如,与劳动有关的权利承担着资本主义和自由主义市场的事实和合法性。[46]因此,劳动人民则应该在这些系统和结构争取自己的权利。这样的逻辑在《经济、社会及文化权利国际公约》中同样存在。也就是说,它在自由企业体系内确立了保护工人免受全球资本主义过度侵害的权利。在这个层面上,《经济、社会及文化权利国际公约》应被视为自由经济中完善的福利国家的规范性项目,一个旨在缓和资本主义的严酷并使之更人性化的文书。

人权运动缺乏想象力,还默认政治民主下的自由主义市场理念,这使人权运动难以跳出催生丑陋社会结构的剥削市场和制度。根据人权准则和如今对政治民主的理解,政治社会不会允许绝对独裁者 177
的存在。但是,人权运动并没有设立标准来预防这种独裁者的存在或保护经济独裁的受害者，美国的亿万富翁等极端富有的市场垄断者就是经济独裁的例子。相反，这些人在政治民主社会中广受尊重；人权主体自然不会将他们视为经济领域中的独裁者。但他们个人经济帝国的存在是对人类尊严中所有平均主义或者平等概念的彻底颠覆。要合理说明允许公民之间存在如此巨大差异的社会制度没有违反人权的基本理念，即便不是不可能，也难如登天。在全球化时代，资本无国界一般而言无法解释，人权主体及人权运动应当关注经济正义和公平的问题。像人权非政府组织那样只谴责全球化过程中的恶劣行为或惊人做法是不够的。它还必须制定一个可解决经济和社会安排与制度的可行的规范性项目。人权准则要做的不仅是像政治民主社会中那样只将政府视为市场的监管者。

最后，人权主体和人权运动太过关注过程和权利，忽视了政治和物质。政治有党派性质，缺乏中立性，故而运动对其避之不及。人权运动选择维护制定法中规定的权利；通过让自己从事法律工作，这些积极的活动家延续了客观性神话。比如，冷战时期西方的人权团体就有意与苏联以及南方国家中民主的公然推动者保持距离。[47]为免人们将自己视为西方国家为了推进西方市场或政治民主制而铲除共产主义（尤其是在美国总统罗纳德·里根领导下）的运动的支持者，他们希望将自己塑造成关注过程的法律规定，而非民主的意识形态组织。

结论

本书集中探讨有关人权(其主体、话语以及运动)的批评,这些评论涉及人权动态,也涉及其排他性、偏见、不足以及缺陷。从标准制 178
定的角度,本书对上述参数加以考量。最终得出结论,即尽管人权运动存在不足——以及失误——但它不应被完全否定。规范性重建是有必要的。对人权项目的想象重构也是如此。此处涉及的人权文本和文书揭示出亟待改善的复杂现实和权力格局,以使世界具有人权运动基础。如若不然,人权运动时代的终结会比人们预想的来得更早。复苏的意识形态和极端主义观点指向新的道德真空。人权未能对叙利亚、伊拉克、阿富汗、刚果民主共和国、中非共和国、索马里、也门和乌克兰的反乌托邦灾难作出有效应对或提供合法武器,这是否揭示出人权的无能呢？本书对人权重建的呼吁,在未来至关重要的原因就在于此。

人权运动的基础在于1948年的《世界人权宣言》,可以肯定的是,这个运动是我们的时代中最具重要性的征战。人权话语一直以来就是去殖民化、妇女权利以及不同种族、性别和宗教团体权利的话语。它是精英及其他类似特殊群体手中的权力语言。从这个意义上来说,人权意味着权力话语的矛盾性和“双刃剑”特质。联合国于

1966年通过的《公民权利和政治权利国际公约》以及《经济、社会及文化权利国际公约》是人权运动的两大基本条约，它们构想了一个没有人权侵害和可憎的经济掠夺现象的社会。前者保证免受政治上的暴政和权利滥用，后者则涉及经济上的剥削（尽管未保证平等）。

对人权运动的批评要抨击其规范性内容及其欲建构的社会的性质，这样才有意义。抛开它的花言巧语，人权项目是一个旨在建立政治民主制度的项目，宪法文化可以在这种制度中蓬勃发展。《世界人权宣言》及此后颁布的一系列人权条约试图在每一个国家建立以政治和经济自由主义为基础的宪法法律制度。对主要人权文本的分析表明，这些文书中的权利将建立一个由上述原则推动的国家。简言之，这种国家的基础在于人民主权，其中，人民问责借助一些机构和
179 手段得以实现，而最重要的实现方式是在多党制下实行定期且诚实的选举。这一基本要求意味着许多权利都应得到保障，包括言论、集会和迁徙自由。

评论家们认为，人权运动是在试图借助其全球化普遍推行自由主义。主要人权学者[如安东尼奥·卡赛赛（Antonio Cassese）及维吉利亚·利里（Virginia Leary）]曾明确指出，西方国家在1948年由其掌控联合国时，曾将其人权理念强加于世界其他国家。也就是说，由于起源于欧洲并带有偏见，人权主体并不具有普遍性；这也许是对人权运动最猛烈的抨击。这一抨击来源于这样一个事实，即《世界人权宣言》及原始基本文件的最初起草人要么是西方人，要么是在西方

接受教育或受西方文化传统影响的人。这便是西方文化规范和政治传统是如何主导早期人权标准的形成和编纂(其遗产则是人权主体的认可)的了。非洲、亚洲、穆斯林、印度教以及其他传统在这一过程中严重缺席。人权运动最初即未实现多元文化,这仍然是人权运动最令人不安的缺陷之一。[48]

借助联合国和西方工业化民主国家的外交政策将人权输出至南方国家的企图已经得到证实,人权是欧洲中心主义所谓文明使命的历史延续。从这个观点来看,人权被认为是对欧洲眼中野蛮且需要改变的非欧洲文化的冲击。主要人权组织均位于西方,且其工作重心一直以来都在第三世界国家,这一事实并没有改变人们将人权视为新殖民主义项目的看法。此外,帝国主义国家的言辞——如对伊拉克发起战争的美国和英国——往往将人权作为其基础和辩解的理由;但这恰恰证明,人权话语被用作西方统治的语言工具。人权被西方国家当作赠与其他“无知”的非欧洲国家的礼物——许多国家对这一描述都深有同感。

当然,2015 年已非 1948 年。即便是在人权领域,发生的变化也数不胜数。人权主体的规范性特征正逐渐变得更具包容性。但这种变化还不够深入。比如,作为世俗化的启蒙项目,人权运动对如何与伊斯兰社会相联系仍然一无所知,也就是不知道如何理解和处理这些社会中宗教与国家的关系或这些社会对性别的理解。同样,人权运动亦不知道如何对市场和全球化作出应对。这些问题深深烙在人

180 权主体对世俗主义、个人主义以及欧洲中心主义的偏见上；它们仍是人权运动怠于解决或不愿解决的概念性阻碍。

人权运动面临的挑战是摆脱欧洲文化中心主义及其习惯性与西方形成的联盟。若此举得成，那么人权运动将会具有文化上的合法性且会广泛成为无权者手中的斗争武器。如若不然，它就只能继续被视为帝国主义国家实行全球统治的工具。一个真正具有普遍性的人权运动必须对其概念性偏见、分析假设以及战略联盟进行三思。要做到这一点，就必须清楚意识到欧洲中心主义、种族主义言论以及自由市场假设。这是唯一能使人权运动成为更高形式的人类智慧的途径。但是，谁最适合重新审视和组织人权运动呢？这种变化能否自上（西方，这个拥有传统人权运动最热诚的支持者和捍卫者的地方）而下发生？还是自下（进行基础工作的南方国家）而上推行？

在过去70年里，世界在解决国家暴政方面取得了长足进展。[49]这一成果的部分原因显然在于人权运动及其对民主宪法的推行，还在于政治民主的价值。但这种反对国家专制的运动是暗中进行的——它推行其价值体系却不明确表述其规范性及政治性特征。就算有人认可人权运动不得不作出的战术和战略抉择，这种遗憾的状况也不一定成为人权运动的传统。其倡导者们可以更坚定地认为人权是一个政治项目，可以质疑其对未来社会作出的种种预想和规定。

这种知识上的不自信一直限制着人权运动的发展。为什么要隐藏缺陷呢？一切都应公开，这样全世界才能公开探讨权利与无权的问题，才能讨论如何重建人权主体来解决紧迫危机。也许世界会否定人权是斗争的恰当语言，但也有可能会对其加以肯定。无论是哪种情况，在揭开面纱之前没人知道答案。除非人权运动能够严肃且优先解决各个层面存在的无权问题，否则它将丧失其相关性。

也许，重新审视和组织人权项目的重任不应交给非政府组织或者其中有宗教信仰的倡导者，或那些太过专注于促进和保护人权的人。真正的信徒和规范的遵循者也有其作用，他们主要关注现实中如何实现规范；但为了达到深度的辩证思考，他们太过投入，甚至导致了异端邪说的产生。虽然现实就是现实，但这也不否定精细分工。181
南北两方的大学和智囊团（尤其是南方国家的）可以为重新组织人权项目作出巨大贡献。在理想状态下，一所大学应与社会或政治暴政以及与这两者均有联系的政治特性无关，在人权领域尤其如此。大学可以成为偏激且独立的思想家的庇护所，这些人可以在不受运动承诺或忠诚等偏见的条件下思考。这些学者的工作可以以“纯理论”或研究的方式开展，也可以在其学界内产生的人权计划这一更谨慎的范畴内进行。这些计划中混合了批评、研究以及实践，但又没有死板的义务或一致性要求的绝对控制。上述计划具有年轻的活力，其中，历史最长的也不过才几十年而已；这就使他们具有灵活且实验性强的特点，这些特点让其理念和身份特征仍是开放可待探究的。他们并非一成不变，也没有受控于传统偏见，这一事实可以使他们避免走到尖锐偏激的地步；而这大概是这些计划最具希望的方面。不幸的是，在对他们作出审核时（尤其在学术成果方面），有些迹象令人担忧。

通常而言，从计划的角度来看，大学的人权项目都有一个受哈佛大学和耶鲁大学最早的项目影响的相似脚本。因此，或多或少根据其资源和项目负责人的构想，人权项目包含以下方面：正规法学生课程，其中有专业课、讲座、研究报告以及论文；效仿人权宣传过程的训练，以此作为培养人权骨干的基地；出版人权期刊；举办人权会议；让学生在追求人权的机构和团体中实习的项目；为资深学者、人权运动领导者、法学家及其他学者设立的与学位无关的奖学金项目；以及间歇性实地考察。这可以成为新思维的源泉，但它缺乏“纯理论”的支撑，最深刻且恼人的问题必定会涌现其中。

大学人权项目内各种追求的复杂混合表明严格的学术与非学术之间的界限模糊不清，而且，这些项目在很大程度上将学术与行动混为一谈。换言之，就是将对知识的追求与对某普遍真理的推行混为一谈。这些人权项目无法将自己明确置身于人权运动中或与人权运
182 动相联系，这是他们最基本的问题。人权项目普遍将自己视为人权运动不可或缺的一部分，认为自己实际上是劝导者。因此，他们主动以一种传教的热情承担自己在人权运动中的责任，并在很大程度上

将人权文本视为人权运动神圣而不受任何指摘的《圣经》。将自己置于人权运动中的“阿门角”这一位置是他们对自己在大学中的角色的误解。他们可以,也应当培育下一代的人权思想家和运动骨干,但他们应当灌输的是能培养想象力和智力的辩证思维和分析性技能,而不是一种宗教热情。

传统上,人权项目与人权运动有深厚的信任关系,并且一直都为后者提供知识护航。他们对人权运动知识上的引领至关重要,但其角色与啦啦队大相径庭。从人权中可以窥见永恒以及良好社会的一角,这种观点正是上述许多人权计划的起点,这种观点也使大学成为缺乏批判性的人权项目倡导者。考虑到人权与自由主义或西方文明的关系,大学必须将人权视为帝国主义的权利语言而对之加以政治化和问题化。他们(还有其内部的人权计划)应对最终结果保持质疑态度,必须将人权作为质疑的指导原则,而不是成因。

首先,人权项目质疑的首要领域应该是人权理论和话语,即其主体和运动。这些计划应力图将上述人权要素都分解、理解、批评并系统化。实际上,他们必须严格考察人权主体,并明确其概念上的差异和不一致之处,其文化相关性及其合法性。必须阐明并扩大文本范畴,对制定和实施规范的机构和参与者进行评论。其次,他们还必须对非政府组织、国际非政府组织以及政府间组织等所谓的人权步兵和“真正的捍卫者”加以批判,因为这些组织之间本身就存在偏见、效率低下以及不公等问题。比如,非政府组织沉迷于反思人权的恼人本质,他们往往将事物视为非黑即白,非善即恶,还认为人权准则神圣不可侵犯。最后,大学应成为将有意从事人权工作的个人培育成有思想,甚至有创新精神的活动家的渠道。这种培训应培育出对人权主体本身的复杂性有警觉的活动家。这会阻碍大学像非政府组织那样直接参与人权宣传、填补空白以及批判政府——但其给学生提
183 供实践教学平台的功能不变。这并不意味着人权诊所不应有真正的诊断对象。他们可以有,也应该有,但不应该将人权宣传置于诊所的教育任务上。法学院的人权诊所具有的毋庸置疑的重要意义,它们是培育敏感、熟练且能干的权力律师的培养皿。这就是为什么埃里克·波斯纳(Eric Posner)的观点——这些诊所是浪费金钱、毫无价值的游戏——是大错特错的原因了。[50]人权诊所与其他学科(甚至是医学)的实践规划并无区别。它们具有培育下一代专业人员、思想家和公民的作用,这一点不应被否定。[51]但大学和人权项目应避免陷入自以为是的漩涡中,以免丧失研究的距离感和质疑精神。大学人权研究(包括人权项目)的特征应沿着上述线路发展,以使它们能在重组一个摆脱权力陷阱和意识形态偏见、一个避免宗教狂热、一个认识到人权具有很深的政治性、一个将人权视为确保人类尊严,消除人类无权的运动时发挥更重要的作用。人权项目应将自己视为追寻人类权利认知和人类尊严这一过程的守护者,而非上述真理的主要或共同推行者。

由与北方大学的思想家合作的南方大学最适合扮演这一重建性角色。尽管南方的大学面临着诸多挑战——资源限制、政府干预以及人才流失——但他们诞生的思想却并不必定与自由主义有关。他们也有为人权尊严的概念作出原创性贡献的动力，这些概念并非与欧洲思想或历史相联系或由其主导。借助南方国家的大学，印度人和其他亚洲人、阿拉伯人和穆斯林、非洲人以及历史上无法在人权标准制定中产生影响的成员，如今能发挥其作用了。如同桑托斯指出的，的确存在其他认知人类状况、创立对人类缺陷和无权状况作出应对的规范和制度的方式。[52] 184

185 # 注　释

前　言

1. Makau Mutua, "The Ideology of Human Rights", *Virginia Journal of International Law* 36 (1996): 589; "Savages, Victims, and Saviors: The Metaphor of Human Rights", *Harvard International Law Journal* 42 (2001): 201; "Standard Setting in Human Rights: Critique and Prognosis", *Human Rights Quarterly* 29 (2007): 547.

2. Makau Mutua, "What is TWAIL?", *Proceedings of the 94th Annual Meeting of the American Society of International Law* 31 (2000): 31 – 39.

简　介

1. Leon Aron, "Everything You Think You Knowabout the Collapse of

the Soviet Union Is Wrong", *Foreign Policy*, June 20, 2011, http://foreignpolicy. com/2011/06/20/everything-you-think-you-know-about-the-collapse-of-the-sovietunion-is-wrong/ (accessed January 27,2015).

2. Saskia Sassen, "Towards Post-National and Denationalized Citizenship", in *Handbook on Citizenship Studies*, ed. Engin F. Isin and Bryan S. Turner (Thousand Oaks: Sage,2003).

3."北方"一词指的是"北半球",但其中包括澳大利亚、新西兰、西方国家以及第一和第二世界国家。"南方"一词指发展中国家所在地区,包括非洲、亚洲大部分地区和拉丁美洲。但这种区别在地理界限上并不绝对,因为一些"南方"的国家也跨入了第一世界的行列(例如,韩国、日本、新加坡和马来西亚)。See Kunibert Raffer 和 Hans Wolfgang Singer, *The Economic North-South Divide: Six Decades of Unequal Development* (Cheltenham: Edward Elgar,2002).

第一章 国际法及人权标准设置

1. Nicolas Valticos,"The Role of the ILO: Present Action and Future Per-spectives", in *Human Rights: Thirty Years after the Universal Declaration*, ed. B. G. Ramcharan (Hague, Netherlands: Martinus Nijhoff,1979),216.

2. John Locke, *Two Treatises of Government* (Cambridge: Cambridge University Press,1988),185.

3. Henry J. Steiner,"The Youth of Rights", *Harvard Law Review* 104 186
(1991): 917.

4. James Crawford,"The Criteria for Statehood in International Law",

British Yearbook of International Law 48, no. 1 (1976): 93, 98.

5. John Norton Pomeroy, *Lectures on International Law in Time of Peace*, ed. Theodore Salisbury Woolsey (Boston: Houghton, Mifflin, 1886), 4–5; Herbert Arthur Smith, *Great Britain and the Law of Nations*, (London: P. S. King, 1932), 12; James Thuo Gathii, "International Law and Eurocentricity", *European Journal of International Law* 9 (1998): 184; Anthony Anghie, "Finding the Peripheries: Sovereignty and Colonialism in Nineteenth-Century International Law", *Harvard International Law Journal* 40, no. 1 (1999): 1; Anthony Anghie, "Francisco de Vitoria and the Colonial Origins of International Law", *Social and Legal Studies* 5, no. 4 (1996): 321.

6. Thomas Buergenthal et al., *International Human Rights in a Nutshell*, 3rd ed. (St. Paul: West, 2002), 3.

7. League of Nations. *The Covenant of the League of Nations: (Amendments in Process of Ratification)*, article 22. Geneva: Information Section, League of Nations Secretariat, 1924.

8. Ibid., art. 23.

9. Geneva Committee, *Convention for the Amelioration of the Condition of the Wounded in Armies in the Field (Convention of* 1864), art. 6(1). Geneva: Swiss Federal Council, 1864.

10. Samuel Moyn, *The Last Utopia* (Cambridge: Harvard University Press, 2010): 84–119.

11. Mohamed Bedjaoui, "Poverty of the International Order" in*International Law: A Contemporary Perspective*, ed. Richard Falk et al. (Boulder: Westview, 1985): 152.

12. 联合国安全理事会是联合国唯一有权使用武力并对所有成员国作出具有约束力裁决的机构。安理会有五个常任理事国，它们分别是俄罗斯、中国、法国、美国和英国;每一个常任理事国都拥有否决权。见《联合国宪章》第 23 条、24 条、25 条、27 条、39 条、42 条,1 UNTS XVI(1945)[以下简称《宪章》(*UN Charter*)]。

13. UN Charter, preamble, 1 UNTS XVI (1945).

14. Ibid., art. 1(3).

15. Ibid., art. 55(c).

16. UN General Assembly, *Universal Declaration of Human Rights*, preamble. G. A. Res. 217(Ⅲ), U. N. GAOR, 3d Session, 183d meeting at 71, U. N. Doc. A/810 (1948) (hereafter referred to as UDHR).

17. Mary AnnGlendon, "Knowing the Universal Declaration of Human Rights", *Notre Dame Law Review* 73 (1998): 1153.

18. Henry J. Steiner, "Political Participation as a Human Right", *Harvard Human Rights Yearbook* 1 (1988): 77, 79.

19. Henry J. Steiner and Philip Alston, *International Human Rights in Context: Law, Politics, Morals* (Oxford: Clarendon Press, 1996), 120.

20. Antonio Cassese, "The General Assembly: Historical Perspective 1945 – 1989", in *The United Nations and Human Rights: A Critical Appraisal*, ed. Philip Alston (Oxford: Clarendon Press, 1992), 25, 31 – 32.

21. American Anthropological Association, "Statement on Human 187
Rights", *American Anthropologist* 49, no. 4 (1947): 539.

22. Theo van Boven, "United Nations Policies and Strategies: Global Perspectives?", in *Human Rights: Thirty Years after the Universal Declaration*, ed. B. G. Ramcharan (Hague, Netherlands: Martinus Nijhoff, 1979), 91.

23. See Mary Ann Glendon, *A World Made New: Eleanor Roosevelt and the Universal Declaration of Human Rights* (New York: Random House, 2002).

24. Abdullahi An-Na'im, *Human Rights in Cross-Cultural Perspectives: A Quest for Consensus* (Philadelphia: University of Pennsylvania Press, 1992), 427-428.

25. Ibid.

26. Ibid.

27. Bertrand Ramcharan, "Human Rights: Universality and Cultural Diversity", in *Rendering Justice to the Vulnerable*, ed. Fons Coomans et al. (The Hague: Kluwer Law International, 2000), 239-258. 拉姆查兰曾在别处断言，发展策略的概念和实施需要受国际人权准则的影响。他指出，人权的前进之路有赖于三个概念支柱，其中第一个便是维系联合国对人权普遍性的共识。See Bertrand Ramcharan, "Human Rights and Human Security", paper prepared for the Workshop on Relationship between Human Rights and Human Security, San José, Costa Rica, December 2, 2001. See http://unidir.org/files/publications/pdfs/strengthening-disarmament-and-security-en-342.pdf (accessed January 27, 2015); see also Bertrand Ramcharan, *Human Rights and Human Security* (The Hague: Martinus Nijhoff, 2002).

28. Nicolas Valticos, "The Role of the ILO: Present Action and Future Perspectives", in *Human Rights: Thirty Years after the Universal Declaration*, ed. B. G. Ramcharan (The Hague: Martinus Nijhoff, 1979), 213-214. N. 瓦尔蒂科斯指出，对人权的普遍性提出质疑是"危险的……是令人怀疑的相对主义"，这种质疑也等同于承认应该给"亚人类一个次级标准"。但是，他认为区域组织对区域利益的作用有限，这些组织会给普遍标准进行补充，或者刺激后续的一般行动。

29. Virginia Leary, "The Effect of Western Perspectives on International Human Rights", in *Human Rights in Africa: Cross-Cultural Perspectives*, ed. Abdullahi A. An-Na'im and Francis Deng (Washington,

DC: Brookings, 1990), 15; Johannes Morsink, *The Universal Declaration of Human Rights: Origins, Drafting, and Intent* (Philadelphia: University of Pennsylvania Press, 1999), x – xi.

30. Buergenthal et al., *International Human Rights*, 38 – 43; See also Jaye Ellis, "Shades of Grey: Soft Law and the Validity of Public International Law", *Leiden Journal of International Law* 25, no. 2 (2012): 313.

31. Henry J. Steiner, "Securing Human Rights: The First Half-Century of the Universal Declaration, and Beyond", *Harvard Magazine* (Sept. – Oct. 1998), 45.

32. Balakrishnan Rajagopal, *International Law from Below: Development, Social Movements, and Third World Resistance* (Cambridge: Cambridge University Press, 2003); Math Noortmann and Cedric Ryngaert, *Non-State Actor Dynamics in International Law: From Law-Takers to Law-Makers* (England: Ashgate, 2010).

第二章 人权标准制定过程 188

1. UDHR.

2. Ronald Cohen, "Endless Teardrops: Prolegomena to the Study of Human Rights in Africa", in *Human Rights and Governance in Africa*, ed. Ronald Cohen et al. (Gainesville: University Press of Florida, 1993), 3 – 4.

3. See Internal Displacement Monitoring Centre (IDMC) for estimates of IDPs, http://www.internal-displacement.org/ (accessed January 28,

2015).

4. UN Office for the Coordination of Humanitarian Affairs (OCHA), "Guiding Principles on Internal Displacement", introduction, para. 1. U. N. Doc. E/ CN. 4/1998/53/Add. 2 (2004).

5. Norwegian Refugee Council, *Internally Displaced People: A Global Survey*, 2d ed. (London: Earthscan Publications, 2002), 3.

6. 查洛卡·贝亚尼，赞比亚人，伦敦经济学院国际法学教授，于2010年9月被人权理事会任命为国内流离失所人员人权问题特别报告员。http://www. ohchr. org/en/NewsEvents/Pages/DisplayNews. aspx? NewsID =12868&LangID = E. #sthash. gi5QzCEH. dpuf (accessed January 28, 2015). In 2004, Walter Kälin, a Swiss academic, was appointed UN Secretary General on Internally Displaced Persons; http://www. ohchr. org/EN/Issues/IDPersons/Pages/WalterKalin. aspx (accessed January 28, 2015).

7. Francis Mading Dengand United Nations, *Internally Displaced Persons: Compilation and Analysis of Legal Norms* (New York: United Nations, 1998), 9; See also *Compilation and Analysis of Legal Norms*, report of the Representative of the Secretary General, submitted pursuant to Commission on Human Rights Resolution 1995/57, UN Doc. E/CN. 4/1996/52/Add. 2.

8. United Nations, Report of the Representative of the Secretary-General, Mr. Francis M. Deng, *Compilation and analysis of legal norms*, UN Doc. E/CN. 4/1996/52/ Add. 2 (December 5, 1995).

9. Ibid.

10. Deng and United Nations, *Internally Displaced Persons*, iii.

11. Ibid.

12. Walter Kälin, "How Hard Is Soft Law? The Guiding Principles on

Internal Displacement and the Need for a Normative Framework" in *Recent Commentaries about the Nature and Application of the Guiding Principles on Internal Displacement*, ed. Francis Deng and Roberta Cohen, (New York: The Brookings-CUNY Project on Internal Displacement, April 2002),1,3 (hereafter *Recent Commentaries on Guiding Principles*).

13. Kälin, *Recent Commentaries on Guiding Principles*, 4.

14. Ibid.

15. African Union, *African Union Convention for the Protection and Assistance of Internally Displaced Persons in Africa (Kampala Convention)*, Special Summit of the Union, http://www.au.int/en/sites/default/files/AFRICAN_UNION_CONVENTION_FOR_THE_PROTECTION_AND_ASSISTANCE_OF_INTERNALLY_DISPLACED_PERSONS_IN_AFRICA_(KAMPALA_CONVENTION).pdf. (accessed January 28,2015). The convention came into force on December 6,2012. 189
See "An international model emerges today in Africa to address the plight of millions of internally displaced persons", *UN Human Rights: Office of the High Commissioner for Human Rights*. http://www.ohchr.org/en/NewsEvents/Pages/DisplayNews.aspx?NewsID=12868&LangID=E (accessed January 28,2015).

16. UN Commission on Human Rights, "Resolution 1996/52." U.N. Doc. E/CN.4/RES./1996/52,19 (1996). 该决议呼吁,"秘书长代表在其汇编和分析法律规范的基础上,继续为保护境内流离失所人员制定相关框架"。

17. United Nations, Report of the Representative of the Secretary General to the United Nations Commission on Human Rights, *Specific Groups and Individuals: Mass Exodus and Displaced Persons*, UN Doc. E/CN.4/2002/95, para. 11 (January 16,2002).

18. Ibid. ,paras. 12 – 20.

19. Ibid. ,paras. 21 – 54.

20. Henry J. Steiner, *Diverse Partners: Non-Governmental Organizations in the Human Rights Movement* (Cambridge: Human Rights Program, Harvard Law School, 1991), 19 – 22. 国际非政府组织指一些挑选出来的人权非政府组织,它们位于西方最重要的政治和文化中心。

21. Norwegian Refugee Council, *Internally Displaced People*, 17.

22. "Special Rapporteur on the Human Rights of Internally Displaced Persons", *UN Human Rights: Office of the High Commissioner for Human Rights*. http:// www. ohchr. org/EN/Issues/IDPersons/Pages/IDPersons-Index. aspx (accessed January 28, 2015).

23. United Nations General Assembly, "Resolution 53/144 [Declaration on the Right and Responsibility of Individuals, Groups and Organs of Society to Promote and Protect Universally Recognized Human Rights and Fundamental Freedoms]." U. N. Doc. A/RES/53/144 (1999) (hereafter Declaration on Human Rights Defenders).

24. United Nations General Assembly, "Resolution 41/128 [Declaration on the Right to Development]." U. N. Doc. A/RES/41/128 (1986).

25. United Nations, "Draft Declaration on the Rights of Indigenous People." U. N. Doc. E/CN. 4/Sub. 2/1994/2/Add. 1, art. 20 (April 1994).

26. United Nations, "Resolution 48/109 [Improvement of the situation of women in rural areas]." UN Doc. A/48/629 (1994), reprinted in *International Legal Matters* 33 (1994): 1050.

27. Organization of African Unity (OAU), *African Charter on Human and People's Rights* ("*Banjul Charter*"), article 22. OAU Doc. CAB/

LEG/67/3 rev. 5,21 I. L. M. 58 (1982), entered into force October 21, 1986. 1981 年,《非洲人权和人民权利宪章》第 22 条首次承认发展权是最终的个人和集体权力。第 22 条第 1 款规定,"所有人有权依据其自由和身份获得经济、社会以及文化上的发展,并且平等地享有人类共同遗 190
产"。

28. U. N. Commission on Human Rights, "Res. 4 (XXXIII) [Question of the violation of human rights in the territories occupied as a result of hostilities in the Middle East]", U. N. Doc E/CN. 4/RES/1 (XXXIII) (1977); OAU, *African Charter*, art. 22; "Centre for Minority Rights Development (Kenya) and Minority Rights Group International on behalf of Endorois Welfare Council v. Kenya, 276/2003", *ESCRNet.* http://www. escr-net. org/docs/i/1216218 (accessed January 31,2013).

29. UN General Assembly, World Conference on Human Rights, *Vienna Declaration and Programme of Action*, para 6, U. N. Doc A/CONF. 157/23 (June 25,1993).

30. Steiner and Alston, *International Human Rights in Context*, 1325.

31. See Friedrich Ebert Stiftung, "The Declaration of Human Rights Defenders", http://library. fes. de/fulltext/bueros/usa/00986008. htm (accessed January 28,2015).

32. Ibid.

33. Ibid.

34. UN Office of the High Commissioner for Human Rights, "Resolution 2000/61 [Human rights defenders]" U. N. Doc E-CN_4 - RES - 2000 - 61 (April 2000).

35. UN Office of the High Commissioner for Human Rights, "Secretary General Names Hina Jilani, Pakistan, Special Representative for Human

Rights Defenders", August 18,200,http://www. un. org/press/en/2000/20000818. sga743. doc. html (accessed January 28,2015).

36. United Nations, *Vienna Convention on the Law of Treaties*, U. N. Doc. A/ CONF,39/27,63 A. J. I. L. 875 (1969). 第 26 条被称为"有约必守原则",它规定"现行所有条约对当事人均有约束力且必须得到善意履行"。

37. The Library of Congress,"U. N. Human Rights Council: First Resolution Against Discrimination Based on Sexual Orientation", http://www. loc. gov/lawweb/ servlet/lloc _ news? disp3 _ l205402721 _ text (accessed January 28,2015).

38. UN Office of the High Commissioner for Human Rights,"Resolution 45/158 [Convention on the Rights of Migrant Workers and Their Families]", G. A. Res. 45/158 (Dec. 18,1990).

39. CEDAW, *International Legal Matters* 19 (1980): 33.

40. UN General Assembly, *Convention on the Elimination of All Forms of Discrimination against Women* (*CEDAW*), Amendment to Art. 20, para. 1, decided by States Parties to CEDAW on May 22, 1995, CEDAW/SP/1995/2, annex, UN Doc. A/34/46 (hereafter CEDAW).

41. UN Commission on Human Rights,"Draft Optional Protocol to the Convention against Torture and Other Cruel, Inhuman or Degrading Treatment or Punishment", E/CN. 4/2002/WG. 11/CRP. 1 (January 17, 2002) (hereafter Optional Protocol to CAT).

42. Optional Protocol to CAT, see http://www. ohchr. org/EN/ProfessionalInterest/Pages/OPCAT. aspx (accessed January 28,2015).

43. Optional Protocol to CAT, art. 28.

44. Ibid., art. 30.

191 45. Brendan Koerner,"Is Torture against the Law: What Uncle Sam

Has to Say about It", Slate, May 13, 2003, http://www.slate.com/articles/news_and_politics/explainer/2004/05/is_torture_against_the_law.html (accessed January 28,2015).

46. Agence France Presse, "UN Torture Prevention Plan Adopted Despite US Opposition", July 25, 2002, http://www.unitedstates-government.net/UN Torture Prevention Plan Adopted Despite USO pposition.htm (accessed January 28,2015).

47. Optional Protocol to CAT, arts. 1,2.

48. Ibid., arts. 3,4.

49. Official Records of the U.N. General Assembly, 49th Session, Supp. No. 10 ¶381, U.N. Doc. A/49/10 (1994). 1994 年,联合国国际法委员会委任阿兰·佩莱为特别报告员,以研究人权条约中的权益保留问题。

50. Andrew Moravcsik, "Why Is U.S. Human Rights Policy So Unilateralist?", in *Multilateralism and U.S. Foreign Policy: Ambivalent Engagement*, ed. Stewart Patrick and Shepard Forman (Boulder: Lynne Rienner, 2001), 345.

51. *Vienna Convention on the Law of Treaties*, art. 2(1)(d).

52. Ibid.,第 19 条规定:除非有以下情况,否则在签署、批准、接受、通过或加入某条约时,国家可以提出保留条款:(a)条约禁止此保留;(b)条约规定了特定保留条款,而其中并不包含所涉保留项;或(c)在不满足上述两项规定时,此保留并不符合条约目的和宗旨。

53. Restatement (Third), Foreign Relations Law of the United States § 313 (1987).

54. International Court of Justice (ICJ), "Advisory Opinion [Reservations To The Convention On The Prevention And Punishment of The Crime of Genocide]", 1951 I.C.J. 15 (1951).

55. Ibid.

56. CEDAW, art. 28(2).

57. Kälin, "How Hard Is Soft Law?" 4.

58. Ibid.

59. CEDAW; UN General Assembly, *Convention on the Rights of the Child*, G. A. Res. 44/25, 44 U. N. GAOR, 43rd Sess., Supp. No. 49, at 166, U. N. Doc. A/44/49 (1989); UN General Assembly, *International Convention on the Elimination of All Forms of Racial Discrimination*, G. A. Res. 1904, U. N. GAOR, 18th Sess., Supp. No. 15, at 35, UN Doc. A/5515 (1963).

60. UN General Assembly, "Rome Statute of the International Criminal Court", *International Legal Matters* 999 (1998).《国际刑事法院规约》以120:7 的票数通过,另有 21 票弃权。

61. Kenneth Roth, "The Court the US Doesn't Want", *The New York Review of Books* (November 19, 1998), 45.

62. "Chronology of the International Criminal Court", *International Criminal Court (ICC)*, http://www.icc-cpi.int/Menus/ICC/About+the+Court/ICC+at+a+glance/Chronology+of+the+ICC.htm (accessed January 30, 2013).《国际刑事法院规约》于 2002 年 4 月 11 日生效,彼时它得到了必要的 60 个国家的批准。

192 63. The International Criminal Court, "State Parties to the Rome Statute", http://www.icc-cpi.int/en_menus/asp/states%20parties/Pages/the%20states%20parties%20to%20the%20rome%20statute.aspx (accessed January 28, 2015).

64. See International Council on Human Rights Policy, *Human Rights after September 11* (Geneva: ICHRP, 2002).

65. See, generally, Uniting and Strengthening America by Providing

Appropriate Tools Required to Intercept and Obstruct Terrorism (USA PATRIOT Act) Act of 2001, Pub. L. No. 107 – 56, 115 Stat. 272.

66. Makau Mutua, "Terrorism and Human Rights: Power, Culture, and Subordination", *Buffalo Human Rights Law Review* 8 (2002): 1.

67. Amnesty International, *Amnesty International Report* 2008: *The State of the World's Human Rights*, 12 – 13.

68. Nigel S. Rodley, "On the Necessity of United States Ratification of the International Human Rights-conventions", in *US Ratification of Human Rights Treaties: With or Without Reservations*?, ed. Richard B. Lillich (Charlottesville: University of Virginia Press, 1981), 3, 4.

69. UN Framework Convention on Climate Change, "Kyoto Protocol to the UN Framework Convention on Climate Change", U. N. Doc. FCCC/CP/1997/7/ Add. 2 (December 10, 1997).

70. Barack Obama, "Ensuring Lawful Interrogations", Executive Order 13491, 22 January 2009, http://www. whitehouse. gov/the_press_office/Ensuring_Lawful_Interrogations (accessed January 29, 2015).

71. Neil A. Lewis, "U. S. Rejects All Support for a New Court on Atrocities", *New York Times* (May 7, 2002): A11.

72. See, generally, Makau Mutua and Peter Rosenblum, *Zaire: Repression as Policy* (New York: Lawyers Committee for Human Rights, 1990).

73. Nimy Mayidika Ngimbi (Vice Premier, Commissioner of State for Department of Citizens' Rights and Liberties, Kinshasa) in discussion with the author, August 1989; See also Mutua and Rosenblum, *Zaire: Repression as Policy*.

74. Ibid.

75. Amartya Sen, *Development as Freedom* (New York: Knopf,

1999),35.

76. Ibid.

77. 许多评论员认为,“阿拉伯之春”某种程度上是由社交媒体推动的;see http://www. huffingtonpost. com/raymond-schillinger/arab-spring-social-media_b_970165. html (accessed January 29,2015)。

78. Alf Gunvald Nilsen, *Dispossession and Resistance in India: The River and the Rage* (New York: Routledge,2010).

79. Georges Abi-Saab, "The Legal Formulation of the Right to Development", in *The Right to Development at the International Level* (The Hague: Academy of International Law,1980),159,163.

80. An-Na'im, *Human Rights in Cross-Cultural Perspectives.*

81. Adamantia Pollis and Peter Schwab, "Human Rights: A Western Construct with Limited Applicability", in *Human Rights: Cultural and Ideological Perspectives*, ed. Adamantia Pollis and Peter Schwab (New York: Pager,1980),1.

82. Louis Henkin, *The Age of Rights* (New York: Columbia University Press,1990),74.

193 83. Paula Gerber, "Prevention Is Better than Cure WhenIt Comes to Human Rights", ElgarBlog, September 14, 2012, https://elgarblog. wordpress. com/2012/09/14/ prevention-is-better-than-cure-when-it-comes-to-human-rights-by-paula-gerber/ (accessed January 29,2015); See also Paula Gerber, "Prevention is Better Than Cure: The UN and Human Rights Education", The Geneva Academy of International Humanitarian law and Human Rights, October 2009, http://www. academia. edu/200434/Prevention_is_Better_than_Cure_The_UN_and_Human_Rights_Education (accessed January 29,2015).

84. Barbara Crosette, "Rights Leaders Urge Powell to Attend U. N.

Racism Conference", *New York Times* (July 11, 2001).

85. Cassese, "The General Assembly: Historical Perspective 1945 – 1989".

86. Morsink, *The Universal Declaration of Human Rights*, 9.

87. Ibid., ix, 9.

88. Ibid., 96.

89. UN General Assembly, *International Covenant on Civil and Political Rights*, art. 1, entry into force March 23, 1976 (No. 14668), *United Nations Treaty Series* 999 (1966), 171 (hereafter ICCPR).

90. Ibid., art. 27.

91. Michael Posner, "The Four Freedoms Turn 70: Ensuring Economic, Polit-ical, and National Security in the 21st Century", Annual Meeting of the American Society of International Law, Washington DC, April 4, 2011, http://www. state. gov/r/ pa/prs/ps/2011/03/158815. htm.

92. Organization of African Unity, *African Charter on Human and Peoples' Rights*.

93. Ibid., art. 21.

94. Ibid., art. 23.

95. Ibid., art. 24.

96. Ibid., arts. 27 – 29; See Makau Mutua, "The Banjul Charter and the Afri-can Cultural Fingerprint: An Evaluation of the Language of Duties", *Virginia Journal of International Law* 25 (1995): 339.

97. Bilahari Kausikan, "Asia's Different Standard", *Foreign Policy* 92 (1993): 24; See Yash Ghai, "Human Rights and Governance: The Asia Debate", *Australian Yearbook of International Law* 15 (1994): 1, for a critique of the proponents of distinctive Asian cultural outlooks.

98. Ban Ki-moon, "Secretary-General's remarks on the occasion of the entry into force of the Convention on the Rights of Persons with Disabilities", *United Nations Enable*, last modified May 12, 2008, http://www.un.org/disabilities/default.asp?id=562. 自2001年墨西哥总统韦森特·福克斯呼吁建立联合国残疾人公约以来,制定条约的压力也越来越大。联合国秘书长潘基文宣称:"我们必须采取切实步骤,将这个愿景化为现实。"

99. Mary Robinson (former United Nations High Commissioner for Human Rights, New York) in discussion with the author, November 28, 2002.

100. "About Us", *International Service for Human Rights (ISHR)*, http://www.ishr.ch/about-us (accessed January 29, 2015). 位于日内瓦的国际人权服务中心是为人权卫士提供服务的国际协会。

194 101. Joe-Onyango (Member, UN Sub-Commission on the Promotion and Protection of Human Rights, and Rapporteur on Globalization, New York) in discussion with the author, December 1, 2002.

102. Josh Kron, "Antigay Bill in Uganda Is Shelved in Parliament", *New York Times*, May 13, 2011.

103. "Intervention of the Observatory on the situation of human rights defenders before the African Commission on Human and Peoples' Rights", *World Organisation Against Torture*, http://www.omct.org/human-rights-defenders/events/2002/10/d16021/ (accessed January 31, 2013). See also "Human Rights Defenders: FAQ", *Amnesty International*, https://amnesty.org/en/human-rights-defenders/faq (accessed January, 31, 2013).

104. Sidiki Kaba and Eric Sottas, "To Defend Human Rights: A High Risk", *The Perspective* (March 25, 2002), http://www.theperspective.

org/highrisk. html (accessed January 31,2013); General Assembly of the OAS, "Resolution AG/ RES. 1818 (XXXI - O/01) [Human Rights Defenders in the Americas: Support for the Individuals, Groups, and Organizations of Civil Society Working to Promote and Protect Human Rights in the Americas]", AG/RES. 1818 (XXXI - O/01) (June 5, 2001).

105. Declaration on Human Rights Defenders, art. 13. 此条款部分规定,"每个人都有权以和平的手段、自行或与他人结伴,出于促进和保护人权及基本自由的明确目的而征求、接受和利用资源"。

106. Makau Mutua, ed. , *Human Rights NGOs in East Africa: Political and Normative Tensions* (Philadelphia: University of Pennsylvania Press, 2009).

107. Human Rights Watch, *Human Rights Watch World Report* 2000 (New York: Human Rights Watch, 2000), 15 - 17, for restrictive measures taken by African states against human rights NGOs.

108.《人权维护者宣言》第9条第(3)款(b)项赋予每个人(包括协会)观察审判以权衡其是否符合国际法律义务的权力。第9条第(3)款(c)项则允许任何个人或组织提供法律建议或代理服务。过去,这两项权力在各国都被严格限制。

109. Joe Oloka-Onyango (associate professor of law, Faculty of Law, Makerere University, Kampala, Uganda) in discussion with the author, December 1, 2002.

110. Ibid.

111. Ibid.

112. Francis Deng, "The Global Challenge ofInternal Displacement", *Washington University Journal of Law and Policy* 5 (2001): 141 - 42. See also Norwegian Refugee Council, *Internally Displaced People*, 75.

113. Norwegian Refugee Council, *Internally Displaced People*, 32.

114. Bacre Waly Ndiaye, Director (UN Office of the High Commissioner for Human Rights, New York) in discussion with the author, December 2, 2002.

115. Stephanie Kleine-Alhbrandt (Human Rights Officer, Office of the High Commissioner for Human Rights, Geneva) in discussion with the author, December 6, 2002; Jean-Philippe Lavoyer, "Forced Displacement: The Relevance of International Humanitarian Law", in *Human Rights and Forced Displacement*, ed. Anne F. Bayefsky and Joan Fitzpatrick (The Hague: Kluwer International Law, 2000), 50 – 65; "Guiding Principles on
195 Internal Displacement", *International Review of the Red Cross* 324 (Sept. 1998): 467 – 80; and Robert K. Goldman, "Codification of International Rules on Internally Displaced Persons", *International Review of the Red Cross* 324 (Sept. 1998): 463 – 466.

116. Bjorn Petterson, "Complementarity between Key Instruments of International Law: International Human Rights and Humanitarian Law Merged into One Operational Instrument: The UN Guiding Principles on Internal Displacement", *The Global IDP Project*, http://www.irinnews.org/pdf/in-depth/IDP/legal_complimentarity_2002.pdf (accessed January 31, 2013).

117. European Union, *European Convention for the Prevention of Torture and Inhuman or Degrading Treatment or Punishment*, E. T. S. 126, entered into force on February 1, 1989.

118. United Nations, *Convention Against Torture and Other Cruel, Inhuman or Degrading Treatment or Punishment*, G. A. Res. 39/46, 39 U. N. GAOR, 39th Sess., Supp. No. 51, at 197, U. N. Doc. A/39/51 (1984).

119. Malcolm Evans and Rod Morgan, *Preventing Torture: A Study of the European Convention for the Prevention of Torture and Inhuman or Degrading Treatment or Punishment* (Oxford: Clarendon Press, 1998); See also Buergenthal, *International Human Rights*, 191 – 93.

120. "Public Statement on Turkey", *CPT: 3rd General Report on the CPT's activities covering the period 1 January to 31 December 1992*, http://www.cpt.coe.int/en/annual/rep-03.htm#II.c (accessed January 30, 2013). 一些欧洲国家(包括英国)都在"欧洲防止酷刑和不人道或有辱人格待遇或处罚委员会"面前受控实施酷刑和虐待。See also "European States Accused of Torture", *BBC News* (April 6, 2000), http://news.bbc.co.uk/2/hi/europe/703670.stm (accessed January 31, 2013); Amnesty International, *Failures at Fifty: Impunity for Torture and Ill-Treatment in Europe on the 50th Anniversary of the European Convention on Human Rights* (London: Amnesty International, 2000).

121. Walter Kalyn (professor of law, Bern University, Switzerland) in discussion with the author, December 3, 2002.

122. Ibid.

第三章 多重因素影响

1. Edith M. Lederer, "South Sudan Joins UN as 193rd Member", *Huffington Post*, July 14, 2011, http://www.huffingtonpost.com/2011/07/14/south-sudan-unitednations_n_898460.html.

2. Steven Wheatley, "A Democratic Rule of International Law", *European Journal of International Law* 22 (2011): 525.

3. Matthias Goldmann, "We Need to Cut off theHead of thc King: Past, Present, and Future Approaches to International Soft Law", *Leiden Journal of International Law* 25 (2012): 335; Hilary Charlesworth and Jean-Marc Coicaud, eds., *Fault Lines of International Legitimacy* (New York: Cambridge University Press, 2010).

4. UN Charter, preamble, 1 UNTS XVI (1945).

5. Ibid.

6. Thomas Buergenthal et al., *International Human Rights in a*
196 *Nutshell*, 3d ed. (St. Paul: West, 2002), 34 – 35.

7. ICCPR.

8. UN General Assembly, *International Covenant on Economic, Social and Cultural Rights*, G. A. Res. 2200A, U. N. GAOR, 21st Sess., Supp. 16, at 49, U. N. Doc. A/6316 (1966) (hereafter ICESCR).

9. UN General Assembly, *Convention on the Prevention and Punishment of the Crime of Genocide*, adopted December 9, 1948, entered into force January 12, 1951, 78 U. N. T. S. 277.

10. Steiner and Alston, *International Human Rights in Context*, 600 – 601; See also Theo van Boven, "The Role of Non-Governmental Organizations in International Human Rights Standard-Setting: A Prerequisite of Democracy", *California Western International Law Journal* 20, no. 2, (1989): 207.

11. Organization of African Unity (OAU), *African Charter on Human and People's Rights* ("*Banjul Charter*"), article 30. OAU Doc. CAB/LEG/67/3 rev. 5, 21 I. L. M. 58 (1982), entered into force October 21, 1986.

12. Organization of African Unity (OAU), *African Charter on the Rights and Welfare of the Child*, Doc. CAB/LEG/24.9/49 (1990), entered

into force November 29,1999.

13. Organization of African Unity (OAU), *Protocol to the African Charter on Human and Peoples' Rights on the Rights of Women in Africa*, http://www.achpr.org/instruments/women-protocol/ (accessed January 31,2013.

14. "The Contribution of International Human Rights Law to Environmental Protection, with Special Reference to Global Environ-mental Change", in *Environmental Change and International Law: New Challenges and Dimensions*, ed. Edith Brown Weiss (Tokyo: United Nations University Press, 1992).

15. UN Charter, art. 52, para. 1.

16. Bertrand Ramcharan, "The Role of Regional, National, and Local Institutions: Future Perspectives" in *Human Rights: Thirty Years after the Universal Declaration: Commemorative Volume on the Occasion of the Thirtieth Anniversary of the Universal Declaration of Human Rights* (The Hague: Martinus Nijhoff, 1979), 233 – 248.

17. Bertrand Ramcharan, *Human Rights and Human Security* (The Hague: Martinus Niijhof, 2002).

第四章 非政府组织于规范创建之用

1. "Ethiopian Parliament Adopts Repressive New NGO Law", *Amnesty International*, last modified January 8, 2009, http://www.amnesty.org/en/news-and-updates/ news/ethiopian-parliament-adopts-repressive-new-ngo-law – 20090108 (accessed February 3, 2015).

2. Mutua, ed., *Human Rights NGOs in East Africa.*

3. Theo van Boven, "The Role of Non-Governmental Organizations in International Human Rights Standard Setting: A Prerequisite for Democracy", in *Human Rights from Exclusion to Inclusion: Principles and Practices—An Anthology from the Work of Theo Van Boven*, ed. Fons Coomans et al. (The Hague: Kluwer Law International, 2000), 209 – 10.

4. "Act for the Abolition of Slavery throughout the British Colonies (1833)", *William Loney RN Background: West African Trade Legislation*, http://www.pdavis.nl/ Legis_07.htm (accessed February 1, 2013); See also Howard Temperley, *British Antislavery*, 1833 – 1870 (London:
197 Longman, 1972).

5. Temperley, *British Antislavery*, 211; Marc Bossuyt, *Guide to the "Travaux Préparatoires" of the International Covenant on Civil and Political Rights* (Dordrecht: Kluwer Academic Publishers, 1987), 823.《世界人权宣言》的著名起草人之一查尔斯·马利克指出，"非政府组织因此成了联合国人权委员会各代表团的非官方顾问团队，为他们提供各种想法和建议"。See O. Frederick Nolde, *Free and Equal: Human Rights in Ecumenical Perspective* (Geneva: World Council of Churches, 1968).

6. Rein Mullerson, "New Thinking by Soviet Scholars; Sources of Interna-tional Law: New Tendencies in Soviet Thinking", *American Journal of International Law* 83, no. 3 (July 1989): 494, 512.

7. Steiner and Alston, *International Human Rights in Context*, 938.

8. UN Charter, Art. 71, 1 UNTS XVI (1945).

9. World Trade Organization (WTO), "Marrakesh Agreement Establishing the WorldTrade Organization", art. V (2), *The Legal Texts: The Results of the Uruguay Round of Multilateral Trade Negotiations*, 1867 U.N.T.S. 154, 33 I.L.M. 1144 (1994).

10. UN Economic and Social Council, "Resolution 1296 (XLIV) [Arrangements for consultation with non-governmental organizations]" (May 23,1968).

11. Steiner and Alston, *International Human Rights in Context*, 980; See also Michael Posner, and Candy Whittome, "The Status of Human Rights NGOs", *Columbia Human Rights Law Review* 25 (1994): 269 – 290.

12. Christine Chinkin, "Human Rights and the Politics of Representation: Is There a Role for International Law?" in *The Role of Law in International Politics*, ed. Michael Byers (Oxford: Oxford University Press,2000),131,135.

13. Rachel Brett, "Non-Governmental Actors in the Field of Human Rights", in *An Introduction to the International Protection of Human Rights*, ed. Raija Hanski and Markku Suski (Abo: Abo Akademi University,Institute for Human Rights,1997),327,329.

14. UN Office of the High Commissioner for Human Rights, "Report of the Fifth Meeting of Persons Chairing the Human Rights Treaty Bodies", U. N. Doc. A/49/537 (1994).

15. "Human Rights Watch Board of Directors",*Human Rights Watch*, http://www.hrw.org/en/node/76172 (accessed February 1,2013).

16. See Steiner,*Diverse Partners*,19 – 22. 国际非政府组织指一些挑选出来的人权非政府组织,它们位于西方最重要的政治和文化中心。

17. Mutua,"The Ideology of Human Rights": 589 – 657.

18. Steiner,*Diverse Partners.*

19. Steiner and Alston,*International Human Rights in Context*,361 – 365,989 – 991.

20. Claude C. Welch Jr. ,*NGOs and Human Rights: Promise and*

Performance (Philadelphia: University of Pennsylvania Press, 2000).

198 21. "About Us", *Center for Economic and Social Rights*, http://www.cesr.org/article.php?list=type&type=3 (accessed February 1, 2013). "经济和社会权利中心"于1993年在纽约成立。其目的在于借助人权促进社会公平正义。

22. "About ESCR-net", *ESCR-Net*, http://www.escr-net.org/about (accessed February 1, 2013).

23. For Physicians for Human Rights, see http://physiciansforhumanrights.org/about/contact/ (accessed February 3, 2015).

24. For Oxfam, see https://www.google.com/search?sourceid=navclient&aq=&oq=oxfam&ie=UTF-8&rlz=1T4AURU_enUS499US500&q=oxfam&gs_l=hp...0l5.0.0.2.247697...0.igmIk6cNTkY (accessed February 3, 2015).

25. See http://www.fian.org/ (accessed February 1, 2013).

26. Philip Alston, "The Fortieth Anniversary of the Universal Declaration of Human Rights", in *Human Rights in a Pluralist World: Individuals and Collectivities*, ed. J. Berting et al. (Westport: Meckler, 1990), 1, 12.

27. Ibid.

28. Ibid.

29. Ibid.

30. "History of the CLO", *Civil Liberties Organization of Nigeria*, http://clonigeria.org/index.php?option=com_content&view=article&id=47&Itemid=54 (accessed December 27, 2013).

31. "Board of Directors", *Social and Economic Action Rights Center*, http://www.serac.org/Pages.asp?id=357 (accessed February 1, 2013). 总部位于尼日利亚拉各斯的"社会和经济行动权利中心"

(SERAC)由尼日利亚人权倡导者菲力克斯·莫卡创立,该组织后来成为尼日利亚经济和社会权利的领军机构。

32. Willy Mutunga (executive director, Kenya Human Rights Commission, Nairobi, Kenya) in discussion with the author, 2002.

33. Anthony Kariuki, "Kenya gets new Chief Justice", *Daily Nation*, last modified June 16, 2011, http://www.nation.co.ke/News/politics/Kenya+gets+new+Chief+J ustice/-/1064/1183714/-/rp72xsz/-/index.html.

34. Chidi Anselm Odinkalu, "Why More Africans Don't Use Human Rights Language", *Human Rights Dialogue* (Winter 2000): 3,4.

35. 非政府组织的首字母缩写很好地体现了其多样性,比如,CBOs(社区组织)、PVOs(私人自愿组织)、GONGOs(由政府组织的非政府组织)、DONGOs(赞助人组织的非政府组织)、CSOs(民间社会组织)、MONGOs(个人组织的非政府组织)、FANGOs(家庭非政府组织)、INGOs(国际非政府组织)、QUANGOs(准政府的非政府组织)以及BINGOs(商业和工业非政府组织)。

36. Chidi Anselm Odinkalu, "The Individual Complaints Procedures of the African Commission on Human and Peoples' Rights: A Preliminary Assessment", *Transnational Law and Contemporary Problems* 8, no. 2 (1998): 359.

37. Van Boven, *The Role of Non-Governmental Organizations*, 212.

38. Virginia Leary, "A New Role for Non-Governmental Organizations in Human Rights: A Case Study of Non-Governmental Participation in the Development of International Norms on Torture", in *UN Law Fundamental Rights: Two Topics in International Law*, ed. Antonio Cassese (Dordrecht: Kluwer Academic Publishers, 1979), 197-210. 199

39. Van Boven, *The Role of Non-Governmental Organizations*, 213.

40. Amnesty International, *Report On Torture*, (New York: Farrar, Straus and Giroux, 1975), 34. 据“大赦国际”,“酷刑”的定义中有以下几个关键要点:(1)至少有两个人参与,即实施酷刑的人和受害人;(2)有迹象暗示受害者受到酷刑实施人的实际控制或束缚;(3)实施人给受害人造成剧烈疼痛或痛苦。

41. UN General Assembly, “Resolution 3452 [Declaration on the Protection of All Persons from Being Subjected to Torture and Other Cruel, Inhuman or Degrading Treatment or Punishment]”, 30 U. N. GAOR Supp. No. 34 at 91, 30 U. N. Doc. A/10034 (1975).

42. UN General Assembly, “Resolution 34/169 [Code of Conduct for Law Enforcement Officials]”, G. A. res. 34/169, annex, 34 U. N. GAOR Supp. (No. 46) at 186, U. N. Doc. A/34/46 (1979).

43. UN General Assembly, “Resolution 37/194 [Principles ofMedical Ethics relevant to the Role of Health Personnel, particularly Physicians, in the Protection of Prisoners and Detainees against Torture and Other Cruel, Inhuman or Degrading Treatment or Punishment]”, G. A. res. 37/194, annex, 37 U. N. GAOR Supp. (No. 51) at 211, U. N. Doc. A/37/51 (1982).

44. Van Boven, *The Role of Non-Governmental Organizations*, 214 - 15.

45. Emma Carmen-Guevas (Office of the High Commissioner for Human Rights, Geneva) in discussion with the author, December 6, 2002.

46. UN Permanent Forum on Indigenous Issues (UNPFII), “Martinez-Cobo Study of the Problem of Discrimination Against Indigenous Populations”, U. N. Doc. E/CN. 4/Sub. 2/1986/7 and Addenda, U. N. Sales No. E. 86. XIV. 3 (1986).

47. International Labor Organization (ILO), “Convention 106

[Weekly Rest (Commerce and Offices) Convention]", Geneva, 40th ILC session (26 June 1957); ILO, "Convention 169 [Indigenous and Tribal Peoples Convention]", Geneva, 76th ILC session (27 June 1989).

48. UN Working Group on Indigenous Populations, "Report of Working Group on Indigenous Populations on its Seventh Session", at 6 – 7, U. N. Doc. E/ CN. 4/Sub. 2/1989/36.

49. Steiner and Alston, *International Human Rights in Context*, 1301 – 1302.

50. Declaration on the Rights of Indigenous Peoples, G. A. Res. 60/ 251, 1st Sess., U. N. Doc. No. A/HRC/1/L. 3, June 23, 2006.

51. "UN Human Rights Council Adopts Documents on Disappearances and Indigenous Peoples", *UN News Center*, last modified June 29, 2006, http://www. un. org/apps/news/story. asp? NewsID = 19056&Cr = rights&Cr1 = council.

52. UN General Assembly, "Resolution 61/295 [Declaration of the Rights of Indigenous Peoples]", U. N. Doc. A/RES/61/295 (2007).

53. "Indigenous Rights Outlined by UN", *BBC News*, last modified September 13, 2007, http://news. bbc. co. uk/2/hi/in _ depth/ 6993776. stm.

54. Ibid. 200

55. "Australia Backs Indigenous Rights", *BBC News*, last modified April 3, 2009, http://news. bbc. co. uk/2/hi/asia-pacific/7980537. stm.

56. Gina Cosentino, "It's Time to Reconcile Indigenous Rights and Democracy in Canada", *The Hill Times Online*, last modified December 6, 2010, http://www. hilltimes. com/opinion-piece/opinion/2010/12/06/its-time-to-reconcile- indigenous-rights-and-democracy-in-canada/25119.

57. "New Zealand Statement On Adoption of Declaration At UN

Permanent Forum On Indigenous Issues", *Indigenous Peoples Issues & Resources* (*April* 20, 2010), http://indigenouspeoplesissues. com/index. php? option = com _ content&view = article &id = 4850: new-zealand-statement-on-adoption-of-declaration-at-un-permanentforum-on-indigenous-issues&catid = 58: oceania-indigenous-peoples&Itemid = 80 (accessed February 1,2013).

58. Caren Bohan, " Obama Backs U. N. Indigenous Rights Declaration", *Reuters* (December 16, 2010), http://www. reuters. com/article/2010/12/16/us-obamatribes-idUSTRE6BF4QJ20101216 (accessed February 1,2013).

59. Hilary Charlesworth and Christine Chinkin, "The Gender of Jus Cogens", *Human Rights Quarterly* 15 (1993): 63.

60. UN World Conference on Human Rights, Vienna Declaration and Program of Action, *International Legal Matters* 32 (1993): 1661.

61. UN General Assembly, "Resolution 48/103 [Crime prevention and criminal justice]", U. N. Doc. A/*RES*/48/103 (December 20,1993).

62. UN Office of the High Commissioner for Human Rights, "Special Rapporteur on violence against women, its causes and consequences", http://www. ohchr. org/EN/Issues/Women/SRWomen/Pages/SRWomenIndex. aspx(accessed February 1,2013).

63. UN Security Council, " Statute of the International Criminal Tribunal for the Former Yugoslavia", S. C. Res. 827 (May 25,1993); UN Security Council, " Statute of the International Criminal Tribunal for Rwanda", S. C. Res. 955 (Nov. 8,1994).

64. Tuba Inal, *Looting and Rape Wartime*: *Law and Change in International Relations* (Philadelphia: University of Pennsylvania Press, 2013).

65. Chinkin, "Human Rights and the Politics of Representation", 133 – 34.

66. United Nations, *Convention on the Prohibition of the Use, Stockpiling, Production, and Transfer of Anti-Personnel Mines and their Destruction*, Oslo (Sept. 18, 1997).

67. Chinkin, "Human Rights and the Politics of Representation", 134 – 35.

68. Walter Kälin（瑞士伯尔尼大学法学教授）in discussion with the author, December 3, 2002.

69. Ibid.

70. David Johnson (Secretary to the Committee on the Rights of the Child, Human Rights Officer, UN Office of the High Commissioner for Human Rights, Geneva) in discussion with the author, December 4, 2002.

71. Ibid.

72. Nigel Cantwell, "The Origins, Development and Significance of the United Nations Convention on the Rights of the Child", in *The United Nations Convention on the Rights of the Child: A Guide to the "Travaux Preparatoires"*, ed. S. Detrick (Dordrecht: Kluwer Academic Publishers, 201
1992): 19.

73. Ibid.

74. Kenneth Anderson, "The Ottawa Convention Banning Landmines, The Role of International Non-Governmental Organizations and the Idea of International Civil Society", *European Journal of International Law* 11, no. 1 (2000): 92.

75. Ibid.

76. Ibid.

77. David Johnson in discussion with the author, December 4, 2002.

78. A. Clark, E. Friedman, and K. Hochstetler, "The Sovereign Limits of Global Society", *World Politics* 51 (1998): 15.

79. Chinkin, "Human Rights and the Politics of Representation", 137.

80. UN General Assembly, "Resolution 57/199 [Optional Protocol to the Convention against Torture and other Cruel, Inhuman or Degrading Treatment or Punishment]", 57th Sess., U. N. Doc. A/RES/57/199 (December 18, 2002).

81. Barbara Crosette, "A Dispute On U. N. Post For Women", *New York Times*, September 26, 1995.

82. Patrick Tyler, "Hillary Clinton in Beijing as Women's Conference Opens", *New York Times*, September 5, 1995.

83. See "NGOs and the ASP", *The Rome Statute: The International Criminal Court*, http://www.romestatute.com/post/11538932886/ngos-and-the-asp (accessed December 27, 2013).

84. Mauro Politi, ed., *The Rome Statute of the International Criminal Court: A Challenge to Impunity* (London: Ashgate, 2001).

85. D. Otto, "A Post-Beijing Reflection on the Limitations and Potential of Human Rights Discourse for Women", in *Women and International Human Rights Law*, ed. K. Askin and D. Koenig, vol. 1 (Ardsley: Transnational 1999), 115.

第五章 “不足”问题

1. See Henry Steiner, Philip Alston, and Ryan Goodman, *International Human Rights in Context: Law, Politics, Morals: Text and Materials*, 3rd

ed.（New York：Oxford University Press,2007）,475 –481.

2. Samuel P. Huntington, *The Third Wave*: *Democratization in the Late Twentieth Century*（Norman：University of Oklahoma Press,1991）.

3. Steve Ouma（Programme Officer, Kenya Human Rights Commission, Nai-robi）in discussion with the author, January-February,2003.

4. See Fareed Zakaria, "Fareed's Take：Egypt Still is Not Free", *Global Public Square*, *CNN*, May 22,2011.

5. See Ognyan Minchev, "Modernization：The Forgotten Strategy of Social Transformation：Post-Communist Lessons for the Arab Revolutions", Policy Brief, *The German Marshall Fund of the United States*, last modified August 1, 2011, http://www.gmfus.org/archives/modernization-the-forgotten-strategy-of-social-transformation/; see also Gareth Jones and Gabriela Baczynska, "Special Report：Solidarity in the Arab Spring", *Reuters*, last modified Jun 16, 2011, http://www.reuters.com/article/2011/06/16/us-arabspring-east-idUSTRE75F2EW20110616.

6. Ian Martin, *The New World Order*: *Opportunity or Threat for* 202
Human Rights, Lecture at the Harvard Law School Human Rights Program（1993）,20.

7. Dan Bilefsky and Mark Landler, "As U. N. Backs Military Action in Libya, U. S. Role Is Unclear", *New York Times*, A1, last modified March 17, 2011, http://www.nytimes.com/2011/03/18/world/africa/18nations.html? pagewanted = all&_r = 0.

8. See Ernest Haas, *When Knowledge Is Power*: *Three Models of Change in International Organizations*（Berkeley：University of California Press,1990）,7. 政府间组织通常由一个国家或一个精英国家联盟主导，其原因在于它们有军事、经济或其他方面的霸权，如美国和欧盟。

9. Emma Carmen-Guevas (Office of the High Commissioner for Human Rights, Geneva) in discussion with the author, December 6, 2002.

10. Joe Oloka-Onyango (associate professor of law, Makerere University, Uganda) in discussion with the author, December 1, 2002.

11. Ibid.

12. See Makau Mutua, ed., *Human Rights NGOs in East Africa: Political and Normative Tensions* (Philadelphia: University of Pennsylvania Press, 2009).

13. Walter Kälin (professor of law, Bern University, Switzerland) indiscussion with the author, December 3, 2002.

14. Jeffrey Gettleman and Josh Kron, "In Uganda, Unrest Gains Little Ground", *New York Times*, last modified February 17, 2011, http://www.nytimes.com/2011/02/18/world/africa/18uganda.html? _r = 0.

15. Makau Mutua, *Kenya's Quest for Democracy: Taming Leviathan* (Boulder: Lynne Rienner Publishers, 2008).

16. "Ford Foundation Staff Member Willy Mutunga Appointed Chief Justice of Kenya", Press Release, *PR Newswire*, last modified June 15, 2011, http://www. reuters.com/article/2011/06/15/idUS213540 + 15 – Jun – 2011 + PRN20110615.

17. See Harry Smith, "Costa Rica's Triangle of Solidarity: Can Government-Led Spaces for Negotiation Enhance the Involvement of Civil Society in Governance?", *Environment and Urbanization* 16 (2004): 63.

18. See James F. Hoge Jr., "A Global Power Shift in the Making", *Foreign Affairs* (July/August 2004), http://www.foreignaffairs.com/articles/59910/james-fhoge-jr/a-global-power-shift-in-the-making (accessed December 27, 2013).

19. Larry Cox, "Reflections on Human Rights at Century's End",

Human Rights Dialogue (Winter 2000): 5.

20. Ibid.

21. Chinkin, "Human Rights and the Politics of Representation", 144.

22. Celina Romany, "Black Women and Gender in a New South Africa: Human Rights and the Intersection of Race and Gender", *Brooklyn Journal of International Law* 21 (1996): 857; Hope Lewis, "Between Irua and Female Genital Mutilation: Feminist Human Rights Discourse and the Cultural Divide", *Harvard Human Rights Journal* 8 (1995): 1; Isabelle Gunning, "Arrogant Perception, World Travelling, and Multicultural Feminism: The Case of Female Genital Surgeries", *Columbia Human Rights Law Review* 23 (Summer 1992): 189.

23. Chinkin, "Human Rights and the Politics of Representation", 144–145.

24. See, e. g., Jan Nederveen Pieterse, *White on Black: Images of* 203
Africa and Blacks in Western Popular Culture (New Haven: Yale University Press, 1992).

25. Adam Nossiter, "Behind Those Fast Growth Rates, Rising Inequality", *New York Times*, last modified November 5, 2013, http://www.nytimes.com/2013/11/06/world/africa/behind-those-fast-growth-rates-rising-inequality.html.

26. UN Charter, preamble, 1 UNTS XVI (1945).

27. Ibid., Chapter V.

28. Ibid., Chapter IV.

29. Martin, *The New World Order*, 20.

30. Jose E. Alvarez, "The Once and the Future Security Council", *The Washington Quarterly* 18, no. 2 (Spring 1995): 3.

31. Michael Ignatieff, *Whose Universal Values? The Crisis in Human*

Rights（Hague，Netherlands：Premium Erasmianum Essay，1999），19. 伊格纳季耶夫一针见血地点明了西方势力对联合国安理会和人权的掌控：

1989 年，世界上出现了一种单一的人权文化，没有任何东西能够阻碍其道德统治。俄罗斯和中国除了在安理会行使权力，拒绝西方联盟的意愿以外别无他法。他们的投票权可能会否定联盟行动的合法性，但正如科索沃的北约行动那样，这些打定主意的联盟干脆直接越过安理会。这一重大转变与西方国家倡导基层人权的时代相结合……但这种转变的影响并不一定是为了被压迫的个人的利益，而是试图以人权的名义干预他国。

See also，Abdullahi An-Na'im，"NATO on Kosovo Is Bad for Human Rights"，*Netherlands Quarterly of Human Rights* 17（1999）：229.

32. 这些原则中的关键是主权平等。See Juliane Kokott，"States，Sovereign Equality"，in the *Max Planck Encyclopedia of Public International Law*，http://opil.ouplaw.com/view/10.1093/law:epil/9780199231690/law-9780199231690e1113? rskey=TZr171&result=5&prd=EPIL（accessed December 27，2013）.

33. See *Minister of Home Affairs and Another v. Fourie and Another*，South African Constitutional Court（CCT）60/04（2005），http://www.saflii.org/za/cases/ZACC/2005/19.html（accessed February 20，2013）.

34. Alan Cowell，"Uganda Lawmakers Pass Measure Imposing Harsh Penalties on Gays"，*New York Times*，December 20，2013.

35. Riva Krut et al.，*Globalization and Civil Society NGO Influence in International Decision-Making*，UNRISD，Discussion Paper 83（April 1997），1-15.

36. Warren Nyamugasira, "NGOs and Advocacy: How Well Are the Poor Represented?", *Development in Practice* 8 (1998): 297.

37. Canadian Foreign Minister Axworthy, quoted in Kenneth Anderson, "The Ottawa Convention Banning Landmines: the Role of International Non-Governmental Organizations and the Idea of International Civil Society", *European Journal of International Law* 11 (2000): 111.

38. Ibid., 118.

39. Ibid. 204

40. Ibid.

41. Ibid., 117.

42. Bertrand Ramcharan (then Deputy High Commissioner for Human Rights, Geneva, Switzerland) in discussion with the author, December 4, 2002.

43. Sonya Sceats and Sean Breslin, "China and the International Human Rights System", (Chatham House: 212), http://www.chathamhouse.org/sites/files/chathamhouse/public/Research/International%20Law/r1012_sceatsbreslin.pdf (accessed February 3, 2015).

44. UN Charter, Arts 55, 56.

45. UDHR.

46. 然而，西方学者近来的研究一致在鼓励发展权。See, for example, Patrick Macklem, "Global Poverty and the Right to Development in International Law", available at http://papers.ssrn.com/sol3/papers.cfm?abstract_id=2271686. See also Helena Alviar Garcia, Karl Klare, and Lucy A. Williams, eds., *Social and Economic Rights in Theory and Practice* (New York: Routledge, 2015). 但其先

辈们对发展权的热情似乎寥寥。比如，斯提芬·P. 马克斯就指出，以发展权最为突出的第三代人权过于"模棱两可，不够合理，故而不过是些口号而已"。而团体/集体权利的反对者杰克·唐纳利则更挑剔，他宣称发展权是"荒谬的"、"令人匪夷所思"、"误人子弟"且"危险的"。See, respectively, Stephen P. Marks, "Emerging Human Rights: A New Generation for the 1980s?", *Rutgers Law Review* 33 (1981): 435, 451; and Jack Donnelly, "In Search of the Unicorn: The Jurisprudence and the Politics of the Right to Development", *California Western International Law Journal* 15 (1985): 473, 482. With virtually no prominent defenders, the right to development lacks elaboration and has remained murky.

47. Henry J. Steiner (Director, Human Rights Program, Harvard Law School, Cambridge, Massachusetts) in discussion with the author, November 29, 2002; See, generally, Margot E. Salomon and Arjun Sengupta, *The Right to Development: Obligations of States and the Right of Minorities and Indigenous Peoples* (London: Minority Rights Group International, 2003).

48. Walter Kälin, "How Hard Is Soft Law? The Guiding Principles on Internal Displacement and the Need for a Normative Framework", in *Recent Commentaries about the Nature and Application of the Guiding Principles on Internal Displacement*, ed., Francis Deng and Roberta Cohen, (New York: The Brookings-CUNY Project on Internal Displacement, April 2002), 7, 8 (hereafter *Recent Commentaries on Guiding Principles*).

49. Francis Deng, "The Global Challenge of Internal Displacement", *Washington University Journal of Law and Policy* 5 (2001): 147.

50. Kälin, *Recent Commentaries on Guiding Principles*, 10.

51. "Data on Human Rights Treaties", *UN Treaty Collection*, accessed on December 27, 2013, http://treaties.un.org/Pages/ViewDetails.aspx?src=TREATY&mtdsg_no=IV-12&chapter=4&lang=en.

52. Gerison Lansdown, "The Reporting Process under the Convention on the Rights of the Child", in *The Future of Human Rights Treaty Monitoring*, ed. Philip Alston and James Crawford (Cambridge: Cambridge University Press, 2000), 113.

53. David Johnson (Office of the High Commissioner for Human 205
Rights, Geneva) in discussion with the author, November 4, 2002.

54. Helen Keller, Geir Ulfstein, and Leena Grover, *UN Human Rights Bodies: Law and Legitimacy* (Cambridge: Cambridge University Press, 2012); Makau Mutua, "Looking Past the Human Rights Committee", *Buffalo Human Rights Law Review* 4 (1998): 211.

55. See, for example, Charles Krauthammer, "The Curse of Legalism: International Law? It's Purely Advisory", *The New Republic*, November 6, 1989, 44-46, 50.

56. Abdullahi An-Na'im (professor of law, Emory University School of Law, Atlanta, Georgia) in discussion with the author, November 27, 2002.

57. Henry J. Steiner (director, Human Rights Program, Harvard Law School, Cambridge, Massachusetts) in discussion with the author, November 29, 2002.

58. UN General Assembly, Official Records, "Annotations on the Text of the Draft International Covenants on Human Rights", at 7, UN

Doc. A/2929 (1955).

59. Ibid., para 9.

60. Ibid.; See also Philip Alston and Gerald Quinn, "The Nature and Scope of States Parties' Obligations Under the International Covenant on Economic, Social and Cultural Rights", *Human Rights Quarterly* 9 (1987): 156.

61. ICESCR. 1987 年，经社理事会设立了"经济、社会及文化权利委员会"以监督《经济、社会及文化权利国际公约》的执行情况。

62. Ibid., art. 2(1).

63. UN Commission on Human Rights, "Resolution 2000/82 [Effects of structural adjustment policies and foreign debt on the full enjoyment of all human rights, particularly economic, social and cultural rights]", E/CN. 4/RES/2000/82 (2000).

64. UN Commission on Human Rights, "Resolution 2005/69 [Human Rights and Transnational Corporations and Other Business Enterprises]", E/CN. 4/ RES/2005/69 (2005).

65. "Data on Human Rights Treaties", *UN Treaty Collection*, http://treaties.un.org/Pages/ViewDetails.aspx?src=TREATY&mtdsg_no=IV-12&chapter=4&lang=en (accessed February 22, 2013).

66. Ibid.

67. Ibid.

68. Stephen Holmes and Cass Sunstein, *The Cost of Rights: Why Liberty Depends on Taxes* (New York: W. W. Norton, 2000).

69. ICCPR.

70. UN General Assembly, "Resolution 2200 (XXI) [Optional Protocol to the International Covenant on Civil and Political Rights]",

21 UN GAOR, Supp. (No. 16) 59, UN Doc. A/6316 (1967), reprinted in *International Legal Matters* 6 (1967): 383.

71. "Monitoring the Core International Human Rights Treaties", *UN Human Rights: Office of the High Commissioner on Human Rights*, http://www.ohchr.org/EN/HRBodies/Pages/TreatyBodies.aspx (accessed March 1, 2013). These include the Committee on the ICESCR, the CRC, and the Committee on CERD, CAT, and the CEDAW Committee.

72. Torkel Opsahl, "The Human Rights Committee" in *The United Nations and Human Rights: A Critical Appraisal* ed. Philip Alston (Oxford: Clarendon Press, 1992), 371; see also Dominic McGoldrick, *The Human Rights Committee* (Oxford: Oxford University Press, 1991).

第六章 新标准 206

1. Michael Battle, *Ubuntu: I in You and You in Me* (New York: Seabury Books, 2009).

2. Samuel Moyn, *Human Rights and the Uses of History* (New York: Verso, 2014); Samuel Moyn, *The Last Utopia* (Cambridge: Harvard University Press, 2010).

3. See, for example, Mary Ann Glendon, *Rights Talk: The Impoverishment of Political Discourse* (New York: Free Press, 1993).

4. Peter Baehr, "Amnesty International and Its Self-Imposed

Limited Man-date", *Netherlands Quarterly of Human Rights* 12 (1994): 5; Human Rights Watch, *Human Rights Watch World Report 2000* (2000): vii.

5. 1996 年 9 月，人权观察不再反对经济和社会权利。它通过了一条有限但有效的政策以监督违反《经济、社会及文化权利国际公约》的情况，但其监督内容只涉及同时与《公民权利和政治权利国际公约》有关的内容。See Human Rights Watch, *Human Rights Watch's Proposed Interim Policy on Economic, Social, and Cultural Rights* (September 30, 1996).

6. Aryeh Neier, "Social and Economic Rights: A Critique", *Human Rights Brief* 13, no. 2 (2006), http://www.wcl.american.edu/hrbrief/13/2neier.pdf (accessed February 26, 2013).

7. Roth, Kenneth, "Defending Economic, Social and Cultural Rights: Prac-tical Issues Faced by an International Human Rights Organization", *Human Rights Quarterly* 26, no. 4 (2004); Leonard Rubenstein, "How International Human Rights Organizations Can Advance Economic, Social and Cultural Rights: A Response to Kenneth Roth", *Human Rights Quarterly* 26, no. 4 (2004).

8. Katarina Tomasevski, "Unasked Questions about Economic, Social, and Cultural Rights from the Experience of the Special Rapporteur on the Right to Education (1998 - 2004): A Response to Kenneth Roth, Leonard S. Rubenstein, and Mary Robinson", *Human Rights Quarterly* 27 (2005); Mary Robinson, "Advancing Economic, Social, and Cultural Rights: The Way Forward", *Human Rights Quarterly* 26, no. 4 (2004).

9. Amnesty International, *Annual Report* 1998 (London: Amnesty

International, 1999), http://amnesty. org/en/library/asset/POL10/001/1998/en/c32b001de822 - 11dd - 9deb - 2b812946e43c/pol100011998en. pdf (accessed on December 28,2013).

10. Koldo Casla, "Impact Assessment of Non-Governmental Organizations on Economic, Social and Cultural Rights", *Human Rights Impact Resource Centre* (May 2010): 2.

11. "Demand Dignity", *Amnesty International*, https://campaigns. amnesty. org/ campaigns/demand-dignity (accessed February 26, 2013).

12. See "Secretary General, Salil Shetty", *Amnesty International*, http://www. amnesty. org/en/who-we-are/our-people/secretary-general (accessed August 2011); see also discussion with Salil Shetty in *Poverty Matters Blog*, post by Annie Kelly, "How Can We Achieve Development Goals if We Ignore Human Rights?", *The Guardian*, February 28, 2011, http://www. guardian. co. uk/global-development/povertymatters/2011/feb/28/shetty-amnesty-human-rights-development (accessed December 28,2013).

13. Ibid. 207

14. UN Committee on Economic, Social, and Cultural Rights, "Statement of the UN Committee on Economic, Social, and Cultural Rights at the 1993 Vienna World Conference on Human Rights", Annex III, paras 5 and 7, UN Doc. E/1993/22 (1993).

15. Karin Buhmann, "Regulating Corporate Social and Human Rights Responsibilities at the UN Plane: Institutionalizing New Forms of Law and Law-making Approaches", *Nordic Journal of International Law* 78, no. 1 (2009): 1 - 52.

16. 一般认为,残疾即指身体上的损伤,比如,肢体残缺或畸形。但实际上它所包含的远不止肉眼可见的残疾。毫无疑问,世界上存在着大量的残疾人。

17. Mary T. Westbrook, Varoe Legge, and Mark Pennay, "Attitudes Towards Disabilities in a Multicultural Society", *Social Science & Medicine* 36, no. 5 (1993): 615 – 723.

18. Americans With Disabilities Act of 1990. Public Law 101 – 336. 108th Congress, 2nd session (July 26, 1990).

19. Constitutional Court, *Constitution of the Republic of South Africa*, Art. 9(3) (1996).

20. UN General Assembly, "Resolution 31/123 [International Year of Disabled Persons]", A/RES/31/123 (1976).

21. UN General Assembly, "Resolution 37/52 [World Programme of Action concerning Disabled Persons]", A/RES/37/52 (1982).

22. UN General Assembly, "Resolution 48/96 [Standard Rules on the Equalization of Opportunities for Persons with Disabilities]", A/Res/48/96 (1993).

23. See "Disability Buzz", *Disability World*, 10, no. 1 (2001), doi: http://disabilityworld.org/09 – 10_01/buzz.shtml; "President Vicente Fox Awarded for His Work to Assist Persons with Disabilities", *Inter-American Development Bank*, last modified December 10, 2001, http://www.iadb.org/en/news/news-releases/2001 – 12 – 10/president-vicente-fox-awarded-for-his-work-to-assist-persons-with-disabilities, 1072.html [reporting on Fox's support for disability rights].

24. UN Committee on Economic, Social and Cultural Rights

(CESCR),"General Comment No. 5: Persons with Disabilities", E/1995/22 (1994).

25. Bengt Lindqvist, "All Means All", (Keynote speech by UN Special Rapporteur on Disability, Osaka Forum, Japan, October 2002).

26. Ibid.

27. Neera Bharihoke, ed., *Human Rights and the Law* (New Delhi: Serials Publications, 2009).

28. 国际残疾人联盟是残疾人协会的主要非政府组织,是其主要的游说团体。

29. 特设委员会于2003年1月16日至2月3日举行了第七次会议,以探讨《公约草案》的谈判情况。

30. See "Data on Human Rights Treaties", *UN Treaty Collection*, http://treaties.un.org/Pages/Treaties.aspx?id=4&subid=A&lang=en (accessed December 28, 2013).

31. Ibid.

32. Ibid.

33. UN General Assembly, *Optional Protocol to the Convention on* 208
the Rights of Persons with Disabilities, U. N. Doc. A/61/611 (2006).

34. Ibid.

35. Wayne Morgan, "Identifying Evil for What It Is: Tasmania, Sexual Perversity, and the United Nations", *Melbourne University Law Review* 19 (1994): 740 (分析澳大利亚某法条的修订,该法条被认为违反了《公民权利和政治权利国际公约》).

36. *Lustig-Prean and Beckett v. United Kingdom*, European Court of Human Rights (1999), www.echr.coe.int/eng/Judgments.htm (accessed December 28, 2013); *Norris v. Ireland*, European Court of

Human Rights Ser. A, No. 142, 13 EHRR 186 (1989).

37. Human Rights Committee, *Toonen v. Australia*, Communication No. 488/1992, Views of the Committee, UN Doc. CCPR/C/50/D/488/1992 (1994).

38. Peter Baehr, "Amnesty International and its Limited Self-imposed Limited Mandate", *Netherlands Quarterly of human rights* 12, no. 1 (1994): 5 –21.

39. Constitutional Court, *Constitution of the Republic of South Africa*, Art. 9(3) (1996).

40. Jackie Calmes and Peter Baker, "Obama Says Same-Sex Marriage Should Be Legal", *New York Times*, May 9, 2012.

41. Adam Liptak, "Supreme Court Bolsters Gay Marriage with Two Major Rulings", *New York Times*, June 26, 2013, http://www.nytimes. com/2013/06/27/us/ politics/supreme-court-gay-marriage. html? _r =0 (accessed December 28, 2013).

42. Makau Mutua, "It Is Nonsense to Assert That Being Gay is Un-African", *Sunday Nation*, (Nairobi, Kenya) November 1, 2009; See also, more generally, a seminal work on homosexuality in Africa, Sylvia Tamale, ed., *African Sexualities: A Reader* (London: Pambazuka Press, 2011).

43. Makau Mutua, *Human Rights: A Political and Cultural Critique* (Philadelphia: University of Pennsylvania Press, 2002).

44. Irene Khan, *The Unheard Truth: Poverty and Human Rights* (New York: W. W. Norton, 2009); see also UN Charter, art. 55 (c), 1 UNTS XVI (1945).

45. Anthony R. Reeves, "Sexual Identity as a Fundamental Human

Right", *Buffalo Human Rights Law Review* 15 (2009): 215.

46. Republic of Kenya, *Constitution of the Republic of Kenya* [promulgated August 27, 2010]. 保守派担心,人们会利用关于平等和非歧视的第27条第(4)款来使同性恋合法化并允许同性恋结合或成婚。

47. 2009年,《反同性恋法案》被提交给了乌干达议会。

48. Sylvia Tamale, "A Human Rights Impact Assessment of the Anti-Homosexuality Bill", *East African Journal of Peace and Human Rights* 15 (2009): 509.

49. The Anti-Homosexuality Bill, Section 1.1.

50. Jeff Zeleny, "Obama Calls for 'Civility' at Prayer Breakfast", *New York Times*, last modified February 4, 2010, http://thecaucus.blogs.nytimes.com/2010/02/04/obama-calls-for-civility-at-prayer-breakfast/.

51. Alan Cowell, "Ugandan Lawmakers Pass Measure Imposing Harsh Penalties on Gays", *New York Times*, last modified December 20, 2013, http://www.nytimes.com/2013/12/21/world/africa/ugandan-parliament-approves-antigay-law.html.

52. Jeffrey Gettleman, "Uganda Anti-Gay Law Struck down by 209
Court", *New York Times*, August 1, 2014, http://www.nytimes.com/2014/08/02/world/africa/ugandaanti-gay-law-struck-down-by-court.html? _r=0 (accessed February 4, 2015).

53. Human Rights Committee, *Toonen v. Australia*, Communication No. 488/1992, Views of the Committee, UN Doc. CCPR/C/50/D/488/1992 (1994).

54. *Norris v. Ireland*, European Court of Human Rights Ser. A,

No. 142,13 EHRR 186 (1989).

55. South African Constitution section 9(3),(1996).

56. *National Coalition for Gay and Lesbian Equality v. Minister of Justice*,CCT 11/98, 1999 (1) SA6 (CC), 1998 (1) BCLR 1517 (CC).

57. Gabe Joselow,"Gay Rights in Africa Move Slowly,Cautiously Forward", *Voice of America*, last modified March 28, 2013, http://www.voanews.com/content/ gay_rights_in_africa_moving_slowly_cautiously_forward/1630496.html.

58. Barry Bearak, "Gay Couple, Arrested After Engagement Ceremony,Are Convicted of Indecency in Malawi", *New York Times*, May 19,2010.

59. Josh Kron, "Uganda Panel Gives Setback to Antigay Bill", *New York Times*,May 8,2010.

60. Tacy Connor, "'Who Am I to Judge?': The Pope's Most Powerful Phrase in 2013", *NBC News*, last modified December 22, 2013,http://worldnews.nbcnews.com/_news/2013/12/22/21984495 – who-am-i-to-judge-the-popes-most-powerfulphrase-in – 2013.

61. Robert Barnes,"As Gay Marriage Begins in Florida,Supreme Court Is Set to Meet on the Issue", *Washington Post*, January 5, 2015,http://www.washingtonpost.com/politics/courts_law/as-gay-marriages-begin-in-florida-supreme-court-isset-to-meet-on-issue/2015/01/05/ee0edaf8 – 9513 – 11e4 – aabd-d0b93ff613d5 _ story.html (accessed February 4,2015).

62. ClarissaStart Davidson, *God's Man: The Story of Pastor Niemoeller* (Westport,CT: Greenwood Press,1979).

63. Brian Joseph Gilley, *Becoming Two-Spirit: Gay Identity and Social Acceptance in Indian Country* (Lincoln: University of Nebraska Press, 2006); Walter L. Williams, *The Spirit and the Flesh: Sexual Diversity in American Indian Cultures* (Boston: Beacon Press, 1986); Will Roscoe, *Changing Ones: Third and Fourth Genders in Native North America* (New York: St. Martin's Press, 1998).

64. Agencies, "Hinduism Does not CondemnGay People: UK Hindu Council", *Indian Express*, last modified July 3, 2009, http://indianexpress.com/article/news-archive/print/hinduism-does-not-condemn-gay-people-uk-hindu-council/.

65. Mutua, "It Is Nonsense to Assert That Being Gay is Un-African".

66. See generally Tamale, "A Human Rights Assessment of the Anti-Homo-sexuality Bill".

67. Childhood conversation between the author and his mother [date unknown].

68. Mutua, "It Is Nonsense to Assert That Being Gay is Un-African".

69. Rev. Father James Gatiti, "I Differ with Don on Gay Rights", *Sunday Nation*, October 31, 2009.

70. Denys W. T. Shropshire, *The Church and the Primitive Peoples* (London: S. P. C. K, 1938).

71. Irene Khan, *The Unheard Truth: Poverty and Human Rights* 210
(New York: W. W. Norton, 2009).

72. Tamale, "A Human Rights Assessment of the Anti-Homosexuality Bill", 510.

73. Sylvia Tamale, "Law, Sexuality, and Politics in Uganda", in *Human Rights NGOs in East Africa: Political and Normative Tensions*, ed. Makau Mutua (Philadelphia: University of Pennsylvania Press 2009), 58; John Faupel, *African Holocaust: The Story of the Ugandan Martyrs* (New York: P. J. Kennedy, 1962); Tamale, ed., *African Sexualities: A Reader*.

74. Helmut Graupner and Phillip Tahmindjis, *Sexuality and Human Rights: A Global Overview* (Binghamton: Taylor and Francis, 2005).

75. UN Committee on Economic, Social and Cultural Rights (CESCR), "General Comment No. 20, Non-Discrimination in Economic, Social and Cultural Rights", Art. 2, para 2, E/C. 12/GC/20, (2009).

76. UN Committee on the Elimination of Discrimination against Women, "General Recommendation Number 28 on the Core Obligation of States Parties Under Article of the Convention on the Elimination of All Forms of Discrimination Against Women", CEDAW/C/GC/28 (2010).

77. Dimitry Kochenov, "On Options of Citizens and Moral Choices of States: Gays in the European Union", *Fordham International Law Journal* 33 (2009): 156.

78. European Union, *Charter of the Fundamental Rights of the European Union*, art. 21 (1), Official Journal of the European Communities, (OJ C 364/01) (2000).

79. Michael O'Flaherty and John Fisher, "Sexual Orientation, Gender Identity, and International Human Rights Law: Contextualizing the Yogyakarta Principles", *Human Rights Law Review* 8 (2008):

207.

80. Julie Mertus, "The Rejection of Human Rights Framings: The Case of LGBTI Advocacy in the US", *Human Rights Quarterly* 29, no. 4 (2007): 1036.

81. For the Human Rights Campaign, the organization, see http://www.hrc.org/.

82. UN Human Rights Council, "Human Rights, Sexual Orientation and Gender Identity", A/HRC/17/L. 9/Rev. 1, adopted June 17, 2011, by a vote of 23 in favor, 19 against, and 3 abstentions.

83. Julie Mertus, *Human Rights Matters* (Stanford: Stanford University Press, 2009); Gerd Oberleitner, *Global Human Rights Institutions: Between Remedy and Ritual* (Cambridge: Polity Press, 2007).

84. United Nations Development Programme, *Human Development Report* 1993 (Oxford: Oxford University Press, 1993), 25.

85. UN General Assembly, *Optional Protocol to the Convention on the Elimination of All Forms of Discrimination Against Women*, UN GA RES/54/4 of October 6, 1999. 它于2000年12月22日生效,已有104个国家批准且有88个签署国。

86. UN Sub-Commission on Prevention of Discrimination and Protection of Minorities, "Resolution 1994/45 [Draft United Nations declaration on the rights of indigenous peoples]", E/CN. 4/Sub. 2/1994/ (1994).

87. UN Commission on Human Rights, "Decision 2004/110 [Special Rapporteur on trafficking in persons, especially in women and children]", see chap. XII, E/2004/23 – E/CN. 4/2004/127 (2004).

211 88. UN Human Rights Council, "Resolution 15/23 [Elimination of discrimi-nation against women]", A/HRC/RES/15/23 (2010).

89. Organization of African Unity (OAU), *African Charter on Human and People's Rights* ("*Banjul Charter*"), OAU Doc. CAB/LEG/67/3 rev. 5, 21 I. L. M. 58 (1982), entered into force Oct. 21, 1986.

90. See "Legal Instruments", *African Commission on Human and Peoples' Rights*, http://www.achpr.org/instruments/ (accessed February 28, 2013).

91. African Commission on Human and Peoples' Rights, "Resolution on the Designation of the Special Rapporteur on the Rights of Women in Africa", ACHPR/ res. 38 (XXV) 99 (1999); "Special Rapporteur on Rights of Women", *African Commission on Human and Peoples' Rights*, http://www.achpr.org/search/? q = rapporteur + on + women (accessed February 28, 2013).

92. Ibid.

93. Council of Europe, *Council of Europe Convention on preventing and combating violence against women and domestic violence*, Article 4(3), CETS No.: 210 (2011).

94. Ibid.

95. "Rapporteurship on the Rights of Women", *Organization of American States: Inter-American Commission on Human Rights*, http://www.oas.org/en/iachr/ women/default.asp (accessed February 28, 2013).

96. Mara Bustelo, "The Committee on the Elimination of Discrimination against Women at the Crossroads", in *The Future of*

Human Rights Treaty Monitoring, ed. Alston and Crawford (Cambridge: Cambridge University Press, 2000), 79.

97. Abdullahi An-Na'im, "Human Rights in the Muslim World", *Harvard Human Rights Journal* 3, (1990): 13; Abdullahi An-Na'im, "State Responsibility Under International Human Rights Law to Change Religious and Customary Law", in *Human Rights of Women: National and International Perspectives*, ed. Rebecca Cook (Philadelphia: University of Pennsylvania Press, 1994).

98. Michael Ignatieff, "Is the Human Rights Era Ending?", *New York Times*, February 5, 2002; Rosemary Foot, "Is the Human Rights Era Over? Reflections on the Asia-Pacific Post-September 11th", *Pacific Rim Report* 23 (January 2003), http://usf.usfca.edu/pac_rim/new/research/pacrimreport/pacrimreport26.html#n1.

99. Ignatieff, "Is the Human Rights Ending?".

100. International Council on Human Rights Policy, *Human Rights After September* 11 (Geneva: ICHRP, 2002).

101. Michael John Garcia, "Renditions: Constraints Imposed by Laws on Torture", *Congressional Research Service*, last modified September 8, 2009, http://www.fas.org/sgp/crs/natsec/RL32890.pdf.

102. Daphne Eviatar, "Torture Cases Tests Obama Secret Policy: Will Obama Administration Break with Bush on Extraordinary Rendition?", *Washington Independent*, last modified January 26, 2009, http://www.webcitation.org/query?url=http%3A%2F%2Fwashingtonindependent.com%2F27199%2Ftorture-case-poses-early-state-secret-test&date=2009-11-05.

103. Council of Europe (European Parliament), "Alleged Secret Detentions and Unlawful inter-State Transfers of Detainees Involving Council of Europe Members", Resolution 1507 (2006), available at s.

212 104. BarackObama, "Ensuring Lawful Interrogations", Executive Order 13491, January 22, 2009, http://edocket.access.gpo.gov/2009/pdf/E9-1885.pdf (accessed February 28, 2013).

105. George W. Bush, "Interpretation of the Geneva Conventions Common Article 3 as Applied to a Program of Detention and Interrogation Operated by the Central Intelligence Agency", Executive Order 13, 440, July 20, 2007, http://www.gpo.gov/fdsys/pkg/FR-2007-07-24/pdf/07-3656.pdf (accessed February 28, 2013).

106. David P. Forsythe, "United States Policy toward Enemy Detainees in the 'War Against Terrorism'", *Human Rights Quarterly* 28 (2006); Kenneth Roth and Minky Worden, eds., *Torture: A Human Rights Perspective* (Oxford: The New Press, 2005).

107. David Westbrook and Amy Berquist, "Extraordinary Rendition: A Human Rights Analysis", *Human Rights Journal* 19 (2006): 123.

108. Council of Europe, *European Convention on the Suppression of Terrorism*, Strasbourg, November 10, 1976, *entered into force* on August 4, 1978. 15 INT. L. MAT. 1272 (1976); UN General Assembly, *International Convention against the Taking of Hostages*, U. N. G. A. Res. 34/146 (XXXIV), 34 UN GAOR, Supp. (No. 46) 245, UN Doc. A/34/786 (1979), reprinted in *International Legal Matters* 18 (1979): 1456.

109. UN Commission on Human Rights, "Resolution 2005/80

[Protection of Human Rights and Fundamental Freedoms While Countering Terrorism]", E/CN. 4/ RES/2005/80 (2005).

110. Bertrand Ramcharan (Deputy High Commissioner for Human Rights, Geneva) in discussion with the author, November 4, 2002.

111. Makau Mutua, "Critical Race Theory and International Law: The View of an Insider-Outsider", *Villanova Law Review* 45 (2000): 841 – 53.

112. Mutua, "What is TWAIL?": 31 – 39.

113. Clifford Bob, ed., *The International Struggle for Human Rights* (Philadelphia: University of Pennsylvania Press, 2008).

第七章 人权的规范性批判

1. Mike Dolan, "Sanctions Hurt Russia, but Still Far from Changing Minds", *Reuters*, February 4, 2015, Ho http://in. reuters. com/article/2015/02/04/us-investmentrussia-sanctions-analysis-idINK BN0L80W720150204w(accessed February 4, 2015).

2. Walter Rodney, *Europe Underdeveloped Africa* (Washington DC: Howard University Press, 1981); Fernando Henrique Cardoso and Faletto Enzo, *Dependency and Development in Latin America*, trans. Marjory Mattingly Urquidi (Los Angeles: University of California Press, 1979). 依附论认为,来自外围(南方国家)的财富和资源被剥削,为北方国家所用,进而使前者日益贫苦而后者则不全富强。

3. Boaventura Santos, *Voices of the World* (*Reinventing Social*

Emancipation: *Towards New Manifestos*) (New York: Verso, 2010); Boaventura Santos, *The Rise of the Global Left*: *The World Social Forum and Beyond* (London: Zed Books, 2006); Boaventura Santos and Cesar Rodriguez-Garavito, *Law and Globalization from Below*: *Towards a Cosmopolitan Legality* (New York: Cambridge University
213 Press, 2005); Boaventura Santos, ed., *Another Knowledge Is Possible*: *Beyond Northern Epistemologies* (*Reinventing Social Emancipations*: *Towards New Manifestos*) (New York: Verso, 2008).

4. Louis Henkin, *The Age of Rights* (New York: Columbia University Press, 1990), ix.

5. Ibid.

6. Ibid.

7. Antony Anghie, *Imperialism*, *Sovereignty*, *and the Making of International Law* (2005).

8. UDHR.

9. Glendon, *A World Made New*, 73–78.

10. Ibid., 76; See also Morsink, *The Universal Declaration of Human Rights*.

11. ICESCR.

12. 此术语为笔者所创,指一些政治、经济和社会规范及设施在很大程度上是为了消除明显的贫困、排外和穷苦现象的国家。一般来说,这一目的会通过社会安全和其他经济安全网络实现,这些网络能够防止极端的无权状况。

13. Jack Donnelly, "Human Rights and Western Liberalism", in *Human Rights in Africa*: *Cross-Cultural Perspectives*, ed. Abdullahi A. An-Na'im and Francis M. Deng (Washington, DC: Brookings

Institution, 1990), 31; Virginia Leary, "The Effect of Western Perspectives on International Human Rights", in *Human Rights in Africa: Cross-Cultural Perspectives*, ed. Abdullahi A. An-Na'im and Francis M. Deng (Washington, DC: Brookings Institution, 1990), 15.

14. Mary Ann Glendon, "The Forgotten Crucible: The Latin American Influence on the Universal Human Rights Idea", *Harvard Human Rights Journal* 16 (2003): 27.

15. Antonio Cassese, "The General Assembly: Historical Perspective 1945 – 1989", in *The United Nations and Human Rights: A Critical Appraisal* 25, ed. Philip Alston (Oxford: Clarendon Press, 1992), 31.

16.《世界人权宣言》第29条第(2)款。此条款规定,"人人在行使其权利和自由时,只受法律所确定的限制,确定此种限制的唯一目的在于保证对旁人的权利和自由给予应有的承认和尊重,并在一个民主的社会中适应道德、公共秩序和普遍福利的正当需要"。

17.《公民权利和政治权利国际公约》第21条规定:"和平集会的权利应得到承认。对此项权利的行使不得加以限制;按照法律以及在民主社会中为维护国家安全或公共安全、公共秩序,保护公共卫生或道德或他人的权利和自由的需要而加的限制除外。"

18. John Locke, *Two Treatises of Government*, 2nd ed., ed. Peter Laslett (Cambridge: Cambridge University Press, 1967).

19. Steiner and Alston, *International Human Rights in Context*, 990.

20. Locke, *Two Treatises of Government*; Leo Strauss, *Natural Right and History* (Chicago: University of Chicago Press, 1965), 248; Donnelly, "Human Rights and Western Liberalism", 33 – 38. 214

21. Mutua, "The Ideology of Human Rights": 589, 601.

22. Robert Dahl, *A Preface to Democratic Theory* (Chicago: University of Chicago Press, 1956); Joseph Schumpeter, *Capitalism, Socialism, and Democracy*, 3rd ed. (London: Routledge, 1950); Huntington, *The Third Wave*.

23. Henry J. Steiner, "Political Participation as a Human Right", *Harvard Human Rights Yearbook* 1 (1988): 77, 109.

24. Ibid., 109 – 10.

25. Ibid., 85 – 94.

26. Steiner and Alston, *International Human Rights in Context*, 990.

27. William P. Alford, "Exporting the 'Pursuit of Happiness'", *Harvard Law Review* 113 (2000): 1677. 奥尔福德的文章是对托马斯・卡罗瑟斯(Thomas Carothers)的《海外民主援助:学习曲线及方法》(*Aiding Democracy Abroad: The Learning Curve*)的书评。

28. Both have written extensively, but see Luis Henkin, *The Age of Rights* (New York: Columbia University Press, 1990); Jack Donnelly, *Universal Human Rights in Theory and Practice* (Ithaca: Cornell University Press, 2013).

29. David Kennedy, "The International Human Rights Movement: Part of the Problem", *Harvard Human Rights Law Journal* 15 (2002), 114.

30. Ibid.

31. Ibid.

32. Ibid., 125.

33. Mutua, "Savages, Victims, and Saviors": 201.

34. 该会议是编辑人权论文集的基础。See Samantha Power and

Graham Allison, eds., *Realizing Human Rights: Moving from Inspiration to Impact* (London: Palgrave McMillan, 2000).

35. James Thuo Gathii, "International Law and Eurocentricity", *European Journal of International Law* 9 (1998): 184; Antony Anghie, "Finding the Peripheries: Sovereignty and Colonialism in Nineteenth-Century International Law", *Harvard International Law Journal* 40, no. 1 (1999): 51; Jeremy Levitt, *Illegal Peace in Africa: An Inquiry into the Legality of Power Sharing with Warlords, Rebels, and Junta* (New York: Cambridge University Press, 2012).

36. Ian Martin, *The New World Order: Opportunity or Threat for Human Rights* (Cambridge: Harvard Law School Human Rights Program, 1993), 21.

37. Ibid.

38. Ibid., 21 – 22.

39. Henkin, *The Age of Rights*, 7.

40. Henry J. Steiner, "The Youth of Rights", *Harvard Law Review* 104 (1991): 930 – 31.

41. Karl Klare, "Legal Theory and Democratic Reconstruction", *University of British Columbia Law Review* 25 (1991): 97.

42. David Beetham, "What Future for Economic and Social Rights?", *Political Studies* 43 (1995): 41.

43. For the National Economic and Social Rights Initiative, see http://www.nesri.org/.

44. For the Center for Economic and Social Rights, see http://www.cesr.org/.

45. UDHR, Preamble.

46. Ibid. ,arts. 23 –25.

215 47. Thomas Carothers, "Democracy and Human Rights: Policy Allies or Rivals?", *Washington Quarterly* 17 (1994): 109.

48. An-Na'im, *Human Rights in Cross-Cultural Perspectives.*

49. Huntington, *The Third Wave.*

50. Eric Posner, The Human Rights Charade, *Chronicle of Higher Education*, November 17, 2014, http://chronicle.com/article/Peace-LoveGrandstanding/149961/.

51. Sital Kalantry, "Eric Posner Has a Narrow Understanding of Human Rights Clinics", *Chronicle of Higher Education*, November 24, 2014, http://chronicle.com/blogs/conversation/2014/11/24/eric-posner-doesnt-understand-human-rights/.

52. Boaventura Santos, ed. , *Another Knowledge Is Possible: Beyond Northern Epistemologies* (*Reinventing Social Emancipations: Towards New Manifestos*) (London: Verso, 2008).

参考文献

Abi-Saab, Georges. " The Legal Formulation of the Right to Development". In The Right to Development at the International Level. The Hague: Academy of International Law, 1980.

"About ESCR-Net." ESCR-Net. Accessed February 1, 2013. http://www.escr-net.org/about.

"About Us." Center for Economic and Social Rights. Accessed February 1, 2013. http://www.cesr.org/article.php? list = type&type = 3.

"About Us." International Service for Human Rights (ISHR). Accessed January 29, 2015. http://www.ishr.ch/about-us.

"Act for the Abolition of Slavery throughout the British Colonies (1833)." William Loney RN Background: West African Trade Legislation. Accessed February 1, 2013. http://www.pdavis.nl/Legis_07.htm.

African Union. African Union Convention for the Protection and

Assistance of Internally Displaced Persons in Africa (Kampala Convention), Special Summit of the Union. Accessed January 28. 2015. http://www. au. int/en/sites/default/files/AFRICAN _ UNION _ CONVENTION_FOR _ THE _ PROTECTION _ AND _ ASSISTANCE _ OF_ INTERNALLY_ DISPLACED _ PERSONS _ IN _ AFRICA _ (KAMPALA _ CONVENTION). pdf.

Agence France Presse. "UN Torture Prevention Plan Adopted Despite US Opposition." Last modified July 25, 2002. http://www. unitedstatesgovernment. net/UN Torture Prevention Plan Adopted Despite USO pposition. htm.

Agencies. "Hinduism Does not Condemn Gay People: UK Hindu Council." Indian Express, last modified July 3, 2009. http://indianexpress. com/article/news-archive/print/hinduism-does-not-condemn-gay-people-uk-hindu-council/.

Alford, William P. "Exporting the "Pursuit of Happiness." Harvard Law Review 113 (2000): 1677.

Alston, Philip. "The Fortieth Anniversary of the Universal Declaration of Human Rights." In Human Rights in a Pluralist World: Individuals and Collectivities, edited by J. Berting et al. Westport: Meckler, 1990.

——, and Gerald Quinn. "The Nature and Scope of States Parties' Obligations under the International Covenant on Economic, Social and Cultural Rights." Human Rights Quarterly 9 (1987): 156.

Alvarez, Jose E. "The Once and the Future Security Council." The Washington Quarterly 18, no. 2 (Spring 1995): 3.

218 American Anthropological Association. "Statement on Human Rights." American Anthropologist 49, no. 4 (1947): 539.

Americans with Disabilities Act of 1990. Public Law 101 – 336. 108th

Congress, 2nd session, July 26, 1990.

Amnesty International. Amnesty International Report 2008: The State of the World's Human Rights.

——. Annual Report 1998. London: Amnesty International, 1999. Accessed on December 28, 2013. http://amnesty.org/en/library/asset/POL10/001/1998/en/c32b001d-e822 - 11dd - 9deb - 2b812946e43c/pol100011998en.pdf.

——. Failures at Fifty: Impunity for Torture and Ill-Treatment in Europe on the 50th Anniversary of the European Convention on Human Rights. London: Amnesty International, 2000.

——. Report On Torture. New York: Farrar, Straus and Giroux, 1975.

Anderson, Kenneth. "The Ottawa Convention Banning Landmines, The Role of International Non-Governmental Organizations and the Idea of International Civil Society." European Journal of International Law 11, no. 1 (2000): 92.

Anghie, Antony. Imperialism, Sovereignty, and the Making of International Law. New York: Cambridge University Press, 2005.

——. "Finding the Peripheries: Sovereignty and Colonialism in Nineteenth-Century International Law." Harvard International Law Journal 40, no. 1 (1999): 51.

——. "Francisco de Vitoria and the Colonial Origins of International Law." Social and Legal Studies 5, no. 4 (1996): 321.

An-Na'im, Abdullahi Ahmed. Human Rights in Cross-Cultural Perspectives: A Quest for Consensus. Philadelphia: University of Pennsylvania Press, 1992.

——. "Human Rights in the Muslim World", Harvard Human Rights

Journal 3,(1990): 13.

——. "NATO on Kosovo Is Bad for Human Rights." Netherlands Quarterly of Human Rights 17(1999): 229.

——. "State Responsibility under International Human Rights Law to Change Religious and Customary Law." In Human Rights of Women: National and International Perspectives, edited by Rebecca Cook. Philadelphia: University of Pennsylvania Press,1994.

Aron,Leon. "Everything You Think You Know about the Collapse of the Soviet Union Is Wrong." Foreign Policy, June 20, 2011. Accessed January 27, 2015. http://foreignpolicy. com/2011/06/20/everything-you-think-you-know-about-the-collapse-of-the-soviet-union-is-wrong/.

"Australia Backs Indigenous Rights." BBC News. Last modified April 3,2009. http://news. bbc. co. uk/2/hi/asia-pacific/7980537. stm.

Baehr, Peter. "Amnesty International and Its Self-Imposed Limited Mandate." Netherlands Quarterly of Human Rights 12 (1994): 5.

Barnes,Robert. "As Gay Marriage Begins in Florida, Supreme Court Is Set to Meet on the Issue", Washington Post, January 5, 2015. http://www. washingtonpost. com/politics/courts _ law/as-gay-marriages-begin-in-florida-supreme-court-is-set-to-meet-on-issue/2015/01/05/ee0 edaf8-9513-11e4-aabd-d0b93ff613d5_story. html.

219 Battle, Michael. Ubuntu: I in You and You in Me. New York: Seabury Books,2009.

Bearak, Barry. "Gay Couple, Arrested After Engagement Ceremony, Are Convicted of Indecency in Malawi", New York Times, May 19,2010.

Bentham, David. "What Future for Economic and Social Rights?" Political Studies 43 (1995): 41.

Bedjaoui, Mohamed. "Poverty of the International Order." In

International Law: A Contemporary Perspective, edited by Richard Falk et al., 152 – 63. Boulder: Westview, 1985.

Bharihoke, Neera, ed. Human Rights and the Law. New Delhi: Serials Publications, 2009.

Bilefsky, Dan, and Mark Landler. "As U. N. Backs Military Action in Libya, U. S. Role Is Unclear." New York Times, A1, last modified March 17, 2011. http://www. nytimes. com/2011/03/18/world/africa/18nations. html? pagewanted = all&_r = 0.

"Board of Directors." Social and Economic Action Rights Center. Accessed February 1, 2013. http://www. serac. org/Pages. asp? id = 357.

Bob, Clifford, ed. The International Struggle for Human Rights. Philadelphia: University of Pennsylvania Press, 2008.

Bohan, Caren. "Obama Backs U. N. Indigenous Rights Declaration." Reuters, December 16, 2010. http://www. reuters. com/article/2010/12/16/us-obama-tribes-idUSTRE6BF4QJ20101216.

Bossuyt, Marc. Guide to the "Travaux Préparatoires" of the International Covenant on Civil and Political Rights. Dordrecht: Kluwer Academic Publishers, 1987.

Boven, Theo van. "The Role of Non-Governmental Organizations in International Human Rights Standard-Setting: A Prerequisite of Democracy." California Western International Law Journal 20, no. 2, (1989): 207.

——. "The Role of Non-Governmental Organizations in International Human Rights Standard Setting: A Prerequisite for Democracy." In Human Rights from Exclusion to Inclusion: Principles and Practices—An Anthology from the Work of Theo Van Boven, edited by Fons Coomans,

Cees Flinterman, Fred Grünfled, Ingrid Westendorp, and Jan Willems. The Hague: Kluwer Law International, 2000.

——. "United Nations Policies and Strategies: Global Perspectives?" In Human Rights: Thirty Years after the Universal Declaration, edited by B. G. Ramcharan, 91. The Hague: Martinus Nijhoff, 1979.

Brett, Rachel. "Non-Governmental Actors in the Field of Human Rights." In An Introduction to the International Protection of Human Rights, edited by Raija Hanski and Markku Suski. Abo: Abo Akademi University, Institute for Human Rights, 1997.

Buergenthal, Thomas, Dinah Shelton, and David Stewart. International Human Rights in a Nutshell, 3d ed. St. Paul: West, 2002.

Buhmann, Karin. "Regulating Corporate Social and Human Rights Responsibilities at the UN Plane: Institutionalizing New Forms of Law and Law-making Approaches." Nordic Journal of International Law 78, no. 1 (2009): 1-52.

Bush, George W. "Interpretation of the Geneva Conventions Common Article 3 as Applied to a Program of Detention and Interrogation Operated
220 by the Central Intelligence Agency." Executive Order 13,440, July 20, 2007. Accessed February 28, 2013. http://www.gpo.gov/fdsys/pkg/FR-2007-07-24/pdf/07-3656.pdf.

Bustelo, Mara. "The Committee on the Elimination of Discrimination against Women at the Crossroads." In The Future of Human Rights Treaty Monitoring, edited by Alston and Crawford. Cambridge: Cambridge University Press, 2000.

Calmes, Jackie, and Peter Baker. "Obama Says Same-Sex Marriage Should Be Legal." New York Times, May 9, 2012.

Cantwell, Nigel. "The Origins, Development, and Significance of the

United Nations Convention on the Rights of the Child." In The United Nations Convention on the Rights of the Child: A Guide to the "Travaux Preparatoires", edited by S. Detrick, 19. Dordrecht: Kluwer Academic Publishers, 1992.

Cardoso, Fernando Henrique, and Faletto Enzo. Dependency and Development in Latin America. Translated by Marjory Mattingly Urquidi. Los Angeles: University of California Press, 1979.

Carmen-Guevas, Emma. (Office of the High Commissioner for Human Rights, Geneva). In discussion with the author, December 6, 2002.

Carothers, Thomas. "Democracy and Human Rights: Policy Allies or Rivals?" Washington Quarterly 17 (1994): 109.

Casla, Koldo. "Impact Assessment of Non-Governmental Organizations on Economic, Social, and Cultural Rights." Human Rights Impact Resource Centre (May 2010): 2.

Cassese, Antonio. "The General Assembly: Historical Perspective 1945 – 1989." In the United Nations and Human Rights: A Critical Appraisal 25, edited by Philip Alston, 31. Oxford: Clarendon Press, 1992.

Charlesworth, Hilary, and Christine Chinkin. "The Gender of Jus Cogens." Human Rights Quarterly 15 (1993): 63.

Chinkin, Christine. "Human Rights and the Politics of Representation: Is There a Role for International Law?" In the Role of Law in International Politics: Essays in International Law and International Relations, edited by Michael Byers. Oxford: Oxford University Press, 2001.

"Chronology of the International Criminal Court." International Criminal Court. Accessed January 30, 2013. http://www.icccpi.int/Menus/ICC/About+the+Court/ICC+at+a+glance/Chronology+of+

the + ICC. htm.

Cohen, Ronald. "Endless Teardrops: Prolegomena to the Study of Human Rights in Africa." In Human Rights and Governance in Africa, edited by Ronald Cohen, Winston P. Nagan, and Goran S. Hyden, 3 – 4, Gainesville: University Press of Florida, 1993.

Connor, Tacy. "'Who Am I to Judge?' the Pope's Most Powerful Phrase in 2013." NBC News, last modified December 22, 2013, http://worldnews. nbcnews. com/_news/2013/12/22/21984495-who-am-i-to-judge-the-popes-most-power-ful-phrase-in – 2013.

Constitutional Court. Constitution of the Republic of South Africa, Art. 9(3), 1996.

Cosentino, Gina. "It's Time to Reconcile Indigenous Rights and Democracy in Canada." The Hill Times Online. Last modified December 6, 2010. http://www. hilltimes. com/opinion-piece/opinion/2010/12/06/its-time-to-reconcile-indigenous-rights-and-democracy-in-canada/25119.

221 Council of Europe. European Convention on the Suppression of Terrorism. Strasbourg, November 10, 1976, entered into force on August 4, 1978. 15 INT. L. MAT. 1272, 1976.

Council of Europe (European Parliament). "Alleged Secret Detentions and Unlaw-ful inter-State Transfers of Detainees Involving Council of Europe Members." Resolution 1507 (2006), available at http://assembly. coe. int/Main. asp? link =/Documents/AdoptedText/ta06/ERES1507. htm.

Cowell, Alan. "Uganda Lawmakers Pass Measure imposing Harsh Penalties on Gays." New York Times, December 20, 2013. http://www. nytimes. com/2013/12/21/world/africa/ugandan parliament-approves-antigay-law. html.

Cox, Larry. "Reflections on Human Rights at Century's End." Human Rights Dialogue (Winter 2000).

Crawford, James. "The Criteria for Statehood in International Law." British Yearbook of International Law 48, no. 1 (1976): 93 – 98.

Crosette, Barbara. "A Dispute on U. N. Post for Women." New York Times, Sept. 26, 1995.

——. "Rights Leaders Urge Powell to Attend U. N. Racism Conference." New York Times, July 11, 2001.

Dahl, Robert. A Preface to Democratic Theory. Chicago: University of Chicago Press, 1956.

"Data on Human Rights Treaties." UN Treaty Collection. Accessed on February 22, 2013. http://treaties. un. org/Pages/ViewDetails. aspx? src = TREATY&mtdsg_no = IV – 12&chapter = 4&lang = en.

Davidson, Clarissa Start. God's Man: The Story of Pastor Niemoeller. Greenwood Press, 1979.

"Demand Dignity." Amnesty International. Accessed February 26, 2013. https://cam-paigns. amnesty. org/campaigns/demand-dignity.

Deng, Francis Mading, and United Nations. Internally Displaced Persons: Compilation and Analysis of Legal Norms. New York: United Nations, 1998.

——. Compilation and Analysis of Legal Norms. Report of the Representative of the Secretary General. Submitted pursuant to Commission on Human Rights Resolution 1995/57, UN Doc. E/CN. 4/1996/52/Add. 2. December 5, 1995.

——. "The Global Challenge of Internal Displacement", Washington University Journal of Law and Policy 5 (2001): 141 – 47.

"Disability Buzz." Disability World, 10, no. 1 (2001). doi: http://

disabilityworld. org/09 – 10_01/buzz. shtml.

Dolan, Mike. "Sanctions Hurt Russia, but Still far from Changing Minds." Reuters. February 4, 2015. Accessed February 4, 2015. Hohttp://in. reuters. com/article/2015/02/04/us-investment-russia-sanctions-analysis-idINKBN0L – 80W720150204w.

Donnelly, Jack. "Human Rights and Western Liberalism." In Human Rights in Africa: Cross-Cultural Perspectives, edited by Abdullahi A. An-Na'im and Francis M.

Deng. Washington, DC: Brookings Institution, 1990.

——. Universal Human Rights in Theory and Practice. Ithaca: Cornell University Press, 2013.

222 Ellis, Jaye. "Shades of Grey: Soft Law and the Validity of Public International Law." Leiden Journal of International Law 25, no. 2 (2012): 313.

"Ethiopian Parliament Adopts Repressive New NGO Law." Amnesty International. Last modified January 8, 2009. Accessed February 3, 2015. http://www. amnesty. org/en/news-and-updates/news/ethiopian-parliament-adopts-repressive-new-ngo-law – 20090108.

"European States Accused of Torture." BBC News, April 6, 2000. http://news. bbc. co. uk/2/hi/europe/703670. stm.

European Union. Charter of the Fundamental Rights of the European Union. art. 21(1), Official Journal of the European Communities, (OJ C 364/01) (2000).

——. European Convention for the Prevention of Torture and Inhuman or Degrading Treatment or Punishment. E. T. S. 126, entered into force on February 1, 1989.

Evans, Malcolm, and Rod Morgan. Preventing Torture: A Study of the

European Convention for the Prevention of Torture and Inhuman or Degrading Treatment or Punishment. Oxford: Clarendon Press, 1998.

Eviatar, Daphne. "Torture Cases Test Obama Secret Policy: Will Obama Administration Break with Bush on Extraordinary Rendition?" Washington Independent, last modified January 26, 2009. http://www.webcitation.org/query? url = http%3A%2F%2Fwashingtoninde pendent.com%2F27199%2Ftorture-case-poses-early-state-secret-test& date = 2009 – 11 – 05.

Fault Lines of International Legitimacy, Edited by Hilary Charlesworth and Jean-Marc Coicaud. New York: Cambridge University Press, 2010.

Faupel, John. African Holocaust: The Story of the Ugandan Martyrs. New York: P. J. Kennedy, 1962.

Foot, Rosemary. "Is the Human Rights Era Over? Reflections on the Asia-Pacific Post-September 11th", Pacific Rim Report 23, January 2003. http://usf. usfca. edu/pac _ rim/new/research/pacrimreport/pacrimreport26.html#n1.

"Ford Foundation Staff Member Willy Mutunga Appointed Chief Justice of Kenya." Press Release, PR Newswire, last modified June 15, 2011. http://www.reuters.com/article/2011/06/15/idUS 213540 + 15 – Jun – 2011 + PRN20110615.

Forsythe, David P. "United States Policy Toward Enemy Detainees in the 'War Against Terrorism.'" Human Rights Quarterly 28 (2006).

Friedman, A., E. Clark, and K. Hochstetler. "The Sovereign Limits of Global Society." World Politics 51 (1998): 15.

Garcia, Michael John. "Renditions: Constraints Imposed by Laws on Torture." Congressional Research Service. Last modified September 8, 2009. http://www.fas.org/sgp/crs/natsec/RL32890.pdf.

Gathii, James Thuo. "International Law and Eurocentricity." European Journal of International Law 9 (1998): 184.

Gatiti, Rev. Father James. "I Differ with Don on Gay Rights", Sunday Nation (Nai-robi, Kenya), October 31, 2009.

General Assembly of the OAS. "Resolution AG/RES. 1818 (XXXI – O/01) [Human Rights Defenders in the Americas: Support for the Individuals, Groups, and Organizations of Civil Society Working to Promote and Protect Human Rights in the Americas]." AG/RES. 1818 (XXXI – O/01). June 5, 2001.

223 Geneva Committee. Convention for the Amelioration of the Condition of the Wounded in Armies in the Field (Convention of 1864), art. 6(1). Geneva: Swiss Federal Council, 1864.

Gerber, Paula. "Prevention is Better than Cure: The UN and Human Rights Education." The Geneva Academy of International Humanitarian Law and Human Rights, October 2009. Accessed January 29, 2015. http://www.academia.edu/200434/Prevention_is_Better_than_Cure_The_UN_and_Human_Rights_Education.

——. "Prevention Is Better than Cure When It Comes to Human Rights." ElgarBlog, September 14, 2012. Accessed January 29, 2015. https://elgarblog.wordpress.com/2012/09/14/prevention-is-better-than-cure-when-it-comes-to-human-rights-by-paula-gerber/. Gettleman, Jeffrey. "Uganda Anti-Gay Law Struck down by Court." New York Times, August 1, 2014. Accessed February 4, 2015. http://www.nytimes.com/2014/08/02/world/africa/uganda-anti-gay-law-struck-down-by-court.html? _r=0.

——, and Josh Kron. "In Uganda, Unrest Gains Little Ground." New York Times, last modified February 17, 2011. http://www.nytimes.com/2011/02/18/world/africa/18uganda.html? _r=0.

Ghai, Yash. "Human Rights and Governance: The Asia Debate." Australian Yearbook of International Law 15 (1994): 1.

Gilley, Brian Joseph. Becoming Two-Spirit: Gay Identity and Social Acceptance in Indian Country. Lincoln: University of Nebraska Press, 2006.

Glendon, Mary Ann. A World Made New: Eleanor Roosevelt and the Universal Declaration of Human Rights. New York: Random House, 2001.

——. "Knowing the Universal Declaration of Human Rights." Notre Dame Law Review 73 (1998): 1153.

——. Rights Talk: The Impoverishment of Political Discourse. New York: Free Press, 1993.

——. "The Forgotten Crucible: The Latin American Influence on the Universal Human Rights Idea." Harvard Human Rights Journal 16 (2003): 2.

Goldman, Robert K. "Codification of International Rules on Internally Displaced Persons." International Review of the Red Cross 324 (September 1998): 463 – 66.

Goldmann Matthias. "We Need to Cut off the Head of the King: Past, Present, and Future Approaches to International Soft Law." Leiden Journal of International Law 25 (2012): 335.

Graupner, Helmut, and Phillip Tahmindjis, Sexuality and Human Rights: A Global Overview. Binghamton: Taylor and Francis, 2005.

"Guiding Principles on Internal Displacement." International Review of the Red Cross 324 (September 1998): 467 – 80.

Gunning, Isabelle. "Arrogant Perception, World Travelling, and Multicultural Feminism: The Case of Female Genital Surgeries." Columbia Human Rights Law Review 23 (Summer 1992): 189.

Haas, Ernest. When Knowledge Is Power: Three Models of Change in

International Organizations. Berkeley: University of California Press, 1990.

Henkin, Louis. The Age of Rights. New York: Columbia University Press, 1990.

224 "History of the CLO." Civil Liberties Organizationof Nigeria. Accessed December 27, 2013. http://clonigeria.org/index.php?option=com_content&view=article&id=47&Itemid=54.

Hoge Jr., James F. "A Global Power Shift in the Making." Foreign Affairs (July/August 2004). Accessed December 27, 2013. http://www.foreignaffairs.com/articles/59910/james-f-hoge-jr/a-global-power-shift-in-the-making.

Holmes, Stephen, and Cass Sunstein. The Cost of Rights: Why Liberty Depends on Taxes. New York: W. W. Norton, 2000.

Human Rights Committee, Toonen v. Australia, Communication No. 488/1992, Views of the Committee, UN Doc. CCPR/C/50/D/488/1992, 1994.

"Human Rights Defenders: FAQ." Amnesty International. Accessed January, 31, 2013. https://amnesty.org/en/human-rights-defenders/faq.

Human Rights Watch. Human Rights Watch World Report 2000. New York: Human Rights Watch, 2000.

"Human Rights Watch Board of Directors." Human Rights Watch. Accessed February 1, 2013. http://www.hrw.org/en/node/76172.

Huntington, Samuel. The Third Wave: Democratization in the Late Twentieth Century. Norman: University of Oklahoma Press, 1991.

Ignatieff, Michael. "Is the Human Rights Ending?" New York Times, February 5, 2002.

——. Whose Universal Values? The Crisis in Human Rights. The Hague: Premium Erasmianum Essay, 1999.

Inal, Tuba. Looting and RapeWartime: Law and Change in International Relations. Philadelphia: University of Pennsylvania Press, 2013.

"Indigenous Rights Outlined by UN." BBC News. Last modified September 13, 2007. http://news. bbc. co. uk/2/hi/in _ depth/6993776. stm.

Internal Displacement Monitoring Centre. Estimates of IDPs. Accessed January 28,2015. http://www. internal-displacement. org/.

International Council on Human Rights Policy. Human Rights after September 11. Geneva: ICHRP,2002.

International Court of Justice. "Advisory Opinion [Reservations to The Convention on the Prevention and Punishment of the Crime of Genocide]." 1951 I. C. J. 15 (1951).

International Labor Organization (ILO), "Convention 106 [Weekly Rest (Commerce and Offices) Convention]", Geneva, 40th ILC session (26 Jun 1957); ILO, "Convention 169 [Indigenous and Tribal Peoples Convention]", Geneva, 76th ILC session (June 27,1989).

"Intervention of the Observatory on the Situation of Human Rights Defenders before the African Commission on Human and Peoples' Rights." World Organisation Against Torture. Accessed on January 31, 2013. http://www. omct. org/human-rights-defenders/events/2002/10/d16021/.

Jones, Gareth, and Gabriela Baczynska. "Special Report: Solidarity in the Arab Spring." Reuters. Last modified Jun 16, 2011. http://www. reuters. com/article/2011/06/16/us-arabspring-east-idUSTRE75F2EW20110616.

Joselow, Gabe. "Gay Rights in Africa Move Slowly, Cautiously Forward", Voice of America. Last modified March 28,2013, http://www.

voanews. com/content/gay_rights_in_africa_moving_slowly_cautiously_forward/1630496. html.

225 Kaba,Sidiki, and Eric Sottas. “To Defend Human Rights: A High Risk.” The Perspective, March 25, 2002. Accessed January 31, 2013, http://www. theperspective. org/highrisk. html.

Kalantry,Sital. “Eric Posner Has a Narrow Understanding of Human Rights Clinics.” Chronicle of Higher Education. Accessed November 24, 2014. http://chronicle. com/blogs/conversation/2014/11/24/eric-posner-doesnt-understand-human-rights/.

Kälin,Walter. “How Hard Is Soft Law? The Guiding Principles on Internal Displacement and the Need for a Normative Framework.” In Recent Commentaries about the Nature and Application of the Guiding Principles on Internal Displacement, edited by Francis Deng and Roberta Cohen, 1 – 3. New York: The Brook-ings-CUNY Project on Internal Displacement,2002.

Kariuki,Anthony. “Kenya Gets New Chief Justice.” Daily Nation. Last modified June 16,2011. http://www. nation. co. ke/News/politics/Kenya + gets + new + Chief + Just ice/ – /1064/1183714/ – /rp72xsz/ – /index. html.

Kausikan,Bilahari. “Asia ' s Different Standard.” Foreign Policy 92 (1993): 24.

Keller, Helen, Geir Ulfstein, and Leena Grover. UN Human Rights Bodies: Law and Legitimacy. Cambridge University Press,2012.

Kelly,Annie. “How Can We Achieve Development Goals If We Ignore Human Rights?” The Guardian,February 28,2011. Accessed December 28, 2013. http://www. guardian. co. uk/global-development/poverty-matters/2011/feb/28/shetty-amnesty-human-rights-development.

Kennedy, David. "The International Human Rights Movement: Part of the Problem." Harvard Human Rights Law Journal 15 (2002): 114.

Khan, Irene. The Unheard Truth: Poverty and Human Rights. New York: W. W. Norton, 2009.

Ki-moon, Ban. "Secretary-General's Remarks on the Occasion of the Entry into Force of the Convention on the Rights of Persons with Disabilities." United Nations Enable. Last modified May 12, 2008. http://www.un.org/disabilities/default.asp? id = 562.

Klare, Karl. "Legal Theory and Democratic Reconstruction." University of British Columbia Law Review 25 (1991): 97.

Kochenov, Dimitry. "On Options of Citizens and Moral Choices of States: Gays in the European Union." Fordham International Law Journal 33 (2009): 156.

Koerner, Brendan. "Is Torture Against the Law: What Uncle Sam Has to Say about It." Slate. Last modified May 13, 2003. http://www.slate.com/articles/news_and_politics/explainer/2004/05/is_torture_against_the_law.html.

Kokott, Juliane. "States, Sovereign Equality." In the Max Planck Encyclopedia of Public International Law. Accessed December 27, 2013. http://opil.ouplaw.com/view/10.1093/law:epil/9780199231690/law-9780199231690-e1113? rskey = TZr17l&result = 5&prd = EPIL.

Krauthammer, Charles. "The Curse of Legalism: International Law? It's Purely Advisory." The New Republic, Nov. 6, 1989, 44-50.

Kron, Josh. "Antigay Bill in Uganda Is Shelved in Parliament." New York Times, May 13, 2011.

——. "Uganda Panel Gives Setback to Antigay Bill", New York Times, May 8, 2010.

226 Krut, Riva, et al. Globalization and Civil Society NGO Influence in International Decision-Making. UNRISD, Discussion Paper 83 (April 1997), 1 – 15.

Lansdown, Gerison. "The Reporting Process under the Convention on the Rights of the Child." In The Future of Human Rights Treaty Monitoring, edited by Philip Alston and James Crawford. Cambridge: Cambridge University Press, 2000.

Lavoyer, Jean-Philippe. "Forced Displacement: The Relevance of International Humanitarian Law." In Human Rights and Forced Displacement, edited by Anne F. Bayefsky and Joan Fitzpatrick, 50 – 65. The Hague: Kluwer International Law, 2000.

League of Nations. The Covenant of the League of Nations: (Amendments in Process of Ratification), article 22. Geneva: Information Section, League of Nations Secretariat, 1924.

Leary, Virginia. "A New Role for Non-Governmental Organizations in Human Rights: A Case Study of Non-Governmental Participation in the Development of International Norms on Torture." In UN Law Fundamental Rights: Two Topics in International Law, edited by Antonio Cassese, 197 – 210. Dordrecht: Kluwer Academic Publishers, 1979.

——. "The Effect of Western Perspectives on International Human Rights." In Human Rights in Africa: Cross-Cultural Perspectives, edited by Abdullahi A. An-Na'im and Francis M. Deng, 15. Washington, DC: Brookings Institution, 1990.

Lederer, Edith M. "South Sudan Joins UN as 193rd Member." Huffington Post, July 14, 2011. http://www.huffingtonpost.com/2011/07/14/south-sudan-united-nations_n_898460.html.

"Legal Instruments", African Commission on Human and Peoples'

Rights. Accessed February 28, 2013. http://www.achpr.org/instruments/.

Levitt, Jeremy. Illegal Peace in Africa: An Inquiry into the Legality of Power Sharing with Warlords, Rebels, and Junta. New York: Cambridge University Press, 2012.

Lewis, Hope. "Between Irua and Female Genital Mutilation: Feminist Human Rights Discourse and the Cultural Divide." Harvard Human Rights Journal 8 (1995): 1.

Lewis, Neil. "U. S. Rejects All Support for a New Court on Atrocities." New York Times, May 7, 2002.

Lindqvist, Bengt. All Means All. Keynote speech by UN Special Rapporteur on Disability, Osaka Forum, Japan, October 2002.

Liptak, Adam. "Supreme Court Bolsters Gay Marriage with Two Major Rulings." New York Times, June 26, 2013. Accessed December 28, 2013. http://www.nytimes.com/2013/06/27/us/politics/supreme-court-gay-marriage.html?_r=0.

Locke, John. Two Treatises of Government. 2nd ed. Edited by Peter Laslett. Cambridge: Cambridge University Press, 1967.

——. Two Treatises of Government. Cambridge: Cambridge University Press, 1988.

Martin, Ian. The New World Order: Opportunity or Threat for Human Rights. Cambridge: Harvard Law School Human Rights Program, 1993.

McGoldrick, Dominic. The Human Rights Committee. Oxford: Oxford University Press, 1991.

Mertus, Julie. Human Rights Matters. Stanford: Stanford University Press, 2009.

——. "The Rejection of Human Rights Framings: The Case of 227

LGBTI Advocacy in the US." Human Rights Quarterly 29, no. 4 (2007): 1036.

Minchev, Ognyan. "Modernization: The Forgotten Strategy of Social Transformation: Post-Communist Lessons for the Arab Revolutions." Policy Brief, The German Marshall Fund of the United States. Last modified August 1, 2011. http://www.gmfus.org/archives/modernization-the-forgotten-strategy-of-social-transformation/.

Minister of Home Affairs and Another v. Fourie and Another, South African Constitutional Court (CCT) 60/04 (2005). Accessed February 20, 2013. http://www.saflii.org/za/cases/ZACC/2005/19.html.

"Monitoring the Core International Human Rights Treaties." UN Human Rights: Office of the High Commissioner on Human Rights. Accessed March 1, 2013. http://www.ohchr.org/EN/HRBodies/Pages/TreatyBodies.aspx.

Moravcsik, Andrew. "Why Is U. S. Human Rights Policy So Unilateralist?" In Multilateralism and U. S. Foreign Policy: Ambivalent Engagement, edited by Stewart Patrick and Shepard Forman. 345. Boulder: Lynne Rienner, 2001.

Morgan, Wayne. "Identifying Evil for What It Is: Tasmania, Sexual Perversity, and the United Nations." Melbourne University Law Review 19 (1994): 740.

Morsink, Johannes. The Universal Declaration of Human Rights: Origins, Drafting, and Intent. Philadelphia: University of Pennsylvania Press, 2000.

Moyn, Samuel. The Last Utopia. Cambridge: Harvard University Press, 2010.

——. Human Rights and the Uses of History. Verso, 2014.

Mullerson, Rein. “New Thinking by Soviet Scholars; Sources of International Law: New Tendencies in Soviet Thinking.” American Journal of International Law 83, no. 3 (July 1989): 494 - 512.

Mutua, Makau. “Critical Race Theory and International Law: The View of an Insider-Outsider”, Villanova Law Review 45 (2000): 841 - 53.

——. Human Rights: A Political and Cultural Critique. Philadelphia: University of Pennsylvania Press, 2002.

——. “It Is Nonsense to Assert That Being Gay is Un-African”, Sunday Nation (Nairobi, Kenya), November 1, 2009.

——. Kenya's Quest for Democracy: Taming Leviathan. Boulder: Lynne Rienner, 2008.

——. “Looking Past the Human Rights Committee.” Buffalo Human Rights Law Review 4 (1998): 211.

——. “Savages, Victims, and Saviors: the Metaphor of Human Rights”, Harvard International Law Journal 42 (2001): 201.

——. “Standard Setting in Human Rights: Critique and Prognosis.” Human Rights Quarterly 29 (2007): 547.

——. “Terrorism and Human Rights: Power, Culture, and Subordination.” Buffalo Human Rights Law Review 8 (2002): 1.

——. “The Banjul Charter and the African Cultural Fingerprint: An Evaluation of the Language of Duties.” Virginia Journal of International Law 25 (1995): 339.

——. “The Ideology of Human Rights.” Virginia Journal of International Law 36 (1996): 589 - 657.

——. “What Is TWAIL?” Proceedings of the 94TH Annual Meeting 228
of the American Society of International Law 31 (2000): 31 - 39.

——, ed. Human Rights NGOs in East Africa: Political and Normative Tensions. Philadelphia: University of Pennsylvania Press, 2009.

——, and Peter Rosenblum. Zaire: Repression as Policy. New York: Lawyers Committee for Human Rights, 1990.

National Coalition for Gay and Lesbian Equality v. Minister of Justice, CCT 11/98, 1999(1) SA6 (CC), 1998 (1) BCLR 1517 (CC).

Neier, Aryeh. "Social and Economic Rights: A Critique", Human Rights Brief 13, no. 2 (2006), Accessed February 26, 2013. http://www.wcl.american.edu/hrbrief/13/2neier.pdf.

"New Zealand Statement on Adoption of Declaration At UN Permanent Forum On Indigenous Issues." Indigenous Peoples Issues & Resources, April 20, 2010. Accessed February 1, 2013. http://indigenouspeoplesissues.com/index.php?option=com_content&view=article&id=4850:new-zealand-statement-on-adoption-of-declaration-at-un-permanent-forum-on-indigenous-issues&catid=58:oceania-indigenous-peoples&Itemid=80.

"NGOs and the ASP." The Rome Statute: The International Criminal Court. Accessed December 27, 2013. http://www.romestatute.com/post/11538932886/ngos-and-the-asp.

Nilsen, Alf Gunvald. Dispossession and Resistance in India: The River and the Rage. New York: Routledge, 2010.

Nolde, O. Frederick. Free and Equal: Human Rights In Ecumenical Perspective. Geneva: World Council of Churches, 1968.

Noorthmann, Math, and Cedric Ryngaert. Non-State Actor Dynamics in International Law: From Law-Takers to Law-Makers. England: Ashgate, 2010.

Norris v. Ireland, European Court of Human Rights Ser. A, No. 142, 13 EHRR 186 (1989).

Norwegian Refugee Council. Internally Displaced People: A Global Survey. 2nd ed. London: Earthscan, 2002.

Nossiter, Adam. "Behind Those Fast Growth Rates, Rising Inequality." New York Times. Last modified November 5, 2013. http://www.nytimes.com/2013/11/06/world/africa/behind-those-fast-growth-rates-rising-inequality.html.

Nyamugasira, Warren. "NGOs and Advocacy: How Well Are the Poor Represented?" Development in Practice 8 (1998): 297.

Obama, Barack. "Ensuring Lawful Interrogations." Executive Order 13491, 22 January 2009. Accessed January 29, 2015. http://www.whitehouse.gov/the_press_office/Ensuring_Lawful_Interrogations.

Oberleitner, Gerd. Global Human Rights Institutions: Between Remedy and Ritual. Cambridge: Polity Press, 2007.

Odinkalu, Chidi Anselm. "The Individual Complaints Procedures of the African Commission on Human and Peoples' Rights: A Preliminary Assessment." Transnational Law and Contemporary Problems 8, no. 2 (1998): 359.

——. "Why More Africans Don't Use Human Rights Language." Human Rights Dialogue (Winter 2000): 3-4.

O'Flaherty, Michael, and John Fisher. "Sexual Orientation, Gender 229
Identity, and International Human Rights Law: Contextualizing the Yogyakarta Principles." Human Rights Law Review 8 (2008): 207.

Official Records of the U. N. General Assembly, 49th Session, Supp. No. 10, ¶ 381, U. N. Doc. A/49/10 (1994).

Opsahl, Torkel. "The Human Rights Committee." In The United Nations and Human Rights: A Critical Appraisal, edited by Philip Alston. Oxford: Clarendon Press, 1992.

Organization of African Unity (OAU). African Charter, art. 22; "Centre for Minority Rights Development (Kenya) and Minority Rights Group International on behalf of Endorois Welfare Council v. Kenya, 276/2003." ESCR-Net. Accessed January 31, 2013. http://www.escr-net.org/docs/i/1216218.

——. African Charter on Human and People's Rights ("Banjul Charter"). Article 22.

OAU Doc. CAB/LEG/67/3 rev. 5, 21 I. L. M. 58 (1982). Entered into force October 21, 1986.

——. African Charter on the Rights and Welfare of the Child. Doc. CAB/LEG/24.9/49 (1990). Entered into force November 29, 1999.

——. Protocol to the African Charter on Human and Peoples' Rights on the Rights of Women in Africa. Accessed January 31, 2013. http://www.achpr.org/instruments/women-protocol/.

——. "Resolution on the Designation of the Special Rapporteur on the Rights of Women in Africa", ACHPR/res.38 (XXV) 99, 1999.

Otto, D. "A Post-Beijing Reflection on the Limitations and Potential of Human Rights Discourse for Women." In Women and International Human Rights Law, edited by K. Askin and D. Koenig, vol. 1, 115. Ardsley: Transnational, 1999.

Pieterse, Jan Nederveen. White on Black: Images of Africa and Blacks in Western Popular Culture. New Haven: Yale University Press, 1992.

Petterson, Bjorn. "Complementarity between Key Instruments of International Law: International Human Rights and Humanitarian Law Merged into One Operational Instrument: The UN Guiding Principles on Internal Displacement." The Global IDP Project. Accessed January 31, 2013. http://www.irinnews.org/pdf/in-depth/IDP/legal_complimentarity_

2002. pdf.

Politi, Mauro, ed. The Rome Statute of the International Criminal Court: A Challenge to Impunity. London: Ashgate,2001.

Pollis, Adamantia, and Peter Schwab. "Human Rights: A Western Construct with Limited Applicability." In Human Rights: Cultural and Ideological Perspectives, edited by Adamantia Pollis and Peter Schwab, 1. New York: Pager,1980.

Pomeroy, John Norton. Lectures on International Law in Time of Peace, Edited by Theodore Salisbury Woolsey. Boston: Houghton, Mifflin, 1886.

Posner, Eric. "The Human Rights Charade." Chronicle of Higher Education. Accessed November 17, 2014. http://chronicle. com/article/Peace-LoveGrand standing/149961/.

Posner, Michael. "The Four Freedoms Turn 70: Ensuring Economic, Political, and National Security in the 21st Century." Annual Meeting of the American Society of International Law. Washington, D. C., April 4, 2011. 230
http://www. state. gov/r/pa/prs/ps/2011/03/158815. htm.

——, and Candy Whittome. "The Status of Human Rights NGOs." Columbia Human Rights Law Review 25 (1994): 269 – 90.

"President Vicente Fox Awarded for His Work to Assist Persons with Disabilities." Inter-American Development Bank. Last modified December 10, 2001. http://www. iadb. org/en/news/news-releases/2001 – 12 – 10/president-vicente-fox-award-ed-for-his-work-to-assist-persons-with-disabilities,1072. html.

"Public Statement on Turkey." CPT: 3rd General Report on the CPT's activities covering the period 1 January to 31 December 1992. Accessed January 30, 2013. http://www. cpt. coe. int/en/annual/rep – 03. htm#

II. c.

Raffer, Kunibert, and Hans Wolfgang Singer. The Economic North-South Divide: Six Decades of Unequal Development. Cheltenham: Edward Elgar, 2002.

Rajagopal, Balakrishnan. International Law from Below: Development, Social Movements, and Third World Resistance. Cambridge: Cambridge University Press, 2003.

Ramcharan, Bertrand. "Human Rights and Human Security." Paper prepared for the Workshop on Relationship between Human Rights and Human Security, San José, Costa Rica, December 2, 2001. Accessed January 27, 2015. http://unidir.org/files/publications/pdfs/strengthening-disarmament-and-security-en-342.pdf.

——. Human Rights and Human Security. The Hague: Martinus Nijhoff, 2002.

——. "Human Rights: Universality and Cultural Diversity." In Rendering Justice to the Vulnerable, edited by Fons Coomans, Fred Grünfeld, Ingrid Westendorp, and Jan Willems, 239 – 58. The Hague: Kluwer Law International, 2000.

——. "The Role of Regional, National, and Local Institutions: Future Perspec-tives." In Human Rights: Thirty Years after the Universal Declaration: Commemorative Volume on the Occasion of the Thirtieth Anniversary of the Universal Declaration of Human Rights, 233 – 48. The Hague: Martinus Nijhoff, 1979.

"Rapporteurship on the Rights of Women." Organization of American States: Inter-American Commission on Human Rights. Accessed February 28, 2013, http://www.oas.org/en/iachr/women/default.asp.

Reeves, Anthony R. "Sexual Identity as a Fundamental Human

Right." Buffalo Human Rights Law Review 15 (2009): 215.

Restatement (Third), Foreign Relations Lawof the United States § 313 (1987). Robinson, Mary. "Advancing Economic, Social and Cultural Rights: The Way Forward." Human Rights Quarterly 26, no. 4. 2004.

Rodley, Nigel S. "On the Necessity of United States Ratification of the International Human Rights Conventions." In US Ratification of Human Rights Treaties: With or Without Reservations? edited by Richard B. Lillich, 3 – 4. Charlottesville: University of Virginia Press, 1981.

Rodney, Walter. Europe Underdeveloped Africa. Washington, DC: Howard University Press, 1981.

Romany, Celina. "Black Women and Gender in a New South Africa: Human Rights and the Intersection of Race and Gender." Brooklyn Journal of International Law 21 (1996): 857.

Roscoe, Will. Changing Ones: Third and Fourth Genders in Native 231
North America. New York: St. Martin's Press, 1998.

Roth, Kenneth. "Defending Economic, Social and Cultural Rights: Practical Issues Faced by an International Human Rights Organization." Human Rights Quarterly 26, no. 4 (2004).

——. "The Court the US Doesn't Want." The New York Review of Books, November 19, 1998.

——, and Minky Worden, eds. Torture: A Human Rights Perspective. Oxford: The New Press, 2005.

Rubenstein, Leonard. "How International Human Rights Organizations Can Advance Economic, Social and Cultural Rights: A Response to Kenneth Roth." Human Rights Quarterly 26, no. 4 (2004).

Salomon, Margot E., and Arjun Sengupta. The Right to Development: Obligations of States and the Right of Minorities and Indigenous Peoples.

London：Minority Rights Group International，2003.

Santos，Boaventura. The Rise of the Global Left：The World Social Forum and Beyond. London：Zed Books，2006.

——. Voices of the World（Reinventing Social Emancipation：Towards New Manifes-tos）. New York：Verso，2010.

——，and Cesar Rodriguez-Garavito. Law and Globalization from Below：Towards a Cosmopolitan Legality. New York：Cambridge University Press，2005.

Santos，Boaventura，Tewolde Berhan Gebre Egziabher，Margarita Florez Alonso，Luis Carlos Arenas，and Joao Paulo Borges Coelho. Another Knowledge Is Possible：Beyond Northern Epistemologies（Reinventing Social Emancipations：Towards New Manifestos）. London：Verso，2008.

Sassen，Saskia. "Towards Post-National and Denationalized Citizenship." In Hand-book on Citizenship Studies，edited by Engin F. Isin and Bryan S. Turner，277－291. New York：Sage，2003.

Sceats，Sonya，and Sean Breslin. "China and the International Human Rights System." Chatham House：212. Accessed February 3，2015. http://www. chathamhouse. org/sites/files/chathamhouse/public/Research/International%20Law/r1012_sceatsbreslin. pdf.

Schillinger，Raymond. "Social Media and the Arab Spring：What Have We Learned?" Huffington Post. Last modified November 20，2011. http://www. huffingtonpost. com/raymond-schillinger/arab-spring-social-media_b_970165. html.

Schumpeter，Joseph. Capitalism，Socialism，and Democracy. 3rd ed. London：Rout-ledge，1950.

"Secretary General，Salil Shetty." Amnesty International. Accessed on August 2011. http://www. amnesty. org/en/who-we-are/our-people/

secretary-general.

Sen, Amartya. Development as Freedom. New York: Knopf, 1999.

Shropshire, Denys W. T. The Church and the Primitive Peoples. London: S. P. C. K, 1938.

Smith, Harry. "Costa Rica's Triangle of Solidarity: Can Government-Led Spaces for Negotiation Enhance the Involvement of Civil Society in Governance?" Environment and Urbanization 16 (2004).

Smith, Herbert Arthur. Great Britain and the Law of Nations. London: 232
P. S. King, 1932.

South African Constitution section 9(3), (1996).

"Special Rapporteur on Rights of Women." African Commission on Human and Peoples' Rights. Accessed February 28, 2013. http://www.achpr.org/search/? q = rapporteur + on + women.

Steiner, Henry J. Diverse Partners: Non-Governmental Organizations in the Human Rights Movement. Cambridge: Human Rights Program, Harvard Law School, 1991.

——. "Political Participation as a Human Right." Harvard Human Rights Yearbook 1 (1988): 77 – 109.

——. "Securing Human Rights: The First Half-Century of the Universal Declara-tion, and Beyond." Harvard Magazine (September-October 1998): 45.

——. "The Youth of Rights." Harvard Law Rcview 104 (1991): 930 – 31.

——, and Philip Alston. International Human Rights in Context: Law, Politics, and Morals. 2nd ed. Oxford: Clarendon Press, 1996.

Steiner, Henry, Philip Alston, and Ryan Goodman. International Human Rights in Context: Law, Politics, Morals: Text and Materials. 3rd ed. New York: Oxford University Press, 2007.

Stiftung, Friedrich Ebert. "The Declaration of Human Rights Defenders." Accessed January 28, 2015. http://library.fes.de/fulltext/bueros/usa/00986008.htm.

Strauss, Leo. Natural Right and History. Chicago: University of Chicago Press, 1965.

Tamale, Sylvia. "A Human Rights Impact Assessment of the Anti-Homosexuality Bill", East African Journal of Peace and Human Rights 15 (2009): 509.

——. "Law, Sexuality, and Politics in Uganda." In Human Rights NGOs in East Africa: Political and Normative Tensions, edited by Makau Mutua. Philadelphia: University of Pennsylvania Press.

——, ed. African Sexualities: A Reader. London: Pambazuka Press, 2011.

Temperley, Howard. British Antislavery, 1833 - 1870. London: Longman, 1972.

"The Contribution of International Human Rights Law to Environmental Protection, with Special Reference to Global Environmental Change." In Environmental Change and International Law: New Challenges and Dimensions, edited by Edith Brown Weiss. Tokyo: United Nations University Press, 1992.

The International Criminal Court. "State Parties to the Rome Statute." Accessed January 28, 2015. http://www.icccpi.int/en_menus/asp/states% 20parties/Pages/the% 20states% 20parties% 20to% 20the% 20rome% 20statute.aspx, accessed January 28, 2015.

The Library of Congress. "U. N. Human Rights Council: First Resolution against Discrimination Based on Sexual Orientation." Accessed

January 28, 2015. http://www. loc. gov/lawweb/servlet/lloc_news? disp3_ l205402721_text.

Tomasevski, Katarina. "Unasked Questions about Economic, Social, and Cultural Rights from the Experience of the Special Rapporteur on the Right to Education (1998 – 2004): A Response to Kenneth Roth, Leonard S. Rubenstein, and Mary Robinson." Human Rights Quarterly 27 (2005).

Tyler, Patrick. "Hillary Clinton in Beijing as Women's Conference Opens." New York Times, Sept. 5, 1995.

United Nations Commission on Human Rights. "An International 233
Model Emerges Today in Africa to Address the Plight of Millions of Internally Displaced Persons." Accessed January 28, 2015. http://www. ohchr. org/en/NewsEvents/Pages/DisplayNews. aspx? News ID = 12868&LangID = E. #sthash. gi5QzCEH. dpuf.

——. Decision 2004/110 (Special Rapporteur on Trafficking in Persons, Especially in Women and Children). See chap. XII, E/2004/23 – E/CN. 4/2004/127. 2004.

——. Draft Optional Protocol to the Convention against Torture and Other Cruel, Inhuman or Degrading Treatment or Punishment. E/CN. 4/2002/WG. 11/CRP. 1. January 17, 2002.

——. "Mr. Walter Kälin, Representative of the Secretary-General on the Human Rights of Internally Displaced Persons." Accessed January 28, 2015. http://www. ohchr. org/EN/Issues/IDPersons/Pages/WalterKalin. aspx.

——. Optional Protocol to the Convention against Torture and other Cruel, Inhuman or Degrading Treatment or Punishment. Accessed January 28, 2015. http://www. ohchr. org/EN/ProfessionalInterest/Pages/OPCAT. aspx.

——. Resolution 4 (XXXIII) (Question of the Violation of Human

Rights in the Territories Occupied as a Result of Hostilities in the Middle East). U. N. Doc E/CN. 4/RES/1(XXXIII). 1977.

——. Resolution 1996/52. U. N. Doc. E/CN. 4/RES. /1996/52, 19. 1996.

——. Resolution 2000/82 (Effects of Structural Adjustment Policies and Foreign Debt on the Full Enjoyment of All Human Rights, Particularly Economic, Social and Cultural Rights). E/CN. 4/RES/2000/82. 2000.

——. Resolution 2005/69 (Human Rights and Transnational Corporations and Other Business Enterprises). E/CN. 4/RES/2005/69. 2005.

——. Resolution 2005/80 (Protection of Human Rights and Fundamental Freedoms While Countering Terrorism). E/CN. 4/RES/2005/80. 2005.

——. "Special Rapporteur on the Human Rights of Internally Displaced Persons", UN Human Rights: Office of the High Commissioner for Human Rights. Accessed January 28, 2015. http://www. ohchr. org/EN/Issues/IDPersons/Pages/IDPersonsIndex. aspx.

——. "Specific Groups and Individuals: Mass Exodus and Displaced Persons." Report of the Representative of the Secretary General to the United Nations. UN Doc. E/CN. 4/2002/95, para. 11. January 16, 2002.

United Nations Committee on Economic, Social and Cultural Rights (CESCR). "General Comment No. 5: Persons with Disabilities", E/1995/22, 1994.

——. "General Comment No. 20, Non-Discrimination in Economic, Social and Cultural Rights", Art. 2, para. 2, E/C. 12/GC/20, 2009.

United Nations Development Programme. Human Development Report 1993. Oxford: Oxford University Press, 1993.

United Nations Economic and Social Council. Resolution 1296 (XLIV) (Arrangements for Consultation with Non-Governmental Organizations). May 23,1968.

United Nations General Assembly. Charter of the United Nations. 1 UNTS XVI,1945.

——. Convention against Torture and Other Cruel, Inhuman or Degrading Treatment or Punishment. G. A. Res. 39/46,39 U. N. GAOR, 39th Sess. ,Supp. No. 51,at 197,U. N. Doc. A/39/51. 1984.

——. Convention on the Elimination of All Forms of Discrimination 234
against Women (CEDAW). Amendment to Art. 20, para. 1. Decided by States Parties to CEDAW on May 22, 1995. CEDAW/SP/1995/2, annex, UN Doc. A/34/46.

——. Convention on the Prevention and Punishment of the Crime of Genocide. Adopted December 9, 1948. Entered into force January 12, 1951. 78 U. N. T. S. 277.

——. Convention on the Prohibition of the Use, Stockpiling, Production and Transfer of Anti-Personnel Mines and their Destruction. Oslo. September 18,1997.

——. Convention on the Rights of the Child. G. A. Res. 44/25,44 U. N. GAOR, 43rd Sess. , Supp. No. 49, at 166. U. N. Doc. A/44/49. 1989.

——. Declaration on the Rights of Indigenous Peoples. G. A. Res. 60/251,1st Sess. U. N. Doc. No. A/HRC/1/L. 3. June 23,2006.

——. Draft Declaration on the Rights of Indigenous People. U. N. Doc. E/CN. 4/Sub. 2/1994/2/Add. 1, art. 20. April 1994.

——. Framework Convention on Climate Change, "Kyoto Protocol to the UN Framework Convention on Climate Change." U. N. Doc. FCCC/

CP/1997/7/Add. 2. December 10,1997.

——. International Covenant on Civil and Political Rights. Art 40, G. A. Res. 2200A, U. N. GAOR, 21st Sess., Supp. No. 16, at 52. U. N. Doc. A/6316. 1966.

——. International Convention against the Taking of Hostages. U. N. G. A. Res. 34/146 (XXXIV), 34 UN GAOR, Supp. (No. 46) 245. UN Doc. A/34/786 (1979). Reprinted in International Legal Matters 18 (1979): 1456.

——. International Covenant on Economic, Social and Cultural Rights, Part IV, G. A. Res. 2200A, U. N. GAOR, 21st Sess., Supp. 16, at 49. U. N. Doc. A/6316. 1966.

——. International Convention on the Elimination of All Forms of Racial Dis-crimination. G. A. Res. 1904, U. N. GAOR, 18th Sess., Supp. No. 15, at 35. UN Doc. A/5515. 1963.

——. Official Records, "Annotations on the Text of the Draft International Covenants on Human Rights", at 7, UN Doc. A/2929. 1955.

——. Optional Protocol to the Convention on the Elimination of All Forms of Discrimination Against Women. UN GA RES/54/4. October 6,1999.

——. Optional Protocol to the Convention on the Rights of Persons with Disabilities. U. N. Doc. A/61/611. 2006.

——. Resolution 3452 (Declaration on the Protection of All Persons from Being Subjected to Torture and Other Cruel, Inhuman or Degrading Treatment or Punishment). 30 U. N. GAOR Supp. No. 34 at 91. 30 U. N. Doc. A/10034. 1975.

——. Resolution 34/169 (Code of Conduct for Law Enforcement Officials).

G. A. res. 34/169, annex, 34 U. N. GAOR Supp. (No. 46) at 186. U. N. Doc. A/34/46. 1979.

——. Resolution 31/123 (International Year of Disabled Persons). A/RES/31/123. 1976.

——. Resolution 37/52 (World Programme of Action concerning 235
Disabled Persons). A/RES/37/52. 1982.

——. Resolution 37/194 (Principles of Medical Ethics Relevant to the Role of Health Personnel, Particularly Physicians, in the Protection of Prisoners and Detainees against Torture and Other Cruel, Inhuman or Degrading Treatment or Punishment). G. A. res. 37/194, annex, 37 U. N. GAOR Supp. (No. 51) at 211. U. N. Doc. A/37/51. 1982.

——. Resolution 41/128 (Declaration on the Right to Development). U. N. Doc. A/RES/41/128. 1986.

——. Resolution 48/96 (Standard Rules on the Equalization of Opportunities for Persons with Disabilities). A/Res/48/96. 1993.

——. Resolution 48/103 (Crime Prevention and Criminal Justice). U. N. Doc. A/RES/48/103. December 20, 1993.

——. Resolution 48/109 (Improvement of the Situation of Women in Rural Areas). UNDoc. A/48/629. 1994.

——. Resolution 53/144 [Declaration on the Right and Responsibility of Individuals, Groups and Organs of Society to Promote and Protect Universally Recognized Human Rights and Fundamental Freedoms). U. N. Doc. A/RES/53/144. 1999.

——. Resolution 57/199 (Optional Protocol to the Convention against Torture and Other Cruel, Inhuman or Degrading Treatment or Punishment). 57th Sess., U. N. Doc. A/RES/57/199. December 18, 2002.

——. Resolution 61/295 (Declaration of the Rights of Indigenous

Peoples). U. N. Doc. A/RES/61/295. 2007.

——. Resolution 2200 (XXI) (Optional Protocol to the International Covenant on Civil and Political Rights). 21 UN GAOR, Supp. (No. 16) 59. UN Doc.

A/6316 (1967), reprinted in International Legal Matters 6 (1967): 383.

——. "Rome Statute of the International Criminal Court." International Legal Matters 999 (1998).

——. Universal Declaration of Human Rights. Article 29(2), G. A. Res. 217(III), U. N. GAOR, 3d Session, 183d meeting at 71. U. N. Doc. A/810. 1948.

——. Vienna Convention on the Law of Treaties. U. N. Doc. A/CONF, 39/27, 63 A. J. I. L. 875. 1969.

——. Vienna Declaration and Programme of Action, para. 6. U. N. Doc A/CONF. 157/23. June 25, 1993.

United Nations Human Rights Council. Human Rights, Sexual Orientation, and Gender Identity. A/HRC/17/L. 9/Rev. 1. Adopted June 17, 2011, by a vote of 23 in favor, 19 against, and 3 abstentions.

United Nations Office for the Coordination of Humanitarian Affairs. Guiding Principles on Internal Displacement. Introduction, para 1. U. N. Doc. E/CN. 4/1998/53/Add. 2. 2004.

United Nations Office of the High Commissioner for Human Rights. Resolution 2000/61 (Human Rights Defenders). U. N. Doc E-CN_4 - RES - 2000 - 61. April 2000.

——. Report of the Fifth Meeting of Persons Chairing the Human Rights Treaty Bodies. U. N. Doc. A/49/537. 1994.

236 ——. Resolution 45/158 (Convention on the Rights of Migrant

Workers and Their Families). G. A. Res. 45/158. December 18,1990.

——. "Secretary General Names Hina Jilani, Pakistan, Special Representative for Human Rights Defenders." August 18,2000. Accessed January 28,2015. http://www.un.org/press/en/2000/20000818.sga743.doc.html.

——. "Special Rapporteur on Violence against Women, Its Causes and Consequences." Accessed February 1,2013, http://www.ohchr.org/EN/Issues/Women/SRWomen/Pages/SRWomenIndex.aspx.

United Nations Permanent Forum on Indigenous Issues (UNPFII). Martinez-Cobo Study of the Problem of Discrimination against Indigenous Populations. U. N. Doc. E/CN. 4/Sub. 2/1986/7 and Addenda, U. N. Sales No. E. 86. XIV. 3. 1986.

United Nations Security Council. Statute of the International Criminal Tribunal for Rwanda. S. C. Res. 955. November 8,1994.

——. Statute of the International Criminal Tribunal for the Former Yugoslavia. S. C. Res. 827. May 25,1993.

United Nations Sub-Commission on Prevention of Discrimination and Protection of Minorities. Resolution 1994/45 (Draft United Nations Declaration on the Rights of Indigenous Peoples). E/CN. 4/Sub. 2/1994/. 1994.

United Nations Working Group on Indigenous Populations. Report of Working Group on Indigenous Populations on Its Seventh Session. At 6 - 7. U. N. Doc. E/CN. 4/Sub. 2/1989/36.

"UN Human Rights Council Adopts Documents on Disappearances and Indigenous Peoples." UN News Center. Last modified June 29, 2006. http://www.un.org/apps/news/story.asp? NewsID = 19056&Cr = rights&Cr1 = council.

Uniting and Strengthening America by Providing Appropriate Tools Required to Intercept and Obstruct Terrorism (USA PATRIOT Act). Act of 2001, Pub. L. No. 107 – 56, 115 Stat. 272.

Valticos, Nicolas. "The Role of the ILO: Present Action and Future Perspectives." In Human Rights: Thirty Years after the Universal Declaration, edited by B. G. Ramcharan, 211 – 32. The Hague: Martinus Nijhoff, 1979.

Welch Jr., Claude C. NGOs and Human Rights: Promise and Performance. Philadelphia: University of Pennsylvania Press, 2000.

Westbrook, David, and Amy Berquist. "Extraordinary Rendition: A Human Rights Analysis." Human Rights Journal 19 (2006): 123.

Westbrook Mary T., Varoe Legge, and Mark Pennay. "Attitudes Towards Disabilities in a Multicultural Society." Social Science & Medicine 36, no. 5 (1993): 615 – 723.

Wheatley, Steven. "A Democratic Rule of International Law." European Journal of International Law 22 (2011): 525.

Williams, Walter L. The Spirit and the Flesh: Sexual Diversity in American Indian Cultures. Boston: Beacon Press, 1986.

World Trade Organization (WTO). Marrakesh Agreement Establishing the World Trade Organization. Art. V (2). In The Legal Texts: The Results of the Uruguay Round of Multilateral Trade Negotiations, 1867 U. N. T. S. 154, 33 I. L. M. 1144 (1994).

237 Zakaria, Fareed. "Fareed's Take: Egypt Still Is Not Free." Global Public Square, CNN, May 22, 2011.

Zeleny, Jeff. "Obama Calls for 'Civility' at Prayer Breakfast." New York Times, last modified February 4, 2010. http://thecaucus.blogs.nytimes.com/2010/02/04/obama-calls-for-civility-at-prayer-breakfast/.

索　引

(此处页码为原书页码,请按本书边码检索)

图书在版编目(CIP)数据

人权标准：霸权、法律和政治/(美)马卡·穆图(Makau Mutua)著；王睿译. -- 北京：法律出版社，2020

书名原文：Human Rights Standards：Hegemony，Law，and Politics

ISBN 978-7-5197-0940-2

Ⅰ. ①人… Ⅱ. ①马… ②王… Ⅲ. ①人权－研究 Ⅳ. ①D082

中国版本图书馆 CIP 数据核字(2017)第 124680 号

人权标准：霸权、法律和政治
RENQUAN BIAOZHUN：BAQUAN、FALÜ HE ZHENGZHI

[美]马卡·穆图(Makau Mutua)著
王 睿 译

策划编辑 沈小英
责任编辑 陈 妮 单 洁
装帧设计 李 瞻

出版 法律出版社
总发行 中国法律图书有限公司
经销 新华书店
印刷 中煤(北京)印务有限公司
责任校对 李景美
责任印制 吕亚莉

编辑统筹 法治与经济出版分社
开本 A5
印张 12.25
字数 260 千
版本 2020 年 8 月第 1 版
印次 2020 年 8 月第 1 次印刷

法律出版社/北京市丰台区莲花池西里 7 号(100073)
网址/www. lawpress. com. cn
投稿邮箱/info@ lawpress. com. cn
举报维权邮箱/jbwq@ lawpress. com. cn
销售热线/400-660-8393
咨询电话/010-63939796

中国法律图书有限公司/北京市丰台区莲花池西里 7 号(100073)
全国各地中法图分、子公司销售电话：
统一销售客服/400-660-8393/6393
第一法律书店/010-83938432/8433 西安分公司/029-85330678 重庆分公司/023-67453036
上海分公司/021-62071639/1636 深圳分公司/0755-83072995

书号：ISBN 978-7-5197-0940-2 定价：88.00 元